孝　経

全訳注　加地伸行

講談社学術文庫

序

仰げば尊し　我が師の恩――小学校唱歌の一節である。かつては卒業式の最後に、卒業生が涙とともに歌ったものである。

この唱歌の中に、「身を立て名を揚《あ》げ、やよ励《はげ》めよ」とある。このことば、多くの人はこう理解している。すなわち立身出世を勧めていることば、と。

それは誤解である。「身を立て名を揚ぐ」とは、『孝経』の中のことばで、その意味は、「身を立てようと思えば、まず孝道をしっかりと行い、さらには世の道徳を大切にと実践していると、しぜんと世間の評判となって名を揚げることになる。その結果、そのような人物を育てた両親の名誉となる」ということなのである。

そのように、立身揚名とは、修養を積んで人格を高め、道徳的に生きる人間になるということであって、断じて金儲《かねもう》けや高い地位を求めて狂奔する、いわゆる立身出世ではない。

もっとも、『孝経』が盛んに読まれた江戸時代においても、立身揚名はよく誤解されていた。たとえば、宮本武蔵《みやもとむさし》の撰《せん》と伝えられる『五輪書《ごりんのしょ》』地之巻《ちのまき》に、こう記されている。

武士の兵法をおこなふ道は、何事《なにごと》におゐても人にすぐるゝ所を本《もと》とし、或《あるい》は一《いっ》身《しん》の切合《きりあい》にかち、或は数人の戦《たたかい》に勝ち、主君の為《ため》、我身《わがみ》の為《ため》、名をあげ身をたてんと思ふ。

江戸時代初期の宮本武蔵は『孝経』をきちんと学んでいないことが分かる。しかし、同じ武士でも『孝経』を学び、その主張を実践した者も当然いる。たとえば、江戸時代中期、武士のありかたを記した『葉隠《はがくれ》』（山本常朝《やまもとつねとも》述、田代陣基《たしろつらもと》編）がそれである。

『葉隠』は言う。武士は「恥を受け先祖の名を下し」たような生きかたをするくらいなら腹を切るとするが、日ごろ、最も大切にするのは、諫言《かんげん》であった。「諫言の道……御誤《おんあやま》り直《なお》る様《よう》にするが大忠なり」「聖君・賢君と申すは、諫言を聞召《きこしめ》さるる計《はか》り（秤《はかり》）なり。その時、御家中力《ごかちゅうちから》を出《いだ》し、何事《なにごと》がな申し上げ、何事がな御用に立つべしと思ふゆゑ、御家《おいえ》治まるなり」「人に意見をして疵《きず》を直《なお》すと云ふは大切の事、大慈悲、御奉公の第一にて候」等々。この諫言こそ、『孝経』の重要な主張の一つであった。葉隠武士はよく理解していたと言うべきであろう。

しかし、儒教において、『孝経』が諫言の重要さの理論的根拠となっていることなど、今ではほとんど知られていない。いや、それだけではない。孝それ自体についても、単純に道徳としての孝としか理解されていない。そのため、孝はなにか古めかしい過去のお説教といった目で見られているのがふつうであろう。

それもまた誤解である。『孝経』は、儒教文化圏、東北アジア地域の人々――中国人、朝鮮民族そして日本人等の死生観・宗教観と、実は深く関わっているのである。もちろん、家族道徳とも深く関わっている。すなわち、『孝経』は儒教文化圏における、道徳性と宗教性との両面の根底となっているのである。

今日の日本におけるさまざまな混迷――金銭第一主義、諫言なき腐敗組織、崩壊する家族、依《よ》るべき宗教の喪失等々、そうした混迷の時代であればこそ、それらと正面から向き合い、どのように対処すべきかと考えるとき、人間の生きかた、ありかたとして古典は確かな拠りどころとなる。

そのとき、東北アジア地域、儒教文化圏において、『論語』と並んでともによく読まれてきた『孝経』に大きな力を得ることができるであろう。

＊　＊　＊

私は、約五十年前、卒業論文「『孝経』の成立」を書いて以来、孝を研究し続け、資料も集め続けてきた。その延長上に、〈宗教性としての孝〉の上に立つ〈宗教としての儒教〉という新概念を創出し、独立した学説を立てることができた。

それだけに、儒教古典の『論語〈全訳注〉』に続き、今回の『孝経〈全訳注〉』の刊行の機会を与えていただいたのは、儒教研究者としてまことに光栄である。

執筆に当たって、平川南・歴史民俗博物館館長、荒川正晴・大阪大学大学院教授、伊藤浄厳・天上寺貫主から御教示を忝《かたじけな》くし、大阪大学大学院中国哲学研究室の湯浅邦弘教授、前川正名・池田光子両君の御協力を仰いだ。また講談社学術文庫編集部の福田信宏・布宮慈子両氏ならびに校閲部には大変な御尽力を得た。諸台ならびに講談社に心より感謝申し上げる。

平成十九年四月十日

孤剣楼　加地伸行

目次

孝経

第一部　『孝経』訳注

凡例

一　第一部は、『孝経』の書《か》き下《くだ》し文《ぶん》・原文・現代語訳・注によって成り立っている。

二　原文は、十三経《じゅうさんぎょう》注疏本《ちゅうそぼん》を底本としている。同本には阮元《げんげん》の校勘記があるので、便利である。ただし、この書では底本を若干改めるにとどめている。

三　書き下し文および句読点は、分かりやすくするため、ほぼ現代語訳に沿っている。

四　現代語訳は、原則的には『御注孝経』に基づいているが、他の注解に拠ったり、私の解釈に依るものもある。その重要な点については、注に拠りどころを記している。それらは下記の「引用・参考文献」に示す。なお、（　）記号は、その直前の語の意味を表わし、〔　〕記号は、文意が分かりやすくなるように私が補ったことばである。（　）〔　〕両記号内のことばは、省略して読んでもかまわない。

五　注は、現代語訳を読む上において役立つものに限っている。若干の重複がある。

六　原文の漢字において、「異・観・敬・要」などその他について、その正体字と常用漢字体との区別においてはいろいろ複雑にして厄介な問題があり、原則の一貫性に困難があるが、ほぼ正体字に従っている。

七　参考文献は、限定している。

引用・参考文献

重要な『孝経』注解書について年代順に並べる。その中で、本書の注の拠りどころとして何回も引用した同一書については、その引用のとき、略記した。書名の右側の傍線部分がその略記である。なお、左の注解書以外、注において多様な文献の引用があるが、それらはここでは挙げていない。

孝経古文孔氏伝　前漢・孔安国《こうあんこく》（本文は古文系であるが、今日に伝わるものはその原形ではないとされる）

鄭注孝経　後漢・鄭玄《じょうげん》（本文は今文系）

孝経述義　隋・劉炫《りゅうげん》（本文は古文系）

御注孝経　唐・玄宗《げんそう》皇帝（本文は今文系）

孝経正義　宋・邢昺《けいへい》ら（『御注孝経』の本文・注に対してともに注解を加えた。書名の「正義」は「疏」と呼ばれる）

経典釈文の「孝経」　唐・陸徳明《りくとくめい》（古代の『孝経』解釈の残影がある）

孝経指解　宋・司《し》馬《ば》光《こう》（本文は古文系）

孝経刊誤　宋・朱熹《しゅき》（『指解』に基づき、本文は古文系）

孝経大義　元・董鼎《とうてい》（『刊誤』の注）

孝経大全　明・江元祚《こうげんそ》（朱鴻《しゅこう》『孝経質疑』・虞淳熙《ぐじゅんき》『孝経集霊』・孫本《そんぽん》『孝経釈疑』等を収む）

孝経集伝　明・黄道周《こうどうしゅう》（『孝経大全』中の前引三著とともに大塩平八郎に影響を与える）

孝経注疏　清・阮元《げんげん》

校勘記

孝経今註今訳　黄得時《こうとくじ》（台湾商務印書館、一九七二年）

孝経述義　史次耘《しじうん》（台湾商務印書館、一九七二年）

孝経訳注　汪受寛《おうじゅかん》（上海古籍出版社、一九九八年）

＊　＊　＊

孝経啓蒙　中江藤樹

御注孝経　星野　恒（冨山房・漢文大系、明治四十四年）

孝経講義　中沢　信（文章院、大正十年）

孝経疏證（証）　鈴木柔嘉（瑞香堂叢書刊行会、大正十二年）

孝経（新釈漢文大系）　栗原圭介（明治書院、昭和六十一年）

＊　＊　＊

『孝経』の直接的な注解書ではないが、以下は複数回の引用を行っている。

説文解字　後漢・許慎《きょしん》
礼記（新釈漢文大系）竹内照夫（明治書院、昭和四十六－五十四年）
字統　白川静（平凡社、一九八四年）
常用字解　白川静（平凡社、二〇〇三年）

開宗明義章《かいそうめいぎ》（宗《もと》を開き義を明らかにするの章）第一

(一)仲尼《ちゅうじ》居《やす》く、曾子《そうし》侍《じ》す。子《し》曰《いわ》く、先王《せんのう》至徳《しとく》の要道《ようどう》有《あ》りて、以《もっ》て天下《てんか》を順《おさ》む。民《たみ》用《もっ》て和睦《わぼく》し、上下《しょうか》怨《うら》み無《な》し。汝《なんじ》之《これ》を知《し》るか、と。

開宗明義章 第一
仲尼居、曾子侍。子曰、先王有至徳要道、以順天下。民用和睦、上下無怨。汝知之乎。

〈現代語訳〉
第一章 問題提起と総論と
老先生（孔子《こうし》）がゆるり悠々《ゆうゆう》としておられ、曾《そう》先生がそのお側に控えておられたときのことである。老先生がおっしゃられた。「古《いにしえ》の王者は、孝《こう》〔・悌《てい》〕という正道を体得して、それによって天下を統治したのである。だから、〔共同体や横の関係の〕人々はお互いに親しく、また〔組織の〕上下関係においても円満だったのだ。お前はこのわけが分かっておるかの」と。

注

（1）「開宗明義章」について。「宗」は、「宗家」の「宗」のように、おおもと・根本。「義」は、意味の意。すなわち、「宗義《そうぎ》（根本の意味）について開明する（開き明らかにする）章」ということである。「開宗明義」（宗《もと》を開き、義を明らかにす）を、「明宗開義」「開義明宗」「明義開宗」「開明宗義」「開明義宗」「明開宗義」「明開義宗」と組み替えても意味はほとんど変わらない。このような熟語を互文《ごぶん》（字を互い違いにすることができる。「文」は文字の意）という。

この章は、『孝経』の最初の章であって、しかも『孝経』全体の内容について、その重要な骨子について冒頭に述べているので、「開宗明義章」とは、問題提起を兼ねた総論ということ。ここから、「開宗明義」という語が、話の目的や主題をまず明確にしたいとき、冒頭に使う決まり文句として使われるようになり、現代中国語に至っており、やや文語調の文章において今も使われている。

「章」は、一区切り。

（2）「第一」は、『孝経』を十八あるいは二十二に分章したときの順序で、その第一番目。もっとも、『孝経』の原形に分章があったのかどうかは未詳。ただし、『孝経』の章名は、その章の内容を端的に表現しているので、『孝経』が作られたときに同時にその作者によって作られた可能性がまったくないとはいえない。たとえば『論語』の場合は、その篇の冒頭の文から数文字を単に抜き出して作られている（たとえば「学而時……〈学びて時に……〉」から取って「学而」篇とする）ので、篇名とその篇の内容とに深い相関関係がなく、便宜的である。『論語』の編纂者がその方式を作ったのかもしれないが、あくまでも編纂者であって作者ではない。

　分章の問題については、古文・今文問題を述べた解説（一七四ページ以下）参照。

（3）「仲尼」は、孔子の字《あざな》。成人式（冠礼）を終えると、字《あざな》という新しい呼び名をつけ、以後、他人はその人の本名を使わない慣行があった。本名は本人が使うほか、親や仕えている君主や自分の師などは使うことができる。

「尼」は孔子の郷里（山東省曲阜《きょくふ》）にある尼丘山《じきゅうざん》から取った。字《あざな》は名となんらかの結びつきがあることが多い。孔子の本名は丘である。孔子の頭頂がやや凹《へこ》んでおり、その形が尼丘山に似ているところからの命名であるとされている。

「仲」について。兄弟の順序に従って上から伯《はく》・仲《ちゅう》・叔《しゅく》・季《き》という文字をつけて命名する慣行があり、孔子の名に「仲」があることは、孔子が長男でないことを示している。孔子の父は再婚であり、前妻に跛《は》と称する男子すなわち孔子の異母兄がいた。

（4）「居」は、『古文孝経』では、「閒（間）居」となっている。「閒」は「しずか・やすらか」の意味。「居」は「閒居」「安居」すなわちゆったりとくつろいでいるさま。

（5）「曾子」は、孔子の晩年の弟子で曾参《そうしん》。「子」は男子の敬称であるから、「曾先生」という感じ。となると、曾子の弟子系統の者が記したと推定できる。『論語』の中に曾子は孝の実践者として記録されている。たとえば、曾子が重病になったとき、弟子たちに自分は親からいただいた身体をこれまで傷つけることなく無事に過ごしてきた。わが身体を見てみよ、として「予《よ》が足を啓《ひら》け、予が手を啓け」（泰伯《たいはく》篇）と言っている。経書の『大戴礼記《だたいれいき》』の中に「曾子十篇」といわれる部分があるが、その十篇中の「曾子本孝」「曾子立孝」「曾子大孝」「曾子事父母《じふぼ》（曾子 父母に事《つか》う）」という四篇が、曾子と孝との関わりをよく示す文献とされている。

（6）「侍」は、目上の人のそばに畏《かしこ》まっているさま。『古文孝経』では「侍坐」となっている。

『論語』の場合、孔子と弟子との対話が多く記録されているが、そのほとんどはいきなりの対話記録である。「顔淵《がんえん》・季路《きろ》（ともに孔子の弟子）侍す。子曰く……」（公冶《こうや》長篇《ちょう》）・「子路・曾皙《そうせき》・冉有《ぜんゆう》・公西華《こうせいか》（ともに孔子の弟子。曾皙は曾参の父）侍坐す。子曰く……」（先進《せんしん》篇）の二例ぐらいにしか「侍」あるいは「侍坐」という語が出てこない。

『新釈』は、「侍坐」のこの形式について次のように述べる。「祭の儀礼が終わった直後に合語《ごうご》が行われている。……射の実習演技が終わって弓矢を手から放して、一同坐して寛《くつろ》ぐのである。このあと、『詩』の……詩を五たび歌う。此に次いで」先王（昔のすぐれた人）の法言（りっぱなことば）が師から弟子に伝えられる教育形式が合語であるとする（同書二六―二九ページ）。礼楽の儀式が終わったあとの「老若男女の、なごやかな雰囲気の漂っている情景を表している」のを笑語《しょうご》といい、これは合語の様子を表わす例としている（同書二七ページ）。

『新釈』のこの解釈は、「孔子居（閒居）」を伝統的に「ゆったりくつろいでいる」と注解してきたことの背景をよく示している。

（7）「子曰」の「子」は、孔子。この呼びかけは、すでに「曾子（曾先生）」とあるので、同じく曾子の弟子たちによるもの。おそらく弟子たちにとっては、もはや孔子ははるか昔の伝説的人物となっていただろうから、「子」とあるとき、「老先生」という感じであっただろう。

（8）「先王」は、①昔の王（『春秋左氏伝《しゅんじゅうさしでん》』昭公二十六年「昔先王之命」杜預《どよ》の注「先世の王」）、②周王朝を建国した武王の父の文王（『経典釈文《けいてんしゃくもん》』）、③古き良き時代の王（『啓蒙』）など諸解釈があり、一定しない。古き良き時代のすぐれた王と一般化して解しておく。

(9)「至徳」について。「至徳は道を以て本《もと》と為す」（『周礼《しゅらい》』師氏）とあり、「至徳」を孝あるいは孝悌《こうてい》と解する（『経典釈文』所引の鄭玄《じょうげん》注）。悌とは、年長者への敬愛。孝が主で悌はそれに付いて孝悌となる。

(10)「要道」の「要」は「正しい」（『淮南子《えなんじ》』墜《ち》形《けい》訓「要之以太歳」高誘《こうゆう》の注「要は正なり」）。「要道」は正しい道。

(11)「順」は、民の側からすれば「……に順《したが》う」が、王の側からすればその反対に「……を順《おさ》む」ことになる。『古文孝経』は「順」字でなく「訓」字なので「天下に訓《おし》う」。

(12)「用」は、「以」と同じだが、その用法はやや狭い。「以……、用……」というふうに対《つい》となって使われることが多い（釈大典《しゃくたいてん》『文語解』）。ここの「用」は、「そのようなわけで」という結果を表わす。

(13)「睦」は、親しむ（『書経《しょきょう》』堯典《ぎょうてん》「九族既親」の鄭玄注）。

(14)「上下」は、人間社会における上下の関係（『春秋左氏伝』昭公七年「天に十日〔甲乙丙……の十干〕有り、人に十等有り。下《しも》の上《かみ》に事《つか》うるゆえん、上の神《しん》を共《うやうや》〔恭〕しくするゆえんなり」）。

(15)「之」は、前の文のすべてを指す。

(二) 曾子《そうし》席《せき》を避《さ》けて曰《いわ》く、参《しん》や敏《と》からず、何《なん》ぞ以《もっ》て之《これ》を知《し》るに足《た》らん、と。子《し》曰く、夫《そ》れ孝《こう》は、徳《とく》の本《もと》なり。教《おし》えの由《よ》りて生《しょう》ずる所《ところ》なり。復《かえ》り坐《お》れ。吾《われ》汝《なんじ》に語《つ》げん、と。

曾子避席曰、參不敏、何足以知之。子曰、夫孝、德之本也。敎之所由生也。復坐。吾語汝。

〈現代語訳〉

曾先生は起ち上がり席を退《すさ》っておっしゃった。「私め、愚《おろ》かで、とても分かりませぬ」と。老先生は「えーっと、孝は人の道（ありかた）の根本ぞ。この孝からすべての教えが生まれてくるのじゃ。まあ、席に坐《すわ》れ。お前に話して聞かせようぞ」とおっしゃられた。〔これ以下、最後までのすべては老先生が曾先生に講義された内容である。〕

注

(1)「避席」は、坐っていた席（当時は椅子に坐るのではなくて床の上に坐る。席は長方形の敷物）から起《た》って席から下がる（『呂氏《りょし》春秋《しゅんじゅう》』直諫《ちょっかん》篇「桓公避席再拝」高誘の注「避席とは席を下《さが》るなり。下席とは、猶其《なおそ》の席位を離去するがごとし」）。

(2)「参」は、曾子の名。「しん」と読む。目上に対して、自ら本名を名乗り、師に対して敬意を表わす。

(3)「不敏」は、自分を指して明敏《めいびん》・俊敏《しゅんびん》でない（賢くない）という謙遜。類語に不才・不材・不肖・不佞《ふねい》。

(4)「孝、徳之本」について。『国語《こくご》』周語下「敬、文之恭也」韋昭《いしょう》の解に「文とは徳の捴名《そうめい》なり」。『国語』は続けて「孝、文之本也」と言う。併せて解釈すると、「孝は徳の本なり」。

(5)「由」は、ここでは「……自《よ》り・……従《よ》り（から）」の意で「孝由《よ》り（から）」。

(6)「語」は、告《つ》ぐ。相手に向かって、しかと伝える意。

(三) 身《しん》・体《たい》・髪《はつ》・膚《ぷ》、之《これ》を父母《ふぼ》に受《う》く。敢《あ》えて毀傷《きしょう》せざるは、孝《こう》の始《はじ》めなり。身《み》を立《た》て道《みち》を行《おこな》い、名《な》を後世《こうせい》に揚《あ》げ、以《もっ》て父母を顕《あら》わすは、孝の終《お》わりなり。夫《そ》れ孝は親《おや》に事《つか》うるに始まり、君《きみ》に事うるに中《なか》ごろし、身を立つるに終わる。大雅《たいが》に云《い》う、爾《なんじ》の祖《そ》を念《おも》うことなからんや。厥《そ》の徳《とく》を聿《の》べ修《おさ》む、と。

身體髮膚、受之父母。不敢毀傷、孝之始也。立身行道、揚名於後世、以顯父母、孝之終也。夫孝、始於事親、中於事君、終於立身。大雅云、無念爾祖。聿脩厥德。

〈現代語訳〉

人の身体《からだ》は、毛髪や皮膚に至るまで、すべて父母からいただいたものである。これを大切に扱い、たやすく損なったり傷つけたりなどしてはならない。それが孝の実践の出発である。そのように孝を第一として実践するならば、りっぱな人という評判を得、その名を後世に伝えることができ、父母の誉《ほま》れとなる。それが孝の実践の完成というものである。さて、人は子どものころ親にお仕《つか》えすることから始まり、中年になると、社会において〔親に対してお仕えする気持ち・態度で〕君主にお仕えし、〔老年に至るまで〕孝の実践を続けることによって父母や祖先に栄誉を贈る生涯となる。『詩』大雅《たいが》にこうあるではないか、「祖先を忘るな。祖先に光あれ」と。

注

（1）「身体髪膚」について。「身」は頭部・胴体、「体」は手・足、「髪」は毛髪、「膚」は皮膚（『疏』）。『疏』は「身」を「躬《きゅう》」と解する。『字統』は「躬」の変体字「躳」の「呂」は脊《せ》（背）骨《ぼね》・脊椎《せきつい》の象形とする。

（2）「毀傷」は、毀《そこ》ない、傷《やぶ》る（傷つく）。

（3）「立身行道」について。「身を立て」とは、いわゆる立身出世という意味ではない。身《み》（肉体）は道徳的立場に立ってこそ始めて人間（精神・肉体の合一）となることができるとする。その立つべき道徳的立場とは、道徳の根本に立つことであり、それが最高である。その最高道徳とは孝である。すなわち「身を立て」とは、「身を孝に立つ」（『孔伝』）ことなのである。当然、「道」（「至徳要道」）とは孝であるから、「道を行う」とは「孝を実践する」ことである（『御注《ぎょちゅう》』）。

このような孝の実践者であると、後世に教養人としてその名が高くなり、こうした子を産んだ父母（祖先につながる）の誉《ほま》れとなる。

（4）「大雅」は、『詩経』大雅・文王篇の中の一節を指す。

(5)「無念」は、反語と解し、「念《おも》う」と同じ(『御注』)。あるいは「忘るるなかれ」(『鄭注』)。
(6)「祖」字中の「且」は、神霊や祖霊に捧げる供え物を置く台(『字統』)。あるいは、その家の始まりである始祖ならびに始祖の次代から自分の五代前までの間の諸祖霊を祭る始廟を祖と言う(『説文《せつもん》』)。いずれにしても、祖先の諸霊を指す。
(7)「厥」は、「其《そ》の」(『御注』)。
(8)「徳」は、祖先のすぐれたところ(『疏』)。
(9)「聿」は、「述べる」(『爾雅《じが》』)。

天子《てんし》章(天子の章)第二

子曰《しいわ》く、親《おや》を愛《あい》する者《もの》は敢《あ》えて人《ひと》を悪《にく》まず。親を敬《うやま》う者は敢えて人を慢《あなど》らず。愛《あい》・敬《けい》親に事《つか》うるに尽《つ》きて、而《しこう》して徳教《とくきょう》百姓《ひゃくせい》に加《くわ》わり、四海《しかい》に刑《のっと》る。蓋《けだ》し天子《てんし》の孝《こう》なり。甫刑《ほけい》に云《い》う、一人《いちじん》慶《よ》き有《あ》れば、兆民《ちょうみん》之《これ》に頼《よ》る、と。

天子章第二

子曰、愛親者不敢悪於人。敬親者不敢慢於人。愛敬盡於事親、而徳教加於百姓、刑於四海。蓋天子之孝也。甫刑云、一人有慶、兆民頼之。

〈現代語訳〉

第二章　天子の孝

老先生の教え。親を愛せる者は、他者も愛せる。親を人として遇することができる者は、他者に対しても同様である。真に親を愛敬することができるならば、親への愛・敬すなわち孝道徳を国内の人々に教え、さらに国外の野蛮人にも広めてゆくことができる。これが天子の孝なのである。『書』甫刑《ほけい》にこうあるではないか、「天子善《ぜん》なれば、万民従う」と。

注

（1）「天子」は、天下の統治者（『礼記《らいき》』曲礼下篇《きょくらい》）、命《めい》（正統な政権）を天から受けた者（『礼記』表記篇）。

（2）「愛」は、情感、「敬」は敬意。敬は愛に比べるとやや観念的。

（3）「徳教」は、孝。

（4）「百姓」は、「百《もろもろ》の姓」すなわち人々一般（『疏』）。現代中国語でも一般庶民を「老百姓《ラオパイシン》」と言う。『呂氏春秋』孝行篇「光耀加於百姓」高誘の注「加、施すなり」。

（5）「刑」は、「型」に通じ、典型。模範を示す。

（6）「四海」は、いわゆる海を指すのではなくて、天子の徳化がまだ及んでいない四方の地にいる野蛮人（東夷《とうい》・北狄《ほくてき》・西戎《せいじゅう》・南蛮《なんばん》）を言う。『爾雅《じが》』に「九夷・八狄・七戎・六蛮 之《これ》を四海と謂う」。

（7）「蓋」は、是《これ》（『春秋公羊伝《しゅんじゅうくようでん》』宣公《せんこう》元年「要経而服事」の疏「蓋は猶《なお》〈是《これ》〉のごとし」。『爾雅』釈詁《しゃっこ》「是は此なり」）。

（8）「甫刑」は、『書経』の篇名で、もとは呂刑《りょけい》篇。その中の一文を指す。

（9）「一人」は、天子（『御注』）。

（10）「慶」は、善（『広雅《こうが》』釈詁）。

（11）「兆民」について。十億を兆あるいは百万を兆民とする（『経典釈文』）。かつては一《ひと》桁《けた》ずつ上がる単位が一・十・百・千・万・億・兆……であったから、十億は一兆に当たる。けれども、万の百倍は一兆であるから、百万も一兆に当たる。すなわち、百万・十億・一兆は、かつては同一であった。結果的には、百万人は一兆人、すなわち百万は兆民である。

諸侯章《しょこう》（諸侯の章）第三

上《かみ》に在《あ》りて驕《おご》らざれば、高《たか》くとも危《あや》うからず。節《せつ》を制《せい》し度《ど》を謹《つつし》めば、満《み》つるとも溢《あふ》れず。高くして危うからざるは、長《なが》く貴《たっと》きを守《まも》る所以《ゆえん》なり。満ちて溢れざるは、長く富《とみ》を守る所以なり。富貴《ふうき》其《そ》の身《み》を離《はな》れずして、然《しか》る後《のち》に、能《よ》く其の社稷《しゃしょく》を保《たも》ち、其の民人《みんじん》を和《ととの》わしむ。蓋《けだ》し諸侯《しょこう》の孝《こう》なり。詩《し》に云《い》う、戦戦兢兢《せんせんきょうきょう》、深淵《しんえん》に臨《のぞ》むが如《ごと》く、薄冰《はくひょう》を履《ふ》むが如し、と。

諸侯章　第三

在上不驕、高而不危。制節謹度、滿而不溢。高而不危、所以長守貴也。滿而不溢、所以長守富也、富貴不離其身。然後、能保其社稷、而和其民人。蓋諸侯之孝也。詩云、戰戰兢兢、如臨深淵、如履薄冰。

〈現代語訳〉

第三章　諸侯の孝

地位が上であっても、下の者を人間として遇する態度であれば、高い地位にあって風当たりが強くとも安定している。富裕であっても、〔国家財政について〕切り盛りをきちんとし〔規範・礼法上において〕度合いを心得るならば、財政を安定させることになる。高位にして安定しておれば、その地位を長く保てることになる。財政を安定させれば、その富裕を長く保てることになる。高位・富裕の裏づけがあって、はじめて祖廟を保ち国家を運営し、国民を円満にさせることとなる。〔その根本は、謙虚さであり慎み深さである。〕これが諸侯の孝である。『詩』にこうあるではないか、「じっくりとくと、淵の深さを、春の氷を、見て通れ」と。

注

（1）「諸侯」について。孔子は周《しゅう》王朝の時代の人である。孔子に託して述べられている『孝経』は、その背景や設定を周王朝に置いている。その時代、王（天子）は土地を分け境界を封《さだ》め国を建てた。いわゆる〈封建〉である。その領地ごとに君主を置き統治させ、自治させた。もっとも、周王朝は強力な中央集権国家ではなかったので、周が殷《いん》王朝を倒して統治権を握って王朝を建てたものの、現実には各地に蟠踞《ばんきょ》する諸豪族をそのまま認め、その実効支配地域の追認をしたのが封建であった。もっとも殷王朝を倒したときに得た土地・財物の再配分があり、新たに建国もした。その代表が、孔子の祖国であった魯《ろ》国であった。殷王朝を倒し周王朝を起こし、実質的第一代天子となった武王《ぶおう》（彼は亡父に対して文王《ぶんおう》という称号を追号して自分を第一代としなかった）の弟の周公は大功績があったので、魯国を与えた。ただし、周公は首都にとどまって武王を補佐したので、周公の子が魯国の君主となった。

こうした封建制における諸国の君主を諸侯と称する。諸侯は、周王朝と同姓（姫《き》という姓）の国（たとえば魯国）と、異姓（たとえば、後出の秦《しん》国は嬴《えい》という姓）の国とに大別される。その総計は一千八百。もちろん、小国もかなりあった。それらの小国は大国の武力でしだいに併合されてゆく。同時に、周王朝の権威も実力もなくなってゆき、ついには秦国が周王朝を倒して秦王朝を建て、諸侯の制度を廃し、強力な中央集権国家を作り、中央から派遣される地方長官が行政を担当することとなる。その地方は、郡ならびにその下の県によって構成され、郡県制《ぐんけんせい》という（周時代の封建制と対比される）。以後、歴代王朝は郡県制である。唐代の柳宗元《りゅうそうげん》が「封建論」を著わして封建制を批判して後は、郡県制が理論的に正統化された。

王（天子）が住む首都から千里内は王畿《おうき》として王の直轄地。その外に諸侯がいる形式で、諸侯は公爵《こうしゃく》・侯爵《こうしゃく》・伯爵《はくしゃく》・子爵《ししゃく》・男爵《だんしゃく》の五等級に分かれる。たとえば、滅ぼした殷王朝の後身である宋《そう》国は公爵、魯国は侯爵、秦国は伯爵、南方の楚《そ》国は子爵。

諸公と言わずに諸侯と言うのは、王国（王畿）には最高重臣の三公（太師《たいし》・太傅《たいふ》・太保《たいほ》）があり、それとまぎらわしくなるからであり、「侯」は「諸国の君」の意であって、公侯伯子男の侯とはしないとする（『疏』）。

（2）「制節謹度」は、互文（一九ページ注〈1〉参照）で、「制謹節度（節度を制謹す）」でもある（『疏証』『述義』）。「節」は竹の節《ふし》で、もののしきりであり、「制」はものごとを切り盛りする。また「度」はものさし（社会性がある）（『講義』）。

（3）「社稷」について。「社」は土地の神、「稷《しょく》」は五穀の神。天子と諸侯とのみが社・稷を祭祀することができる。しかし、天子は天地を祭るので、それが前面に出る。『礼記《らいき》』王制篇「天子は天地を祭り、諸侯は社稷を祭る」と。こういうことから「社稷」は国家の意味となる。

土壇を作って社とするが、天子は五色――世界を表わす青（東）・赤（南）・白（西）・黒（北）・黄（中央）――諸侯は首都から見ての自国の方角の一色（たとえば西なら白色の土壇）である。諸侯が国を失うと社稷を祭る地位を失う。亡国とあれば、当然に始廟をはじめ自己から遡《さかのぼ》って四代までの廟、併せて五廟を祭ることになっているが（『礼記』王制篇）、それができなくなる。すなわち、祖廟を失ってしまう。これが亡国である。

（4）「和」は、開宗明義章の「和睦《わぼく》」の「和」に同じ。ただし、開宗明義章では「民」が主語であったが、ここでは「諸侯」が主語であるので、使役形で読む。もっとも、「和」は本来は自動的なものであるから、『疏』は「人自《おのず》から和平す」と意訳しているが、私は使役形とするので、「和」を睦《むつ》み合った結果としての状態の意として「とものう」と訓《よ》んでおく。

（5）「民人」は、人民。「民」は一般人、「人」は「稍《すこ》しく仁義を識る〔もの〕、即ち府史の徒」（『疏』）とする解釈もある。「府史」とは下級官吏。『孝経』は、周王朝のシステムに従い、天子・諸侯・卿大夫《けいたいふ》・士・庶人の階層に分ける。その士より下の、いわゆる卒吏《そつり》で庶人の階層に入る（庶人章冒頭「庶人」の『疏』）。

（6）「詩」は、『詩経』小雅《しょうが》・小旻《しょうびん》の中の句。

（7）「薄氷」は、たとえば春の溶けつつある薄氷《うすごおり》。一三二ページの『書経《しょきょう》』君牙《くんが》篇参照。

卿大夫章《けいたいふ》（卿大夫の章）第四

先王《せんおう》の法服《ほうふく》に非《あら》ざれば、敢《あ》えて服《ふく》さず。先王の法言《ほうげん》に非ざれば、敢えて道《い》わず。先王の徳行《とくこう》に非ざれば、敢えて行《おこな》わず。是《こ》の故《ゆえ》に、法《ほう》に非ざれば言《い》わず、道《みち》に非ざれば行わず。口《くち》択言《たくげん》無《な》く、身《み》択行《たくこう》無し。言《こと》天下《てんか》に満《み》ちて、口過《こうか》無く、行い天下に満ちて、怨悪《えんお》無し。三者備《さんしやそな》わりて、然《しか》る後《のち》、能《よ》く其《そ》の宗廟《そうびょう》を守《まも》る。蓋《けだ》し卿大夫《けいたいふ》の孝《こう》なり。詩《し》に云《い》う、夙夜《しゆくや》懈《おこた》る匪《な》く、以《もっ》て一人《いちじん》に事《つか》う、と。

卿大夫章　第四

非先王之法服、不敢服。非先王之法言、不敢道。非先王之徳行、不敢行。是故、非法不言、非道不行。口無擇言、身無擇行。言滿天下、無口過、行滿天下無怨惡。三者備矣、然後、能守其宗廟。蓋卿大夫之孝也。詩云、夙夜匪懈、以事一人。

〈現代語訳〉

第四章　卿大夫の孝

正式の衣服でなければ、着ない。礼法にかなったことばでなければ、使わない。人の道でなければ、行わない。このようなわけで、乱れたことばを使わず、乱れた行いをしない。〔その結果、〕言うこと、為《な》すことすべて規範にかなっており、善いとか悪いとかの区別がなくなる。〔となると〕ことばをどれだけ使おうと、舌禍《ぜっか》事件はなく、何を行おうと、人から怨み憎まれることはない。正しい着装、正しいことば、正しい行い――この三者が備わってはじめて〔その地位が保たれ〕祖先の廟《みたまや》の祭祀を継続できるのだ。これが卿大夫の孝である。『詩』にこうあるではないか、「朝な夕な、帝《みかど》にまごころ」と。

注

（1）「卿大夫」について。諸侯の臣下である卿大夫・士は、上大夫（卿《けい》）・下大夫・上士・中士・下士の五等級に分かれる。天子の直轄する国を王国、諸侯の国を列国と言う（『疏』）。王国にも卿大夫・士がいるが王国の卿大夫（「王の卿大夫」と言う）の格は諸侯と同格である。

観念的ではあるが、『礼記』王制篇は次のように述べている。王国では、三公・九卿・大夫二十七人、元士（善き士という意味で、上士・中士・下士を含む）が八十一人。列国では、大国の場合、卿（上大夫）三人、下大夫五人、上士二十七人であるが、卿三人とも天子の任命。中級国の場合、三卿のうち、二卿は天子の任命、一卿はその国の君主の任命。そして、下大夫五人、上士二十七人。弱小国の場合、二卿であるが、すべて国君が任命。そして、下大夫五人、上士二十七人。そのように組織されるとする。

なお、王畿の内に諸侯がいることもあるが、この場合は禄《ろく》（一代限り）、畿外の諸侯は嗣《し》（世襲）である。

（2）「法服」について。天子・諸侯・卿大夫・士それぞれがその身分を表わす正式の衣服があり五服という（『書経』皐陶謨《こうようぼ》）。その衣服の模様が異なっており、天子は日・月・星（二十八の重要な星座。二十八宿《しゅう》）・辰《しん》（日月の運行と二十八宿との関係から知る〈時《とき》〉。それは二十八宿を観測しながら定めるので、事実上は二十八宿を指す。「星辰」で星座）。諸侯は山・竜・華虫《かちゅう》（雉《きじ》）、卿大夫は藻《そう》・火、士は粉（ただし形は粒状の氷のようなもの）・米を使った（『疏』『鄭注』）。

（3）「法言」は、礼法上の言辞（『御注』）。
（4）「擇（択）」は、「えらぶ（『御注』）」。「択言」を「斁言（よろしくないことば）」、同じく「択行」も「斁行（よろしくない行い）」とする解釈もある（『新釈』に詳述。『疏証』も詳述）が、それは取らない。
（5）「三者」は、先王の法服・法言・徳行。この「三」は、卿大夫の宗廟が三（天子は七廟、諸侯は五廟）であることに掛けた意味とする（『御注』）。
（6）「宗廟」は、祖先の神主《しんしゅ》（位牌）を安置したみたまや。
（7）「詩」は、『詩経』大雅・烝民《じょうみん》の中の句。
（8）「夙」は、早朝。
（9）「懈」は、怠惰。

士《し》章（士の章）第五

父《ちち》に事《つか》うるに資《よ》りて以《もっ》て母《はは》に事う。而《しか》して愛同《あいおな》じ。父に事うるに資りて以て君《きみ》に事う。而して敬《けい》同じ。故《ゆえ》に母には其《そ》の愛を取《と》り、君には其の敬を取る。之《これ》を兼《か》ぬるは父なり。故に孝《こう》を以て君に事うれば則《すなわ》ち忠《ちゅう》。敬を以て長《ちょう》に事うれば則ち順《じゅん》。忠順《ちゅうじゅん》失《うしな》わずして、以て其の上《かみ》に事う。然《しか》る後《のち》、能《よ》く其の禄位《ろくい》を保《たも》ち、其の祭祀《さいし》を守《まも》る。蓋《けだ》し士《し》の孝なり。詩《し》に云《い》う、夙《あした》に興《お》き夜《よわ》に寐《やす》むまで、爾《なんじ》の所生《しょせい》を忝《はずかし》むること無《な》かれ、と。

士章 第五

資於事父以事母。而愛同。資於事父以事君。而敬同。故母取其愛、而君取其敬。兼之者父也。故以孝事君則忠。以敬事長則順。忠順不失、以事其上。然後、能保其祿位、而守其祭祀。蓋士之孝也。詩云、夙興夜寐、無忝爾所生。

〈現代語訳〉

第五章　士の孝

父への情愛の気持ちで母に尽くすとき、その愛は共通している。〔また〕父への尊敬の気持ちで君主に尽くすとき、その敬は共通している。だから、母に対しては

〔父への〕その愛をもってし、君主に対しては〔父への〕その敬をもってする。父に対してはその愛・敬をともに尽くす。したがって、〔父に対する〕孝の気持ちをもって君主に尽くすとすれば、〔敬の上に愛まで加わるのであるから気持ちが充実して〕まごころとなる。〔愛・敬のうちの〕敬の気持ちをもって年長者に尽くすとすれば、従順となる。まごころや従順を失わないでその上司に尽くす。そうしてはじめて自分の官位・俸禄《ほうろく》を保ち、祖先の祭祀を長く続けることができるのである。これが士の孝である。『詩』にこうあるではないか、「起きて寝るまで、父母を泣かせるな」と。

注

（1）「士」は上士・中士・下士に分かれるが、下士の禄（給与）は上農夫の収入に相当し、中士は下士の二倍分、上士は中士の二倍分に、下大夫は上士の二倍に相当するとした（『礼記』王制篇）。

下士は、庶人（平民）であって役人となっている者と給与が同じとする。また、農夫は五等級に分かれ、上農夫は九人を、上《じょう》の次の農夫は八人を、中農夫は七人を、中《ちゅう》の次の農夫は六人を、下農夫は五人を養うことができたとする（『孟子《もうし》』万章下篇《ばんしょうげへん》「北《ほく》宮錡《きゅうき》問うて曰く……」の章)。

(2)「資」は、元手《もとで》・ストック。それに基づく、すなわち「依る・由る」。『講義』は平仮名で「よる」と訓む。従来は「取る」(『御注』)あるいは「操《と》る」(『礼記』喪服《そうふく》四制篇「資於事父以事君而敬同」の鄭玄注。その『疏』に「父に事うるの道を操持し以て君に事う」。なお、同篇本文は続けて「資於事父以事母而愛同」とある)。

(3)「忠」は、こころの充実。

(4)「以敬事長則順」は、悌(目上に従う)の意味。悌は孝と並んで重視されていた。開宗明義章二三ページ注(9)参照。

(5)「上」は、卿・大夫(『疏』)。

(6)「禄位」の「禄」は、注(1)参照。「位」は、爵位(『疏』)。諸侯の五等爵(公・侯・伯・子・男)のほか、王や諸侯の直接の臣僚に三等爵(卿・大夫・士)がある。

(7)「守」について。卿大夫章において宗廟があることを述べているのは、士にも廟《みたまや》があることを意味し、この士章において祭祀があると述べているのは、卿大夫にも祭祀があることを示している。また、社稷・禄位は公のことであるから「保つ」といい、宗廟・祭祀は私のことであるから「守る」という。士は禄位を得たから「保つ」ともいい、士は「保・守」ともにある(『疏』)。

(8)「祭」について。語源的には、祭壇(示)に手(又)で犠牲の肉(月)を供え廟で祖先の霊を祭ることを意味する（『字統』）が、経学《けいがく》的（思想的）には「祭《さい》は際《さい》なり（「さい」という音が通ずる）。人と神と相接す。故《ゆえ》に際《さい》と曰《い》うなり」（『疏』）という解釈がある。

（9）「祀」について。語源的には、巳《し》（蛇《へび》の形）を祀《まつ》る形で自然神をまつることをいう。しかし、「祭祀」というときには厳密に区別しているわけではない（『字解』）。なお、経学的（思想的）には「祀《し》は似《じ》なり（「し」と「じ」が音通。「似」は日本語では濁音「じ」であるが、現代中国語の音では唇を引いてスーと発音した感じで同一音）。祀る者将《まさ》に先人《せんじん》（祖霊）に見《まみ》えんとするに似たり」（『疏』）という解釈がある。

（10）「詩」は、『詩経』小雅・小宛《しょうえん》の中の句。

（11）「忝」は、辱《はずかし》める（『御注』）。

（12）「所生」は、父母（『御注』）。この「所」について、西田太一郎『漢文の語法』（角川書店、昭和五十五年）は次のように説明する。本来「所」は「ソレ（に・で・から）……する（である）ソレ」を表わす。だから、本文の「爾《なんじ》の所生《しょせい》」は「なんじがソレから生まれたソレ（即ちなんじの父母）」という解釈となり、「所生」は父母となる。もっとも「土地所生」（土地の生ずる所《ところ》）は「土地がソレを生じるソレ（即ち土地の生産物）」、「馬之所生」（馬の生ずる所）は「馬がソコで生じるソコ（即ち馬の生産地）」、というふうに、同じ「所生」でも前後の関係で意味が異なる、と。

庶人章《しょじんしょう》（庶人の章）第六

天《てん》の道《みち》を用《もち》い、地《ち》の利《り》を分《わ》かち、身《み》を謹《つつし》み用《よう》を節《せつ》し、以《もっ》て父母《ふぼ》を養《やしな》う。此《こ》れ庶人《しょじん》の孝《こう》なり。故《ゆえ》に天子《てんし》より庶人に至《いた》るまで、孝　終始《しゅうし》無《な》くとも、及《およ》ばざるを患《うれ》うる者《もの》、未《いま》だ之《これ》有《あ》らざるなり。

庶人章　第六
用天之道、分地之利、謹身節用、以養父母。此庶人之孝也。故自天子至於庶人、孝無終始、而患不及者、未之有也。

〈現代語訳〉
第六章　庶民の孝
お天道《てんとう》さまに感謝し、植えられるものは植え、分《ぶん》をわきまえて始末《しまつ》を忘れず、父母を幸せにする。〔そのように家族を安心・安定させること〕それが庶民の孝である。

〔以上、述べてきたが〕結論として言えば、天子から庶民に至るまで〔どの人においても孝は共通している。もっとも〕実践が完全ということは難しいけれども、〔孝の実践自体はだれにでもできるようなことなのであり〕自分にはとてもと尻込《しりご》みするようなことがあってはならない。

注

（1）「庶人」は、士よりも下の衆人。ただし、下級卒吏も含む（四一ページ注〈1〉参照）。この衆人の中に商・工業者もいるが、かつては交通手段が発達していなかったので、経済活動は大規模なものでない。また、工業もせいぜい村の鍛冶屋《かじや》程度のものである。結局、人口において圧倒的に多いのは農民である。当然、この庶人章もその主たる対象は、農民である。二十一世紀の現代の中国大陸においても、推計であるが、就業者の六割が農業であろうとされている。

（2）「天之道」は、四季の循環。それを「用《もち》」いるとは、春の種まき、夏の生長、秋の収穫、冬の蔵入り（春の準備）のこととなる（『御注』）。

（3）「地之利」について。土地を五種に分け、山林・川沢《せんたく》・丘陵・墳衍《ふんえん》（灌漑《かんがい》のできる平野。「墳」は川のそば、「衍」は川の水が広がることのできる低地）・原湿（高原と低湿地と）の五土とする（『周礼《しゅらい》』大司徒《だいしと》）。思想的意味づけのために「五」にこだわるのは観念的であるが、この分類は常識的であり、実状に即したものであろう。
この五土に対して、地勢・地質などそれぞれの特徴を勘案して適宜に農作物を得ることができるようにする。たとえば、当時の主食となる黍《しょ》（もちきび）・稷《しょく》（うるちきび）は栽培するには水はけのいいところが向いている。そうした経験と知識とによる判断と実行とが「〔地の〕利を分く」である（『疏』）。『古文孝経』では「分」でなくて「就（つく）」。

以上（「用天之道、分地之利」）は、生産である。続いての本文は消費について述べる。

（4）「謹身節用」について。この句と対照的なのは、諸侯章の「制節謹度」である（『疏証』）。『疏証』は次のように解する。庶人章の「謹身」と諸侯章の「謹度」とを比較すると、「度」は天下の法度（礼・楽・刑・政すなわち道徳的法的社会的政治的規範）であり、「身」は一個の身体である。そのように謹《つつし》む対象において公と私との相違がある。「節用」と「制節」とを比較すると、「節用」は日常生活の「用」すなわち具体的に私的な費用を節約することであるのに対して、「制節」は、財務の節（けじめ）

を制する（きちんとする）という公的なものである（『疏証』諸侯章・庶人章）。

庶人の生活について『疏』は『礼記』王制篇の文を次のように引いている。①「三年耕して必ず一年の食有り。九年耕して必ず三年の食有り。三十年の通《つう》〔算《さん》〕を以てするときは、凶《きょう》〔年《ねん》〕・〔大《たい》〕旱《かん》（ひでり）・水溢《すいいつ》（洪水）有りと雖《いえど》も、〔食糧の蓄積があるので野〕菜〔ばかり食べて顔〕色〔が悪いということが〕無し」、②「庶人は故《ゆえ》〔祭祀〕無きときは、珍しき〔食物〕を食《くら》わず」、③「食に節《せつ》〔限《げん》〕あり、〔農《のう》〕事《じ》に〔定《てい》〕時《じ》あり」、要するに、庶人は日常生活を正常にして勤労しておれば、暮らしてゆけることを述べる。『礼記』のような儒教文献は思想の表現ではあるが、その常識論を見るとき、一般人の日常生活における幸福の実態に基づいている。もっとも、このような幸福な日常生活すら一般にはなかなか手が届かなかったことであろう。

（5）「養」について。『孟子』離婁《りろう》下篇に「世俗に所謂《いわゆる》不孝なる者五あり。其《そ》の四支《しし》（手足）を〔動かすことを嫌って〕惰《おこた》り、父母の養いを顧みざるは、〔第〕一の不孝なり。博奕《ばくえき》（ばくち）し飲酒を好み、父母の養いを顧みざるは、〔第〕二の不孝なり。貨財を好み〔貯めこんで〕、妻子に〔対して偏《かたよ》って手厚く〕私《わたくし》〔愛《あい》〕し、父母の養いを顧みざるは、〔第〕三の不孝なり。〔己の〕耳目の欲〔すなわち性欲〕を従《ほしいまま》（縦・恣）にし、以《もっ》て父母の戮《りく》（恥辱）を為《な》すは、〔第〕四の不孝なり。勇を好み闘狠《とうこん》（喧《けん》嘩《か》口論）し、以て父母〔にまで〕危うくするは、〔第〕五の不孝なり」とある。

「養」は、語源的には、食物を供えてやしなう（『字統』）ことであるから、生活の最低限として親に食事をきちんと準備することができることを庶人の孝として求めたのであろう。ということは、この〈父母の養〉自体がなかなか困難であったことを暗に物語っている。また、士以上は俸禄《ほうろく》（公的給与）があって生活が保障されているが、庶民は自分で稼がねばならず、全力の勤勉さが求められた。

（6）「庶人之孝」について。庶人の孝において祖先の祭祀のことについて述べられていない。しかし、『礼記』王制篇は、天子は七廟、諸侯は五廟、大夫は三廟（合祀）、士は一廟（同廟同堂に合祀）とし、廟《みたまや》は住居と別棟《べつむね》に建てられ、そこで祭祀を行うとするが、「庶人は寝《しん》に祭る」と言う。この寝は、廟（神主《しんしゅ》いわゆる位牌《いはい》の安置場所）の後方に建てる寝《しん》（祭祀用具の倉庫）ではなくて、住居の寝起きに使う一室のことであり、そこに祖先の神主を安置して祭祀を行う。その儀礼は、士の場合に比べて、かなり簡略なものであっただろう。

（7）「故自天子……未之有也」について。この文の内容は、庶人章に属するものではなくて、独立し完結した文である。すなわち天子章から庶人章に至るまでの文章の総括をしている。そのためであろうか、『古文孝経』では、「孝平章」と名づけて分章し独立させている。また、冒頭に「子曰」（子曰く）の二字があり、内容が変わる意志を明らかにしている。内容的には、『古文孝経』の分章のほうが妥当である。

いま一つの問題点は、天子章から士章まで、また他章の末尾に、『詩経』『書経』の句の引用があるのに、庶人章にはそれがない。そのため、古来から議論が多い。しかし、その多くは思想的（経学的）観点よりするものであって、いまだに決定的解明はできていない。将来、考古学的研究が進み、物証的精査が行われることを待ちたい。

なお、「孝無終始、而患不及者、未之有也」における「終始」の解釈によってさまざまな意味となる。以下、参考までにその代表例を『疏証』に基づいて示す。その引用はすべて訓点付きであるので、さしあたりそのままに従って書き下し文にして引く。もっとも、文意のよく通じないところもある。

①「無終始」を「全《まった》からず備《そな》わらず」と解する（孔安国《こうあんこく》）。
　孝　終始無く、而《しこう》して患《わざわ》い及《かか》らざる者《ひと》、未《いま》だ之有《これあ》らざるなり。

②「無終始」を「息《や》まず」、「患」を「禍難」と解する（鄭玄《じょうげん》）。
　孝　終始無ければ、而《しか》も患《わざわ》い及《およ》ばざる者《もの》なり。未だ之有《これあ》らざるなり。

③「終始」を「尊卑（地位の上下）」、「不及」を「行うこと能わず」、「未之有也」を「此の理無し」と解する（玄宗《げんそう》）。
　孝に終始無し。而《さ》て及《あた》わざることを患《うれ》うる者《ことは》、未だ之れ有らざるなり。

④「終始」を「際涯（限り・果《は》て）」、「及」を「至る」と解する（邢昺《けいへい》）。
　孝は終始無けれども、及《いた》らざることを患《うれ》うる者《ひとは》、未だ之《これ》有らざるなり。

⑤「孝」を「孝を行う」、「終始」を「或《あるい》は為《な》し或は止《や》む」、「及」を「足る」と解する（謝万《しゃまん》）。

孝に終始無しと。而して及《た》らずと患《うれ》うる者、未だ之《これ》有らざるなり。

⑥「終始」を身分の差別、「不及」を低い身分の者の及ばないことと解する（劉《りゅう》瓛《けん》）。

孝に終始無きに、而《しか》るに及ばずと患《うれ》うる者《ことは》、未だ之《これ》有らざるなり。

⑦「不及者未之有也（及ばざる者《もの》は未だ之有らざるなり）」を親に恥をかかせることがあってはならないことと解し、開宗明義章の「親に事うるに始まり……身を立つるに終わる」を踏み、「始め有りて終わりなし」ということであってはならないとする（司馬光《しばこう》）。

孝　終わり無く始《はじめ》のみなれば患《わざわ》いあり。〔その患《わざわ》いが〕及《かか》らざる者《ことは》、未だ之《これ》有らざるなり。

⑧「終始」は、始めより終わりまでという完全・完結の意。もっとも、開宗明義章の「孝は親に事うるに始まり……身を立つるに終わる」の「始・終」を指すという解釈もあることはある。前注の⑦参照。

三才《さんさい》章（三才の章）第七

曾子《そうし》曰《いわ》く、甚《はなは》だしいかな、孝《こう》の大《だい》なる、と。子《し》曰く、夫《そ》れ孝は、天《てん》の経《けい》なり、地《ち》の義《ぎ》なり、民《たみ》の行《おこな》いなり。天地《てんち》の経にして、民是《こ》れ之《これ》に則《のっと》る。天の明《めい》に則り、地の利《り》に因《よ》り、以《もっ》て天下《てんか》を順《おさ》む。是《ここ》を以て、其《そ》の教《おし》え粛《しゅく》ならずして成《な》り、其の　政《まつりごと》　厳《げん》ならずして治《おさ》まる。先王《せんおう》　教えの以て民の化《か》すべきを見《み》る。是《こ》の故《ゆえ》に、之に先《さき》んずるに博愛《はくあい》を以てすれば、民　其の親《おや》を遺《わす》るること莫《な》し。之に陳《の》ぶるに徳義《とくぎ》を以てすれば、民　興《おこ》り行《おこな》う。之に先んずるに敬譲《けいじょう》を以てすれば、民　争《あらそ》わず。之を導《みちび》くに礼《れい》楽《がく》を以てすれば、民　和睦《わぼく》す。之に示《しめ》すに好悪《こうお》を以てすれば、民　禁《きん》を知《し》る。詩《し》に云《い》う、赫赫《かくかく》たる師尹《しいん》、民　具《つぶ》さに爾《なんじ》を瞻《み》る、と。

三才章　第七

曾子曰、甚哉、孝之大也。子曰、夫孝、天之經也、地之義也、民之行也。天地之經、而民是則之。則天之明、因地之利、以順天下。是以、其教不肅而成、其政不嚴而治。先王見教之可以化民。是故、先之以博愛、而民莫遺其親。陳之以德義、而民興行。先之以敬讓、而民不爭。導之以禮樂、而民和睦。示之以好惡、而民知禁。詩云、赫赫師尹、民具爾瞻。

〈現代語訳〉

第七章　天・地・人

曾先生はおっしゃられた。「なんと孝は奥が深うございますなあ」と。老先生は〔以下のように〕講義を続けられた。孝とはだ、〔世界を動かす上《じょう》〕天《てん》の原理、〔人間の住む〕地〔上〕の原則、人間道徳の根源なのである。天地の原理・原則（自明の道理）なればこそ人々は孝を手本《てほん》とするのだ。〔すぐれた古代の聖王は〕天の原理の明快さ、地の原則の有益さを政治哲学ならびに政策として、世の人々を治めたのである。そのことによって、〔古代の聖王の〕民への道徳的指導はおごそかでなくともだれもがきちんと身につけ、その行政は厳しくしなくとも整ったのである。古代の聖王は、道徳的指導によって民を感化することができることを知ったのである。だから、〔古代の聖王は〕まず〔みずから〕孝を実行してその親への愛を〔他へ〕広げてゆくと、〔その感化を受けて〕民は必ず、親を愛し大切にするようになる。〔そこへ向けて〕道徳を説くと民は自覚して立ち〔みずから進んで〕道徳を実践することになる。〔また古代の聖王はみずから〕まず〔孝を実践し、その親への尊〕敬や謙譲をもって行動すると、民は〔それを見習い、感化を受けて〕人と争わないようになる。〔そのようになってから〕教導（礼楽）を行うと、民は互いに親しくなる。〔さらに〕善悪（好悪）を教えると、民は法律が分かるようになる。『詩』に言うではないか、「りっぱな師尹《しいん》、わしらが手本」と。

注

（1）「三才」は、天・地・人の三者。
（2）「経」は、織物のタテ糸。ヨコ糸が緯。そこから、経は、動かないもの、常なるもの、正しいものの象徴となる。
（3）「義」は、「誼・宜」と音通（音《おん》がギ）する。よろしきもの、妥当なものの意。そこにもまた、まっすぐなもの、常なるもののイメージがある。
（4）「行」は、徳行。「行」一字を挙げるのは、行《こう》の代表を意味する。

なお、「夫《そ》れ孝は天の経なり、地の義なり、民の行いなり」の文に対して、『春秋左氏伝』昭公二十五年に「夫《そ》れ礼は天の経なり、地の義なり、民の行なり」とあるので、朱熹《しゅき》は、『孝経』の作者は『春秋左氏伝』の文を採って「礼」を「孝」に変えたものと解している（『刊誤《かんご》』）。

（5）「天地之経」について。「天之経」「地之義」という本文から言えば、ここは「天地之経義」となるところであるが、「経」一字だけであるのは、前文の意味から省略されたとする。その例として、『孟子』公孫丑《こうそんちゅう》下篇「天の時は地の利に如《し》かず、地の利は人の和に如かず」の章において「兵革 堅利ならざるに非ず」とある文が、その下の文において「兵革の利を以てせず」と「堅」字を省略しているのが同じ例とする（『疏証』）。

（6）「化」は、徳化・感化。

（7）「先」は、先んじて行う。

（8）「博愛」は、キリスト教社会にあるような、すべての者を平等に愛する普遍的な愛ではない。儒教的（東北アジア的）には、まず自分に最も近い親を愛することに始まり、次に親しい血縁者を愛し、さらに遠縁の者を愛し、ついで血のつながらぬ近隣の者を愛し……というふうに、近き者から遠き者へと、しだいに自然と愛を広げてゆくことが汎愛《はんあい》であり博愛である。その愛は無限ではなくて有限である。

(9)「陳」は、述べる。陳述する。説く。
(10)「興」は、自覚して立つ。
(11)「詩」は、『詩経』小雅・節南山《せつなんざん》篇の中の句。
(12)「赫赫」は、盛んなさま。
(13)「師尹」は、「師」は周王の最高重臣である三公の一つの太師《たいし》。「尹」は人名。
(14)「爾」は、汝《なんじ》と同じであるが、汝の言動の意。
(15)「瞻」は、じっとよく視る。

孝治《こうち》章（孝もて治むるの章）第八

子《し》曰《いわ》く、昔者《むかし》、明王《めいおう》の孝《こう》を以《もっ》て天下《てんか》を治《おさ》むるや、敢《あ》えて小国《しょうこく》の臣《しん》を遺《す》てず。而《しか》るを況《いわ》んや公《こう》・侯《こう》・伯《はく》・子《し》・男《だん》においてをや。故《ゆえ》に万国《ばんこく》の歓心《かんしん》を得《え》て、以て其《そ》の先王《せんおう》に事《つか》う。国《くに》を治むる者《もの》は、敢えて鰥寡《かんか》を侮《あなど》らず。而るを況んや士《し》・民《みん》においてをや。故に百姓《ひゃくせい》の歓心を得て、以て其の先君《せんくん》に事う。家《いえ》を治むる者は、敢えて臣妾《しんしょう》の心《こころ》を失《うしな》わず。而るを況んや妻子《さいし》においてをや。故に人《ひと》の歓心を得て、以て其の親《おや》に事う。夫《そ》れ然《しか》り。故に生《い》けるときには則《すなわ》ち親 之《これ》に安《やす》んじ、祭《まつ》るときには則ち鬼《き》 之を享《う》く。是《ここ》を以て、天下 和平《わへい》し、災害《さいがい》 生《しょう》ぜず、禍乱《からん》 作《おこ》らず。故に明王の孝を以て天下を治むるや此《かく》の如《ごと》し。詩《し》に云《い》う、覚《おおい》なる徳行《とくこう》有《あ》れば、四国《しこく》 之に順《したが》う、と。

孝治章 第八

子曰、昔者、明王之以孝治天下也、不敢遺小國之臣。而況於公侯伯子男乎。故得萬國之歡心、以事其先王。治國者、不敢侮於鰥寡。而況於士民乎。故得百姓之歡心、以事其先君。治家者、不敢失於臣妾之心。而況於妻子乎。故得人之歡心、以事其親。夫然。故生則親安之、祭則鬼享之。是以、天下和平、災害不生、禍亂不作。故明王之以孝治天下也如此。詩云、有覺徳行、四國順之。

〈現代語訳〉

第八章　孝による一般政治

老先生の講義。遠い古代の聖王は、孝に基づいて統治したので、〔その孝とは、親への愛であり敬であり、その気持ちを他者に移す、すなわち、相手を人間として遇したのである。だから〕天子は小国の陪臣に対してでも傲岸《ごうがん》でなかった。まして諸侯に対しては。だから、万国の諸侯の心からの支持を得ることができ、王朝の祖宗の祭祀を行うことができたのである。諸侯は〔同じく孝の敬・愛の気持ちをもって人々に接し、相手を人間として遇したので〕配偶者を失った〔孤独な弱者となった〕老人たちを軽んじたりしなかった。まして礼儀ある士や民に対しては。だから、百官〔や人々〕の心からの支持を得ることができ、国家の祖先の祭祀を行うことができたのである。卿大夫は〔同じく孝の敬・愛の気持ちをもって人々に接し、相手を人間として遇したので〕奴婢《ぬひ》の心を〔つかんで〕失わなかった。まして妻子においては。だから、人々の心からの支持を得ることができ、家（祖先）の祭祀を行うことができたのである。以上のとおりなのだ。その結果として言えば、親が存命のときは〔養うなどの孝を実践することによって〕親は安心して暮らせ、〔親が他界したあとの〕祭祀のときにおいては、亡き祖霊は供え物を嘉《よみ》し給い召し上がられる。このようであれば、天下は平和であり、災害も発生せず、神の咎《とが》めも世の乱れも起こらない。聖王の孝に基づく政治とは、このようにすぐれたものであるぞ。『詩』にこうあるではないか、「王は大孝、天下は従う」と。

注

（1）「明王」は、先王、古代の聖王（すぐれた天子）。

（2）「遺」は、棄てる。忘れる。

（3）「小国の臣」について。「小国」は、子爵・男爵の国。この臣は、諸侯の私臣すなわち家臣であるから、天子からすれば陪臣《ばいしん》（まただざむらい）である。しかも小国の陪臣である。

（4）「公侯伯子男」は、五等級に分かれた諸侯。三四ページ注（1）参照。

（5）「歓心」は、喜ぶこころ。

（6）「其先王」について。ここでは、その王朝の祖先の聖王。先王一般のことではない。王朝を建て開くのは、道徳的にすぐれた聖王であるという儒教政治思想からすれば、どの王朝の場合でもその創立者は聖王である。ここでは一般的に、ある王朝の祖先の聖王を指して「其の先王」といっている。

（7）「治国者」は、諸侯。

（8）「鰥寡」は、「鰥」は老いて妻を亡くした者、「寡」は老いて夫を亡くした者。

(9)「百姓」は、ここでは国の場合であるので、さまざまな役人（百官）。
(10)「治家者」は、卿大夫《けいたいふ》。
(11)「臣妾」は、下級使用人の男女。奴婢。
(12)「夫然」は、「如此」（此《かく》の如《ごと》し。このようだ）の意。
(13)「安」は、安心して暮らす。
(14)「鬼」は、亡き人（その霊魂）。この場合は、父母の霊魂。
(15)「享」は、祭祀のとき、神・霊に供え物を捧《ささ》げるが、それを神・霊が受けること。
(16)「禍乱」の「禍」は神のとがめ。
(17)「詩」は、『詩経』大雅・抑《よく》篇の中の句。
(18)「覚」は、大。
(19)「四国」は、四方の各国。

聖治《せいち》章（聖の治むるの章）第九

㈠ 曾子《そうし》曰《いわ》く、敢《あ》えて問《と》う、聖人《せいじん》の徳《とく》 以《もっ》て孝《こう》に加《くわ》うること無《な》きや乎《いな》（否）や、と。子《し》曰く、天地《てんち》の性《せい》、人《ひと》もて貴《たっと》しと為《な》す。人の行《おこな》い 孝より大《だい》なるは莫《な》し。孝は父《ちち》を厳《たっと》ぶより大なるは莫し。父を厳ぶは天《てん》に配《はい》するより大なるは莫し。則《すなわ》ち周公《しゅうこう》其の人なり。昔者《むかし》、周公 郊祀《こうし》せしとき、后稷《こうしょく》〔をば〕以て天に配し、宗祀《そうし》せしとき、文王《ぶんおう》〔をば〕明堂《めいどう》において以て上帝《じょうてい》に配す。是《ここ》を以て、四海《しかい》の内《うち》、各々《おのおの》其の職《しょく》を以て来《きた》り祭《まつ》る。

聖治章　第九
曾子曰、敢問、聖人德、無以加於孝乎。子曰、天地之性、人爲貴。人之行莫大於孝。孝莫大於嚴父。嚴父莫大於配天。則周公其人也。昔者、周公郊祀、后稷以配天、宗祀、文王於明堂以配上帝。是以、四海之內、各以其職來祭。

〈現代語訳〉

第九章　孝による大偉人の政治

曾先生がお尋ねになった。お伺いいたします。大偉人の場合、〔さまざまな徳性が備わっておりますが、その大偉人にして〕孝以上の徳はないのでしょうか、いかがでしょうか、と。老先生は答えられた。この世の生きとし生けるもののうち、人間が最も尊い。その人間の道徳の中で孝よりも価値が高いものはない。その孝の中身として、己の父を尊敬する以上のものはない。その父への尊敬の表現として、天を祭るときに合わせて父の霊を祭ることを越えるものはない。それは周公《しゅうこう》が始めて行ったのだ。遠い昔、周公が郊の円丘において天を祭ったとき、始祖の后稷《こうしょく》を並べ祭ったし、明堂《めいどう》において上帝《じょうてい》を祭ったとき、祖先の文王《ぶんおう》の霊を並べ祭ったのである。そういうわけで、全土の諸侯がそれぞれの職分に応じて貢《みつ》ぎ物を持って王城を訪れ、周王朝の祭祀に協力し奉賛したのであった。

注

（1）「聖人」は、知性と徳性とを兼ね備えた人すなわち教養人の中でも最高の理想像、最高の人格者。中国思想では、こうした聖人が政治（多数者を幸福にする行為）の指導者となる資格があるとする。その地位の頂点が天子である。すなわち、最高の人格者が天子となり、周囲の者はその人格に感化されるとする。しかし、現実には、聖人と評価されても天子となれない人物もいる。たとえば孔子。そこで、後には、孔子は天子となる資格はあったのだが、現実には天子でなかったので〈素王《そおう》〉という評価をした。「王」は天子、「素」は生地《きじ》のままの意。〈生地としては天子〉という意味で、あえて言えば〈無冠の帝王〉である。後出する周公も王位には即《つ》かなかったが、聖人の代表例である。この「聖人」の訳語はなかなか難しいので、しばらく「大偉人」と訳しておく。聖人は人間であるので、ふつうの人間であっても努力すればそこに到達できるとするのが儒教である。『孟子』告子下篇に、曹交《そうこう》という人が孟子に「人皆《みな》以て堯舜《ぎょうしゅん》〔のような聖人〕為《た》る可《べ》し」ということが有りうるのかと質問したのに対して、孟子は「然《しか》り」、そうだと答えている。そのあと、孟子は興味深い解釈をしている。すなわち、その「堯舜の道は、孝悌のみ」と。

（2）この「乎」は、特別に「……や否《いな》や」という疑問を表わす助辞と解されている（『御注』『疏』）。

（3）「天地之性」の「性」は「生」（『疏』）。『淮南子《えなんじ》』主術訓《しゅじゅつくん》「近者安其性」の高誘《こうゆう》の注に「性は生なり」。「天地が生み出したものとしては」の意。『礼記』祭義《さいぎ》篇に「天の生ずる所、地の養う所、人より大為《だいな》るは無し」。

（4）「厳」は、尊ぶ。尊厳（『疏』）。

（5）形式的には「后稷を郊祀し以て天に配し、文王を明堂に宗祀して、以て上帝に配す」と訓むことが多いが、これでは意味が通じにくいので、訓みを改めた。注（10）参照。

（6）「配」は、〈主として祭るもの〉に合わせ祭る。

（7）「周公其人也」は、周公から始まったの意（『御注』）。周公は、殷王朝を倒して周王朝を建てた武王の弟で、武王の亡きあと、子の成王を補佐し摂政として周王朝の諸制度を整備した大功臣。その功績は建国の王者に匹敵するので、聖人とされる。孔子は周公を尊崇した。

（8）「郊祀」について。「郊」は円丘で、王宮の南にあり、冬至のとき、その郊において、天を祭った（『御注』）。別説に、南部と円丘との二つとする（鄭玄《じょうげん》）。なお、天（上帝）を祭ることができるのは天子のみである。ここでは、そういう精神を汲《く》み取れという意味。

（9）「后稷」は、周王朝を建てた姫《き》氏一族の始祖。当然、周王朝は尊崇して祭祀した。

伝説的には、舜王時代の農務長官（名の「稷」は主食として大切な黍《もちきび》と同類のうるちきび）として人々に農業を教え、その十五代目が周王朝を建てた武王とされている。

(10)「宗祀」は、本来は祖先の木主《ぼくしゅ》・神主《しんしゅ》（位牌）を安置している宗廟において行う祖霊の祭祀であるが、ここでは明堂において上帝（天とほぼ同義）を祭祀する意味として使われている。明堂を天子の宗廟（御霊廟《みたまや》）とする解釈もあるが、一般的には、諸侯との対面や国家的祭祀や官僚の選任や教学などを行う政庁とされている。その中身については古来諸説があって一定しない。解釈の一例を挙げれば、八つの窓、四つの入り口、上部は円形ドーム、下部は方形、室は九つで十二階段の建物（鄭玄）。その場所も、国都の南方ともいわれる。『孝経』本文の文意では、この明堂において上帝を祭り、そのとき、文王を並べて祭ったということになる。「周公郊祀……上帝」の本文は、后稷や文王という周王朝の祖先のことが前面に出て、祭祀の中心である天や上帝が後方に引いているため、分かりにくい文となっている。全体の文意としては「郊祀や宗祀のとき、中心に天や上帝を祭り、后稷や文王という祖霊を合わせて並べて祭った」ということである。

(11)「文王」は、周王朝を建てた武王の父。武王が即位してから、亡父に文王という称号を追贈した。周王朝は、始祖の后稷を祭る始廟と、特例として文王の廟、武王の廟を建て、計三廟は永久に保存し、あとは、当代の王から溯《さかのぼ》って四代前の王までの四廟と合わせて計七廟を天子の廟とした。諸侯は五廟、卿大夫は三廟、士は一廟（四八ページ注〈6〉参照）。

(12)「上帝」は、天に存在する神々の中で最高神の天帝。しかし、それはほとんど天と同じ意味である。ただし、儒教は多神教であるので、上帝は例えばキリスト教の神エホバのような唯一最高絶対神ではない。

(13)「四海」は、三〇ページ注（6）参照。

(14)「各」は、諸侯を指す（『御注』）。

(15)「其職」は、諸侯それぞれの職位・職分に応じて貢ぎ物を納めに持ってくる（『疏』）。天や上帝を祭ることは、天子として国家としての公的行為であるから、諸侯も参列する。ただし、その天や上帝を祭るとき、天子が、自己の始祖の后稷や重要祖先の文王を並べ祭るのは、周王朝を担っている姫《き》姓一族の私的行為である。

(16)「祭」は、天子の祭祀を助ける（『御注』）。

(二)夫《そ》れ聖人《せいじん》の徳《とく》、又何《またなに》を以《もっ》て孝《こう》に加《くわ》えんや。故《ゆえ》に親《した》しみ之《これ》を膝下《しっか》に生《しょう》じ、以て父《ふ》母《ぼ》を養《やしな》い、日《ひ》に日に厳《たっと》ぶ。聖人 厳ぶに因《よ》りて以て敬《けい》を教《おし》え、親しむに因りて以て愛《あい》を教う。聖人の教え、粛《おごそ》かならずして成《な》り、其《そ》の政《まつりごと》厳《きび》しからずして治《おさ》まる。其の因る所《ところ》の者《もの》本《もと》なればなり。

夫聖人之德、又何以加於孝乎。故親生之膝下、以養父母、日嚴。聖人因嚴以教敬、因親以教愛。聖人之教、不肅而成、其政不嚴而治。其所因者本也。

〈現代語訳〉

さてさて、大偉人の道徳として、孝の上にさらに何を加えることがあろうか。〔これ以上のものはないのだ。〕だから、親《おや》への親しみ、親愛の情は幼いころから生まれ、〔その気持ちのまま、成人してから〕父母の世話をし、日々にしだいに尊敬のこころとなってゆく。大偉人は、尊敬心に基づいて〈孝の柱である敬〉を教え、親愛心に基づいて〈孝の柱である愛〉を教えるのだ。〔その結果、〕大偉人の教化はおごそかにしなくとも〔しぜんと〕完成し、その行政をきびしくしなくとも〔しぜんに〕統治できる。その基づくものが根本道徳すなわち孝であるからだ。

注

（1）「乎」は、前節の注(2)の「乎」と異なり、感歎の助辞。
（2）「親」は、親しみ。愛。親愛（『御注』）。
（3）「膝下」は、父母の膝もと、すなわち幼少のころ（『御注』）。
（4）「不粛而成……不厳而治」は、三才章（五一ページ）参照。同様の句がある。
（5）「本」は、根本道徳すなわち孝（『御注』）。開宗明義章の「夫孝、徳之本也」（二四ページ）参照。

㈢ 父子《ふし》の道《みち》は天性《てんせい》なり。君臣《くんしん》の義《ぎ》あり。父母《ふぼ》之《これ》を生《う》む。続《つ》ぐこと焉《これ》より大《だい》なるは莫《な》し。君《きみ》親《した》しみて之に臨《のぞ》む。厚きこと焉より重《おも》きは莫し。故《ゆえ》に其《そ》の親《おや》を愛《あい》せずして他人《たにん》を愛すること、之を悖徳《はいとく》と謂《い》う。其の親を敬《けい》せずして他人を敬すること、之を悖礼《はいれい》と謂う。順《じゅん》を以《もっ》てすれば則《のっと》る。逆《ぎゃく》なれば則る無《な》し。善《ぜん》に居《お》らざれば、皆《みな》凶徳《きょうとく》に在《あ》り。志《こころざし》を得《う》と雖《いえど》も、君子《くんし》は貴《たっと》ばざるなり。

父子之道、天性也。君臣之義也。父母生之。續莫大焉。君親臨之。厚莫重焉。

故不愛其親、而愛他人者、謂之悖德。不敬其親、而敬他人者、謂之悖禮。以順則。逆民無則焉。不居於善、而皆在凶德。雖得志之、君子不貴也。

〈現代語訳〉

父と子とのありかた（親子のありかた）とは、〔ことばを超えた〕天成のものである。その上、君と臣と（組織の指導者とその部下と）の〔理に適《かな》った〕ありようが含まれている。父母は子を生む。〔生命のこの〕連続、それより価値あるものはない。〔父母が子に対するときに類似して〕君主が臣下に対して親愛の気持ちで接する。そのような厚遇（手厚いもてなし）、それより尊重されるものはない。だから、自分の親を愛さないでいて、他人《ひと》を愛すのは、道徳に悖《もと》ると言うのだ。自分の親を尊ばないで、他人を尊ぶのは、世の規範（礼）に悖るのである。このように順序を踏めば、民はそれを手本として従う。その逆であると、民は従わなくなる。孝の愛や敬に拠らなければ、たれしも背徳者となるのだ。〔そのようなことであれば、〕たとい高い地位を得たとしても、教養人はそれを重んじない。

注

（1）「天性」は、天から受け継いだ生まれつきの性質。「天成」とも。この天は、物質的にも精神的にも運命的にも、人間をこの世に生み出した霊妙な存在。遺伝子研究に基づく生命科学者の村上和雄が主唱する something great に近い。

（2）「君臣之義也」は、父子の道は「君臣の義なり」という事実を示しているのであるが、事実ということは、それがそこに在るということなので、父子の道の中に「君臣の義あり」ということになる。すなわち、「父子の道」は「天性」のものであるが、そこに「君臣の義あり」となる。『御注』は「又《また》（その上に）君臣の義有り」とあえて「有」字を加えて解している。訓読の「君臣の義あり」の「あり」は意味上から訓《よ》んだものである。「君臣之義也」の「也」は言い切りの助字で、この「也」を「なり」と訓むことが多いが、事実の提示である。なお、『古文孝経』では、「義」字が「誼」字になっている。

（3）「父母生之」の「之」は、子。

（4）「焉」は、ここでは「これ」という代名詞。

（5）「他人」は、「たにん」と訓むが、日本語としては「他人《ひと》」と読むのが通例（「他人《ひと》事《ごと》」）。逆に、「人」は他人の意。いずれにしても、他人は血縁者でないという意味合いが強い。ここでは、①血縁者（親しい人）と、②非血縁者（他人）との大別に大きな意味がある。自己にとっての共同体グループと、非共同体グループとの分別である。自己と君や友人（親しい友）との関係は、相手は非血縁者ではあるのだが、疑似的な血縁者（観念的共同体）の意識をかぶせる。その際の道徳の柱は、まごころ（忠・信など）となる。なお、この「他人」を「他人の親」とする解釈もある。

（6）「悖徳・悖礼」は、背徳・逆徳、背礼・逆礼。「悖」は、はずれること。

（7）「善」は、孝の柱である愛・敬を実践する（『御注』）。

（8）「志を得」とは、組織の指導者となること（『御注』）。

（9）「君子」は、教養人。拙著『論語』（全訳注、講談社学術文庫）において以下のように解している。自己の幸福をのみ求めるのが一般人（民）である。しかし、他者の幸福を考え実践しようとする人がいる。〈志のある士〉である。こうした志を実現しようとするとき、現代社会では多種多様な仕事があり、さまざまな形でその志を果たしうる。しかし、西暦前六世紀の孔子のころ、職業のほとんど大多数は農業である。工業・商業の従事者はわずかであった。この農民は家族とともに自己の幸福を求める者たちであった。すると、他者の幸福を考え実践する職業は、ほとんど行政官僚に限定されていた。そこで、孔子はこの行政官僚（志のある士）のありかたについて、次のように考えたと私は解する。すなわち、官僚は、文書の読み書きはもちろん、古典にも習熟していなければならなかった。すると、志ある者はまずなによりも〈知識〉を学習するということにまず努力する。しかし、これは必要条件にすぎない。単に知識人であるだけでは、人間集団の指導者とはなれない。知性に加えて必ずその徳を磨き、人間として人格を磨かねばならない。そうした十分条件が整ってはじめて他者の幸福を求める真の官僚となることができるとした。この、知性と徳性とを兼ね備えた者が教養人である。

　こうした、知性だけの知識人が「小人」であり、知性と徳性とを備えた教養人が「君子」である。学校教育は知識人を作るのではなくて教養人を作るというのが、儒教の伝統となっている。

(四) 君子《くんし》は則《すなわ》ち然《しか》らず。言《こと》は道《い》う可《べ》きを思《おも》い、行《おこな》いは楽《たの》しむ可きを思う。徳義《とくぎ》は尊《たっと》ぶ可く、作事《さくじ》は法《のっと》る可く、容止《ようし》は観《み》る可く、進退《しんたい》は度《ど》とす可し。以《もっ》て其《そ》の民《たみ》に臨《のぞ》む。是《ここ》を以て、其の民畏《おそ》れて之《これ》を愛《あい》し、則《のっと》りて之に象《かたど》る。故《ゆえ》に能《よ》く其の徳教《とくきょう》を成《な》し、其の政令《せいれい》を行う。詩《し》に云《い》う、淑人《しゅくじん》　君子《くんし》、其の儀《ぎ》　忒《たが》わず、と。

君子則不然。言思可道、行思可樂。徳義可尊、作事可法、容止可觀、進退可度。以臨其民。是以、其民畏而愛之、則而象之。故能成其徳教、而行其政令。

詩云、淑人君子、其儀不忒。

〈現代語訳〉

教養人であるならば、〔背徳・背礼のような〕そのようなことはない。ことばを発するときは、それが実行できるかどうかを判断した上で言う。行うときは、その行いが人々の心を楽しくさせるのかどうかを見極めた上で行う。〔だから〕教養人が徳を立て義を行うとき〔正道に沿っているので〕尊ぶに足り、事業を起こすとき〔妥当であるので〕模範とするに足り、その立《た》ち居《い》振《ふ》る舞《ま》いは〔規範に適《かな》っているので〕学ぶに足り、その動作進退は〔礼法に基づいているので〕手本とするに足る。そのような徳性をもって〔教養人は〕為政者（当時の指導者）として人々に接する。こういうことなので、人々は為政者に畏敬の気持ちを持ちつつ〔同時に〕親愛の情を抱《いだ》き、手本とし教養人でありたいと模倣するようになる。だから、〔教養人の〕為政者は己の徳によって人々を感化すること、ひいては〔安定した〕行政を行うことができるのである。『詩』に歌っているではないか、「善き人《ひと》君子、振る舞いお美事《みごと》」と。

注

（1）「作事」は、「事《こと》（事業）を作《な》（制作）す」（『御注』）。
（2）「容止」は、立ち居振る舞い。身体《からだ》のしこなし。
（3）「進退」は、動作。
（4）「度」は、度《ど》（ものさし）すなわち「規準とする」。そこから「手本とする」。
（5）「詩」は、『詩経』曹風《そうふう》・鳲鳩《しきゅう》篇の中の句。
（6）「淑人」は、善き人。
（7）「忒」は、差《たが》う。くいちがう。

紀《き》孝行《こうこう》章（孝行を紀《しる》すの章）第十

子《し》曰《いわ》く、孝子《こうし》の親《おや》に事《つか》うるや、居《お》れば則《すなわ》ち其《そ》の敬《つつし》みを致《いた》し、養《やしな》えば則ち其の楽《たの》しきを致し、病《や》めば則ち其の憂《うれ》いを致し、喪《そう》には則ち其の哀《かな》しみを致し、祭《さい》には則ち其の厳《おご》そかなるを致す。五者《ごしゃ》備《そな》わりて、然《しか》る後《のち》能《よ》く親に事う。親に事うる者《もの》、上《かみ》に居りて驕《おご》らず、下《しも》と為《な》りて乱《みだ》らず、醜《しゅう》に在《あ》りて争《あらそ》わず。上に居りて驕れば則ち亡《ほろ》ぶ。下と為りて乱れば則ち刑《けい》せらる。醜に在りて争えば則ち兵《へい》せらる。三者《さんしゃ》除《のぞ》かざれば、日《ひ》に日に三牲《さんせい》の養《やしない》を用《もち》うと雖《いえど》も、猶《なお》不《ふ》孝《こう》為《た》らん。

紀孝行章　第十

子曰、孝子之事親也、居則致其敬、養則致其樂、病則致其憂、喪則致其哀、祭則致其嚴。五者備矣、然後能事親。事親者、居上不驕、爲下不亂、在醜不爭。居上而驕則亡。爲下而亂則刑。在醜而爭則兵。三者不除、雖日用三牲之養、猶爲不孝也。

〈現代語訳〉

第十章　孝行自体について

老先生の教え。孝子であるならば、親にお仕えする態度は、ふだん家で親と接するときは敬意を尽くし、食事や衣服のふだんにおいては常に歓《よろこ》ばせ、病気のときは心より心配し、亡くなったときは哀しみの極《きわ》みを尽くし、その亡きあとを弔い祭るとき厳粛に行う。この五者が十分であって、はじめて親にお仕えすることができるのだ。親によくお仕えする者は、〔そのような謙虚な態度の人格であるからこそ〕指導者となっては〔他者に対する謙虚な気持ちを忘れないので〕傲岸《ごうがん》にならず、部下であるときは〔同じく慎み深く〕秩序を乱すようなことをしないし、世の人々の間にあっては、争い合うなどということをしない。〔つまり、〕指導者となって傲岸であれば、必ず亡んで〔財産をはじめ、宗廟《そうびょう》までなにもかにも失って〕しまう。部下でありながら反乱を起こせば、必ず刑を受ける。人々の間で争い合っておれば、必ず凶器で殺される。〔これは、自分自身の身体を傷つけるだけではなくて、親の身にも災いが及ぶこととなる。〕この三者（驕・乱・争）を除かなければ、毎日、親のために、どんなに贅沢《ぜいたく》な食事を提供しようと、親不孝というものなのだ。

注

（1）「紀」は、紀録（記録）する、記す。「紀孝行章」とは、「孝行〔についてのこと〕を紀《しる》す章」の意。

（2）「楽」は、たとえば『礼記《らいき》』内則《だいそく》篇「孝子の養うるや、其の〔親の〕心を楽しませ、其の志（気持ち）に違《たが》わず、其の耳目を楽しませ、其の寝居を安んじ、其の飲食を以て終に之《これ》（親）を養う」。

（3）「病」は、たとえば『論語』為政《いせい》篇「孟武伯《もうぶはく》 孝を問う。子曰く、父母には唯其《ただそ》の（父母の）疾《やまい》を之《こ》れ憂えよ」、『礼記』曲礼《きょくらい》上篇「父母 疾有れば、冠者《かんじゃ》（成人）は櫛《くしけず》らず、行くに翔《か》けらず（走らず）、言 惰《だ》せず（戯《ざ》れず）、琴瑟《きんしつ》 御《ぎょ》せず（演奏せず）、肉を食うも味を変ずるに至らず、酒を飲むも貌《かお》を変ずるに至らず、笑うも矧《しん》（歯ぐき）に至らず（見せず）、怒りても罵《ののし》るに至らず。疾止《や》みて故《もと》に復《かえ》る」。

（4）「喪」は、喪親章（一〇六ページ）に詳述。

（5）「祭」は、一般的には祖先の慰霊であるが、ここでは、亡き親の霊魂という具体的な感が強い。

（6）「醜」は、衆（『御注』）。世の人々。

（7）「争」は、競う（『御注』）。

（8）「兵」は、武器。「兵」一字で武器（刃《やいば》）によって非業《ひごう》の最期《さいご》をとげるの意。『論語』顔淵《がんえん》篇「一朝の忿《いかり》に其の身を忘れて以て其の親に〔争いを〕及ぼすは、惑《まど》えるに非《あら》ずや」。

（9）「三牲」は、神霊に供える犠牲の三者。三者とは、牛・羊・豕《し》（豚）であり、この形式を太牢《たいろう》と言い、最高の犠牲の意。本来は、天子が三牲、諸侯や卿大夫は羊・豕の二牲（少牢《しょうろう》）とされているので、一般の家において三牲ということはありえない。譬《たと》えとして引いたことばである（『新釈』）。

五刑《ごけい》章（五刑の章）第十一

子《し》曰《いわ》く、五刑《ごけい》の属三千《ぞくさんぜん》。而して罪《しこう》《つみ》不孝《ふこう》より大《だい》なるは莫《な》し。君《きみ》を要《おびや》かす者《もの》は上《かみ》を無《なみ》す。聖人《せいじん》を非《そし》る者は法《ほう》を無す。孝《こう》を非る者は親《おや》を無す。此《こ》れ大乱《たいらん》の道《みち》なり。

五刑章　第十一

子曰、五刑之屬三千。而罪莫大於不孝。要君者無上。非聖人者無法。非孝者無親。此大亂之道也。

〈現代語訳〉

第十一章　不孝と五刑罰と

老先生の教え。五刑罰それぞれに相当する罪の種類は三千にのぼる。それらの罪の中で不孝以上の罪はない。〔驕・乱・争の三事のうち、乱の罪によって五刑罰の中のどれかが科せられるのは言うまでもない。とりわけ〕主君に強要し脅《おびや》かす者は長上を蔑《ないがし》ろにする者である。大偉人を非議する者は規範（法・礼）をなきがごとくに振る舞う者である。孝行を非難する者は、親を侮《あなど》り軽んずる者である。これ〔ら三悪〕は世を大乱に導く基《もと》である。

注

（1）「五刑」は、古代では墨《ぼく》（「黥《げい》」とも。入墨《いれずみ》。額に傷つけると瘡《そう》〈できもの。かさ〉ができる。それを墨でふさぐ。この瘡の孔《あな》につめた墨で変色する）・劓《ぎ》（鼻切《はなき》り）・剕《ひ》（「刖《げつ》」とも。足の筋を切る。あるいは膝頭《ひざがしら》を断つ〔臏《ひん》〕。足切り）・宮《きゅう》（男女それぞれ生殖器を使えなくする刑）・大辟《たいへき》（死刑）といわれているが、唐代以後では笞《ち》刑《けい》・杖刑《じょうけい》・徒《と》刑《けい》（または「ずけい」と読む。労役に服させる刑罰。懲役刑）・流《る》刑《けい》（遠方地へ追放）・死刑（『疏』）。『孝経』成立時は前者が実施されていたようであるが、『御注』制作時は、実質は後者の感覚であっただろう。しかし『御注』は前者として注解している。前者の特徴は、身体を傷つける肉刑であること。ただし、この肉刑は漢代の文帝の十三年に廃止されたが、宮刑は続き、『御注』撰者の玄宗の初めのころ、男子の宮刑を廃したが、女子の宮刑は残ったとする（『疏』）。自分の身体は父母の身体とし、生命の連続を強烈に意識し尊重する儒教思想にとっては、この肉体への毀傷《きしょう》は親不孝の最たるものである。前章において、〈驕・乱・争〉によってすべてを失ったり、刑を受けたり、凶器で殺され、不孝者となると述べてきたことの延長に、この五刑章があり、刑罰について述べている。『春秋公羊伝《しゅんじゅうくようでん》』文公十三年の何休《かきゅう》の「解詁」に「死刑に軽重有り。尊上を無《なみ》す、聖人を非《そし》る、不孝なる者〔この三者〕は、斬首《ざんしゅ》して之を〔獄門に〕梟《さら》す」とある。

（2）「属」は、種類。

（3）「三千」は、刑条（刑に相当する条項）が三千（多数の意）。五刑は刑名（刑の種類）。『書経』呂刑篇に、墨刑相当が千条、劓刑《ぎけい》相当が千条、剕刑《ひけい》相当が五百条、宮刑相当が三百条、大辟相当が二百条とある。例えば、『孝経』の『経典釈文』に強盗は劓刑、傷害は墨刑、正式でない男女関係にある者は宮刑、殺人は死刑とある。同書の鄭玄注は『周礼』の注と異なるとする。

『周礼』秋官・司刑の項には、墨罪五百、劓罪五百、宮罪五百、刖罪《げつざい》五百、殺罪五百、計二千五百とする。これはほぼの数（目略）を言っていると解されている。そこの鄭玄の注では、強盗は臏（刖）刑、君命に従わないで国家・宮室・軍旗・衣服・礼儀などにおける決まりを変えたり、あるいは騒擾《そうじょう》を起こしたり人を傷害した者は劓刑。「事《つか》うるに非ずして之に事え、出入に道義を以てせず、不詳（祥）の辞を誦する者」は墨刑、叛いて敵に降ったり、反乱を起こしたり、国家の土地を侵略したりなどする者は死刑とある。いずれも古典学（経学《けいがく》）の中での議論であって、当時の実態をどれほど伝え示しているのかは分からない。

（4）「不孝」は、この場合は道徳的問題ではなくて、法的問題としている。『周礼』地官・大司徒の項に、「郷の八刑」というものがあり、その筆頭が「不孝の刑」である。以下、第二は「不睦《ふぼく》」（睦《むつ》まじからず。家族が不和）、第三は「不婣《ふえん》」（「婣」は「姻」すなわち姻族と不和）、第四は「不弟《ふてい》」（師や長上に従わない）、第五は「不任」（朋友を信任しない）、第六は「不恤《ふじゅつ》」（災厄があったときに助け合わない）、第七は「造言」（流言風説をする）、第八は「乱民」（オカルトによる行政）の場合に刑が科せられる。いずれも共同体社会の秩序を乱すものであり、道徳と法との境界線上にある。そのため、劉炫《りゅうげん》の『孝経述義』は「江左の名臣、袁宏《えんこう》・謝安《しゃあん》・王献之《おうけんし》・殷仲文《いんちゅうぶん》の徒、皆《みな》云う、五刑の罪、得て名《な》づく可し。不孝の罪は得て名づく可からず。故に三千の外に在り」という。不孝とは何かという問いに対して、孟子は道徳的にこう答えている。「世俗に所謂《いわゆる》不孝なるもの五あり。其の四支（手足を動かして働くこと）を惰《おこた》り、父母の養いを顧みざるは、一の不孝なり。博奕《ばくえき》（ばくち）し飲酒を好み、父母の養いを顧みざるは、二の不孝なり。貨財を好み、妻子に私《わたくし》し（手厚くし）、父母の養いを顧みざるは、三の不孝なり。耳目の欲を従《ほしいまま》にし、以て父母の戮《りく》（恥辱）を為《な》すは、四の不孝なり。勇を好み闘狠《とうこん》（喧嘩《けんか》口論）し、以て父母〔にまで〕危うくするは、五の不孝なり」（『孟子』離婁下篇）。一方、「不孝に三《さん》有り。後《あと》（子孫）無きを大なりと為す」（『孟子』離婁上篇）と言う。残りの二不孝については述べていない。しかし趙岐のその注に「礼に不孝なるもの三事有り。謂《おも》えらく、意に阿《おもね》り曲げて従い、親を不義に陥《おとしい》るは一の不孝なり。家貧しくして親老ゆ。〔にもかかわらず〕禄仕《ろくし》せざるは、二の不孝なり。娶《めと》らず子《し》無くして先祖の祀《まつり》を絶つは、三の不孝なり」とある。この三番目のものが『孟子』本文に挙げられている不孝とされている（四七ページ注〈5〉参照）。

（5）「要」は、強要。たとえば『論語』憲問篇に、臧武仲《ぞうぶちゅう》が亡命先から魯国に帰国し、自分の知行所の防（地名）において、「後《のち》を為す〔家名が残ること〕を魯〔の君主〕に求む」ということがあったが、それに対して孔子は「君を要せずと曰うと雖《いえど》も、吾《われ》は信ぜざるなり」と評している。

広要道章《こうようどう》（要道を広むるの章）第十二

子《し》曰《いわ》く、民《たみ》に親愛《しんあい》を教《おし》うるは、孝《こう》より善《よ》きは莫《な》し。民に礼順《れいじゅん》を教うるは、悌《てい》より善きは莫し。風《ふう》を移《うつ》し俗《ぞく》を易《か》うるは、楽《がく》より善きは莫し。上《かみ》を安《やす》んじ民を治《おさ》むるは、礼《れい》より善きは莫し。礼は敬《けい》なるのみ。故《ゆえ》に其《そ》の父《ちち》を敬すれば、則《すなわ》ち子《こ》悦《よろこ》ぶ。其の兄《あに》を敬すれば、則ち弟《おとうと》悦ぶ。其の君《きみ》を敬すれば、則ち臣《しん》悦ぶ。一人《いちにん》を敬して千万人《せんまんにん》悦ぶ。敬する所《ところ》の者《もの》は寡《すくな》く、而《しか》して悦ぶ者衆《おお》し。此《これ》を之《こ》れ要道《ようどう》と謂《い》うなり。

廣要道章　第十二
子曰、教民親愛、莫善於孝。教民禮順、莫善於悌。移風易俗、莫善於樂。安上治民、莫善於禮。禮者、敬而已矣。故敬其父、則子悅。敬其兄、則弟悅。敬其君、則臣悅。敬一人而千萬人悅。所敬者寡、而悅者衆。此之謂要道也。

〈現代語訳〉

第十二章　正道とは何か

老先生の教え。人々に親愛の情を教えるには、孝を教える以上のものはない。同じく長上の者に礼儀正しく順《したが》うことを教えるには、〔孝に附随し、長上を尊敬する〕悌《てい》を教えることが最高だ。人々のならわしを変えつつ善きように作り上げるには、音楽〔を通じての教化〕ほどよいものはない。指導的地位にある人を安泰にし、人々をその指揮に従って安定させるには、礼以外にはない。この礼〔の精神〕とは、敬意なのである。〔その敬とは、孝の二本の柱〈愛・敬〉の一つである。〕だから、〔或《あ》る人の場合、〕その人の父を他者が尊敬すると、その人（子）は喜ぶ。〔同じく〕その人の兄に敬服すると、その人（弟）は喜ぶ。〔同じく〕或る君主に敬事《けいじ》すると、その臣下は喜ぶ。〔すなわち〕一人に対して敬意を払うと、多くの人々が喜ぶという結果となる。敬意を払う相手は少なく、〔それによって〕喜ぶ者が多い。これを正道（要道）と言うのである。

注

（1）「広」は、第一章の開宗明義章において「要道」について詳述されていないので、ここに一章を設けて、「要道」について申《の》べる（演《の》べる・演繹《えんえき》する）の意。「広む」は、拓《ひら》く、明らかにする。

（2）「要道」は、正しい道（二三ページ注〈10〉参照）。

（3）「移風易俗」について。「風」はもとは上からの教化。「俗」は人々のならわし。「易《えき》」は交換する。『礼記』楽記篇に「楽《がく》は聖人の楽しむ所なり。而して民心を善くす可し。其の人を感ぜしむること深く、其れ風を移し俗を易《か》う」とあるように、善いならわし（風俗）にしてゆこうの意。なお、「風」について言えば、『論語』顔淵篇「君子の徳は風《かぜ》なり。小人の徳は草《くさ》なり。草 之《これ》に風を上《くわ》うれば、必ず偃《ふ》す（仆《たお》れる）」は、風化・教化・徳化・文化・感化の意。

（4）「楽」は、さまざまな儀式における礼の進行とともに演奏される〈礼楽〉としての音楽。このときの礼は、実際の動作を伴う礼法的なもの。娯楽用の音楽ではない。

（5）「礼者、敬而已矣」について。『孟子』告子上篇に「恭敬の心、礼なり」。「而已矣」は「而已」という限定「……だけ」、「矣」という断定の助字を加算しており、強い言い切り。

（6）「一人」は、この場合は敬を受ける人を指しており、父兄や君主を言う（『疏』）。

（7）「千万人」は、喜ぶ者を指しており、子や臣を言う。「千万」は非常に多数という比喩であって実数ではない。

広至徳章《こうしとく》（至徳を広むるの章）第十三

子曰《しいわ》く、君子《くんし》の教《おし》うるに孝《こう》を以《もつ》てするや、家《いえ》ごとに至《いた》りて日《ひ》に日に之《これ》を見《み》るには非《あら》ず。教うるに孝を以てするは、天下《てんか》の人父《じんぷ》為《た》る者《もの》を敬《けい》する所以《ゆえん》なり。教うるに悌《てい》を以てするは、天下の人兄《じんけい》為る者を敬する所以なり。教うるに臣《しん》を以てするは、天下の人君《じんくん》為る者を敬する所以なり。詩《し》に云《い》う、愷悌《がいてい》の君子は、民《たみ》の父母《ふぼ》、と。至徳《しとく》に非《あら》ざれば、其《そ》れ孰《たれ》か能《よ》く民を順《したが》えんや。此《かく》の如《ごと》く其れ大《だい》なる者か。

廣至徳章　第十三

子曰、君子之教以孝也、非家至而日見之也。教以孝、所以敬天下之爲人父者也。教以悌、所以敬天下之爲人兄者也。教以臣、所以敬天下之爲人君者也。詩云、愷悌君子、民之父母。非至徳、其孰能順民。如此其大者乎。

〈現代語訳〉

第十三章　至徳とは何か

老先生の教え。教養人が孝すなわち至徳を人々に教えるとき、〔それは内から湧き上がって外へ溢れ出るものであって、はじめから外へ出て〕一戸《いっこ》一戸家に足を運んで毎日毎日面談しにゆくというわけではない。〔また〕子に孝（至徳）を教えるならば、世界中、皆その父を尊敬するようになる。弟に悌（至徳）を教えるならば、世界中、皆その兄に敬服するようになる。臣下に〔孝における敬の延長である〕臣としての道を教えるならば、世界中、皆その主君に敬事するようになる。『詩』にこうあるではないか。「楽しく教える先生、父母のよう」と。至徳（孝悌）を教えることなくして、だれが人々を柔順にさせることができようか。至徳（孝悌）とは、このように偉大なものであるぞ。

注

（1）「広」は、前章（八四ページ注〈1〉）参照。

（2）「至徳」は、孝あるいは孝悌であるが、悌は孝があってそのあとに付くもの。開宗明義章（二三ページ注〈9〉）参照。

（3）「非家至而日見之也」について。『礼記』郷飲酒義篇《きょういんしゅぎ》に「民 長を尊び老を養うを知り、而《しか》る后《のち》に乃《すなわ》ち能《よ》く〔家の内へ〕入りては孝弟。民 入りては孝弟、〔家の外へ〕出でては長を尊び老を養い、而《しか》る后教えを成《な》す（完成す）。教え成りて而る后、国安んず可《べ》し。君子の所謂《いわゆる》孝は、家ごとに至りて日に日に之《これ》を見るに非《あら》ざるなり。諸郷射を合わせて、之に郷飲酒の礼を教え、而して孝弟の行い立つ」とある。ここには、共同体における孝悌がならわしの中心となっていることがよく示されている。

（4）「人父・人兄・人君」の「人」は、「世間一般の」の意。

（5）「詩」は、『詩経』大雅・泂酌《けいじゃく》の中の句。

（6）「愷悌」は、楽しむ（愷）、易《やわ》らぐ（悌）と解されている。孝を教える者は、居丈高《いたけだか》ではなくて温かい心で教えるので、民はそれを受け入れやすいとする（『指解』）。

広揚名章《こうようめい》（揚名を広むるの章）第十四

子《し》曰《いわ》く、君子《くんし》の親《おや》に事《つか》うるや孝《こう》。故《ゆえ》に忠《ちゅう》君《きみ》に移《うつ》す可《べ》し。兄《あに》に事えて悌《てい》。故に順《じゅん》長《ちょう》に移す可し。家《いえ》に居《お》りて理《おさ》む。故に治《ち》官《かん》に移す可し。是《ここ》を以《もっ》て、行《おこな》い内《うち》に成《な》り、而《しこう》して名《な》後世《こうせい》に立《た》つ。

廣揚名章　第十四

子曰、君子之事親孝。故忠可移於君。事兄悌。故順可移於長。居家理。故治可移於官。是以、行成於内、而名立後世矣。

〈現代語訳〉

第十四章　揚名とは何か

老先生の教え。教養人が親にお仕えするときは必ず孝である。だから〔敬を共通性として孝と忠とは連続するので、孝であればその気持ちのまま〕忠となって君主にお仕えすることができる。〔同じく、悌《てい》（長上に柔順）は孝に附随しているので、孝であればその気持ちのまま〕従順となって長上にお仕えすることができる。〔孝は家政の根本であるから〕家で生活するときちんと治まる。だから、〔孝による〕家政の治を〔展開し拡張し移行して〕現実政治（官）に応用することができる。このようなわけで、〔孝という〕道徳行為が人格として完成し、〔それが外へと溢れ出て〕教養人としての名が後世に残ることになるのである。

注

（1）「広」は、八四ページの注（1）参照。

（2）「忠」は、まごころ。このまごころには、相手に対する敬愛の感情も含まれている。とりわけ敬が中心となる。そこで、この敬を共通性として、〈孝の感情をもって君に対して忠を尽くせ〉すなわち君に対する気持ちとして〈孝〉を〈忠〉として移行せよとする。この忠については、本書解説二一三ページ参照。

この移行について、次のような類文がある。

『礼記』祭統篇「忠臣は以て其の君に事《つか》う。孝子は以て其の親に事う。其の本は一なり」。『呂氏春秋』孝行覧「人臣孝なれば、則ち君に事えて忠」。『礼記』祭義篇「曾子曰く、身は父母の遺体（遺《のこ》した体《からだ》）なり。父母の遺体を行うや、敢えて敬せざらんや。居処（日常生活）荘《おごそ》かならざるは、孝に非《あら》ざるなり。君に事えて忠ならざるは、孝に非ざるなり。官に涖《のぞ》みて（官職についていて）敬《つつし》まざるは、孝に非ざるなり。朋友〔との関係において〕信ならざるは、孝に非ざるなり。戦陣《せんじん》（陣）に勇無きは、孝に非ざるなり。〔これら〕五者 遂《と》げざれば、裁《わざわ》（災）い親《おや》に及ばん。敢えて敬せざらんや」。

（3）「理」は、家政を治める。儒教では、個体―家族―国家―天下という連続において、まず個体の人間的完成から始めなければならないとするが、ここでは家政についてである。ただし、この家は現代の核家族のようなものではなく、最小単位としての家族の実態は、三世代が標準である。もっとも、家を一族とし、氏族・部族とする考えもある。『礼記』大学篇に「古《いにしえ》の明徳を天下に明らかにせんと欲する者は、先ず其の国を治む。其の国を治めんと欲する者は、先ず其の家を斉《ととの》えんとす。其の家を斉えんと欲する者は、先ず其の身を修む」とある。いわゆる修身・斉家《せいか》・治国《ちこく》・平天下《へいてんか》である。『孟子』離婁《りろう》上篇にも「人 恒言《こうげん》（常に言うことば）有り。皆《みな》 天下国家を曰《い》う。〔しかし〕天下の本は国に在り。国の本は家に在り。家の本は身《み》に在り」と。

（4）「名」について。中国人の言語観、同時に論理意識は、対象（実）と記号（名）すなわち名・実の関係に向かう。そして、音声がそれをつなぐ。いわゆる形（字形）・音・義（意味）によって成り立つ漢字がそれの表現である。ただし、その漢字は古代のものほど表意性が強い。すなわち、漢字は、なにか対象となるものがまず実在して、それを写像して記号化することによって成立した。そのため、名実一致が望ましいものの、ともすれば実優先の傾向となりやすい。「名は、実の賓《ひん》なり」（『荘子』逍遥遊篇）とある。〈賓〉とは〈客〉のことである。すなわち、〈実〉（対象）という〈主〉があって、その後に〈客〉としての〈名〉があるとするわけである。

　だから、なにか実となるものがなければ、名は現われない。たとえば、『礼記』中庸篇「舜は其れ大孝なるかな。徳もて聖人と為《な》れば、尊ばれて天子と為《な》る。富《とみ》四海の内に在り。〔後に彼の〕宗廟〔が作られ〕之を饗《きょう》し（祭祀し）、子孫之を保てり。故に大徳あれば、必ず其の位を得、必ず其の禄を得、必ず其の名を得、必ずその寿（寿命）を得」とあるのがそれである。『論語』衛霊公篇「君子は世を没《ぼっ》するまで名の称せられざるを疾《にく》む」も、有徳の人間であるならば、必ず名が現われるという気持ちである。

　本書のこの場合も、孝の実践があって、それが後世に残ることを求めている。ただ有名になりたいという意味ではない。

諫争《かんそう》章（諫争の章）第十五

曾子《そうし》曰《いわ》く、夫《か》の慈愛《じあい》・恭敬《きょうけい》・安親《あんしん》・揚名《ようめい》が若《ごと》きは、則《すなわ》ち命《おしえ》を聞《き》けり。敢《あ》えて問《と》う、子《こ》 父《ちち》の令《おおせ》に従《したが》うのみなるは、孝《こう》と謂《い》う可《べ》けんや、と。子《し》曰く、是《こ》れ何《なん》の言《げん》ぞ、是れ何の言ぞ。昔者《むかし》、天子《てんし》に争臣七人《そうしんしちにん》有《あ》れば、無道《むどう》と雖《いえど》も、天下《てんか》を失《うしな》わず。諸侯《しょこう》に争臣五人《ごにん》有れば、無道と雖も、其《そ》の国《くに》を失わず。大夫《たいふ》に争臣三人《さんにん》有れば、無道と雖も、其の家《いえ》を失わず。士《し》に争友《そうゆう》有れば、則ち身《み》 令名《れいめい》を離《はな》さず。父 争子《そうし》有れば、則ち不義《ふぎ》に陥《おちい》らず。故《ゆえ》に不義に当《あ》たれば、則ち子 以《もっ》て父に争《あらそ》わざる可からず。臣《しん》は以て君《きみ》に争わざる可からず。故に不義に当たれば、則ち之《これ》に争う。父の令に従うのみなる、又《また》焉《いずくん》ぞ孝と為《な》すを得《え》んや、と。

諫争章　第十五

曾子曰、若夫慈愛恭敬安親揚名、則聞命矣。敢問、子従父之令、可謂孝乎。子曰、是何言與、是何言與。昔者、天子有爭臣七人、雖無道、不失天下。諸侯有爭臣五人、雖無道、不失其國。大夫有爭臣三人、雖無道、不失其家。士有爭友、則身不離於令名。父有爭子、則不陷於不義。故當不義、則子不可以不爭於父。臣不可以不爭於君。故當不義、則爭之。從父之令、又焉得爲孝乎。

〈現代語訳〉

第十五章　切なる諫《いさ》め

曾先生の御質問。〔孝の実践における〕愛のこと、敬のこと、〔物・心ともに〕親に安心していただくこと、孝行に努めて世に名を知られることにつきまして、確かに教えていただきました。そこでお伺い申し上げますが、子たる者は、父のことばに対しまして、そのまま〔疑うことなく〕従うことが孝でありましょうか。老先生はお答えなさった。何ということを言う。何ということを言うのじゃ。昔、天子には諫臣《かんしん》が七人もい〔て天子を諫《いさ》め〕たので、たとい天子に道にはずれるようなことが起きようとしても〔諫めてそれを匡《ただ》し（匡正《きょうせい》し）たので〕、天子は無事であったのだ。同じく、諸侯には諫臣が五人もいたので、諸侯が自分勝手なことをしようとしたときでも、諸侯はその地位を保ちえた。卿大夫《けいたいふ》には諫臣が三人もいたので、卿大夫たちがでたらめな振る舞いに及ぼうとしたときでも、その家は安泰であった。士にもし忠告してくれる友人があれば、己の名を汚すことはない。父にもし諫めてくれる子がおれば、破廉恥《はれんち》なことになりはしない。だから、もし不当・不善・不正なことがあれば、必ず子は父に諫言せざるをえない、臣は君に諫言せざるをえない。こういうことであるから、正しくない場面に出会えば、必ず諫言するのだ。父のことばに〔対して検討もせずに、ただ〕従うのみであるのは、どうして孝行であるとすることができようか、と。

注

（1）「諫争」について。この場合の「争」は「諫（いさめる）」と同じく相手のよろしくないところに対して忠告すること。なお底本では「争」字は「諍」字となっているが、「争（争）」を正しいとする諸説に従う。

この諫争は、礼（人間社会における規範）にはない。それは、血縁共同体と非血縁共同体とではありかたが異なるところから連続化が難しいからでもある。すなわち、非血縁共同体たとえば君臣関係の場合、「人臣為《た》るの礼は、〔君主に対して〕顕《あき》らかには諫《いさ》めざれども、（もっとも）三たび諫めて聴かれざれば、則ち之《これ》を逃《さ》る」（『礼記』曲礼下篇）。非血縁関係であるから別れることができる。しかし、血縁関係であるとそう簡単ではない。前引用文に続いてこうある。「子の親に事うるや、（同じく父母に対して）三たび諫めて聴かれざれば、則ち号泣して之に随う」と。これは『論語』里仁篇「子曰く、父母に事えては、幾諫《きかん》（幾《わずか》にそれとなく諫める。顕らかには諫めず）す。（両親の気持ち）志《こころざし》の（諫言に）従わざるを見ては、又《また》敬して違《たが》わず、労して（お世話して）怨《うら》みず」、『礼記』祭義篇「父母　過《あやま》ち有れば、諫《いさ》めて逆《さか》らわず」と類似する。

（2）「若夫」について。この助辞を「若《も》し夫《そ》れ」と訓み、発語のことば（「さてまた」）と解し、『孝経』のこの文を例に引く有力な立場もある（王引之『経伝釈詞《けいでんせきし》』巻七「若」）が、ここでは書き下し文のように訓み、「……に至りては」「……についてなどは」と解す。もっとも、ややニュアンスの違いはあっても、文意は変わらない。「本章以前において論議された（孝の具体化である）慈愛・恭敬・安親・揚名については」の意である。

（3）「慈愛」は、この場合は、親の子に対する慈愛ではなくて、子の親に対する慈愛。阮福《げんふく》『孝経義疏補注』に「王氏引之が『経義述聞』に『孟子』「孝子慈孫」、『斉語』「父母に慈孝」、『謚法解』「慈恵もて親を愛す、孝と曰う」を歴引して、以て之《これ》を証す。是《ぜ》（妥当）なり」。
（4）「命」は、教え。ここでは、曾子を相手にして冒頭からここまで論じてきた孔子のその教えを指す。
（5）「令」は、テキスト上、「命」字と相互に換えられることがある。たとえば『春秋左氏伝』僖公九年「令、不及魯」の『釈文』に「〔或る〕本《テキスト》〔では〕又《また》〈命〉〔字〕に作る」。
（6）「争臣」は、「諫臣」に同じ。制度的に、秦《しん》時代に諫院《かんいん》という役所が設けられ、諫言を職務とする〈諫大夫《かんたいふ》〉があった。後漢時代、〈諫議大夫《かんぎたいふ》〉という官職が設けられ、明《みん》代に至るまで続いた。この文中の「争臣」について、七人は三公・四輔《しほ》とか、五人は二史友・三卿父《けいほ》とか、三人は家相（室老）・宗老・側室とかとする諸説があるが、決定的な確証はない。七・五・三というふうに格付けのための数字合わせではないかと考える。
　唐代の韓愈の有名な「争臣論」は、諫議大夫がその職務である〈天子への諫言〉をしていないことへの批判文である。
（7）「焉」は、この場合は、「いずくんぞ」と読み、反語を表わす助辞。

応感《おうかん》章（応じ感ぜしむるの章）第十六

子《し》曰《いわ》く、昔者《むかし》、明王《めいおう》父《ちち》に事《つか》うるに孝《こう》。故《ゆえ》に天《てん》に事うるや明《めい》。母《はは》に事うるに孝。故に地《ち》に事うるや察《さつ》。長幼《ちょうよう》順《じゅん》。故に上下《しょうか》治《おさ》まる。天地《てんち》〔に〕明察《めいさつ》なれば、神明《しんめい》彰《あら》わる。故に天子《てんし》と雖《いえど》も必《かなら》ず尊《そんあ》有るなりとは、父有るを言《い》うなり。必ず先《せん》有るなりとは、兄《けい》有るを言うなり。宗廟《そうびょう》に敬《けい》を致《いた》すは、親《おや》を忘《わす》れざればなり。身《み》を脩《おさ》め行《おこな》いを慎《つつし》むは、先を辱《はずかし》むるを恐《おそ》るればなり。宗廟に敬を致せば、鬼神《きしんあら》著わる。孝悌《こうてい》の至《いた》れるは、神明に通《つう》じ、四海《しかい》に光《かがや》き（あるいは「光《み》ち」）、通ぜざる所《ところな》無し。詩《し》に云《い》う、西《にし》より東《ひがし》よりし、南《みなみ》より北《きた》よりす。思《おも》いて服《ふく》せざる無し、と。

應感章 第十六

子曰、昔者、明王事父孝。故事天明。事母孝。故事地察。長幼順。故上下治。天地明察、神明彰矣。故雖天子必有尊也、言有父也。必有先也、言有兄也。宗廟致敬、不忘親也。脩身愼行、恐辱先也。宗廟致敬、鬼神著矣。孝悌之至、通於神明、光于四海、無所不通。詩云、自西自東、自南自北。無思不服。

〈現代語訳〉

第十六章　鬼神の感応

老先生の教え。遠い古代の明王は、父にお仕えして、孝を尽くし〔、父と気持ちが通じ合っ〕た。だから、〔陰陽で言えば、父は陽なので、陽である〕天にお仕えしたとき、気持ちは〔陽である父にお仕えするのと同じであり〕、天が関わるすべてに、すかっと通じた。〔また〕母にお仕えして孝を尽くし〔、母と気持ちが通じ合っ〕た。だから、〔陰である〕地にお仕えしたとき、気持ちは〔陰である母にお仕えするのと同じであり〕、地の隅まで見通していた。〔孝に附随して悌《てい》があるが、明王のころは、孝とともに悌が道徳として広がっていたので、〕年長者に対して年少者は従順であり、だから社会秩序に乱れがなかった。〔このように、古代の明王は〕天地〔の働きやありかたなど〕について精通していたので、〔天地への明王の祭祀のとき、そのまごころに天地は感応し〕霊妙な神明が降《くだ》り来《きた》りて現出したのである。だから、たとい天子が最高者であるとしても、必ず尊敬すべきものがあるとは、〔すなわち〕父が存在することを指している。同じく天子といえども必ず先輩として遇さなければならないものがある。〔すなわち〕諸兄《しょけい》（一族の先輩）が存在することを指している。宗廟（霊廟《みたまや》）において、敬意を示し祭祀するのは、今は亡き親〔や親族〕を忘れないためである。己の道徳性を高め、徳行を実践するのは、諸祖霊に恥をかかせないためである。〔このような心構えで〕宗廟において、敬意をもってまごころを尽くして祭祀すれば、〔必ず〕祖霊が現出なさるのだ。孝・悌を尽くすことが極致であれば、天地の霊妙（神明）に感通し、世界に輝き（世界に充《み》ち）、世界のどのようなところにも広がり至るのである。『詩』にこうあるではないか、「西東《にしひがし》、南《みなみ》に北《きた》のすべてより、慕い寄る人、引きもきらず」と。

注

（1）「応感」は、「感応」と同じ。『釈文』は「感応章」と記しており、「応感章」は別本とするが、正義石台本・唐石経岳本は「応感章」となっており、必ずしも『釈文』に従えない。意味としては変わらず、人間の願いの祈りの誠意によって、鬼神をして感応せしめるとする。鬼神は感応すると人間の願いを受け入れ、感通する。

(2)「明王」は、孝治章(五五ページ)「昔者《むかし》、明王の孝を以て天下を治む」という社会的行為としての孝に対して、ここでは、明王個人として「父に事うるに孝」とする。

(3)「天・地」について。『易経』説卦伝《せっかでん》「乾《けん》は天なり。故に父を称するなり。坤《こん》は地なり。故に母を称するなり」をはじめ、天・地を父・母に比喩することが多い。

(4)「明」は、三才章(五一ページ)の「天之明」を踏んでいるとも言えるが、ここでは、天子の気持ちを表わしていると解する。「察」も明と同じ意味だが、これも天子の気持ちとする。

(5)「長幼順」について。『春秋左氏伝』隠公三年に「君の義、臣の行い、父の慈、子の孝、兄の愛、弟の敬は、所謂《いわゆる》六順なり」とある。「長幼順」は、兄弟の〈長幼の序〉のように、兄と弟とのありかたを指すように見えるが、ここでは、父の兄弟など一族の年長者(諸父・諸兄)との関係におけるありかたとする解釈をとる(『御注』)。

(6)「神明彰」について。たとえば『書経』大禹謨篇《だいうぼへん》「至誠〔を尽くして〕神《しん》を感ぜしむ」というように、人間が誠をもって祈ると神《しん》(霊妙なるもの・神明)を感応せしめうると信じた。『書経』のような経書《けいしょ》においてそういう考えがあったが、ましてオカルト的な緯書《いしょ》(経《たていと》に対する緯《よこいと》、すなわち知性に対する感性という関係に似るのが経書と緯書との関係)は、その色彩が濃い。たとえば『瑞応図《ずいおうず》』「聖人能《よ》く天地に順《したが》えば、則ち天は〔そのことを嘉《よみ》して〕膏露《こうろ》(甘雨《かんう》)を降《ふ》らせ、地は醴泉《れいせん》(甘泉《かんせん》)を出《い》だす」（『疏』）。

(7)「兄」は、自分の兄よりも範囲が広く、一族中の年長親族とする（『疏』）。なお、『疏』は「父」を諸父（父の兄弟、すなわち伯父・叔父など）とするが、その説は取らず、そのまま父親と解する。

(8)「鬼神」について。「鬼」は亡き人の霊魂（魄も）、「神」は霊妙なるもの、精妙・神妙・神明なるもの。しかし、「鬼神」と連結して述べるときは霊魂を指すことが多い。ここでは、祖霊すなわち祖先の霊魂の意（『疏』）。

(9)「著」は、「あらわる」と訓《よ》み、現わる、霊魂がこの世に現出する（『御注』）。一方、霊魂が、慰霊を行う者の誠意に感応して降り来て、木主《ぼくしゅ》・神主《しんしゅ》（位牌）に附著（着）し、慰霊を行う者と出会うという解釈もありえ、そのときは「鬼神〔が神主に〕著《つ》く」の意となるが、結果的には同じことである。現出すると言っても幻影ではないのであって、あくまでも依《よ》り代《しろ》に憑《よ》り付《つ》くのであるから、〈著《あら》われ著《つ》く〉のである。

　このように、古代人は祈禱によって鬼神を呼び降し戻すこと（シャマニズム）が可能と信じていた。たとえば、『論語』八佾《はちいつ》篇に「祭れば在《いま》すが如《ごと》し（祭如在）」という文があるが、これは、祖先の祭祀のとき、呼び戻す儀式を行うと祖霊が降ってそこにおられる（在《いま》す）という意味である。シャマニズムである。その「如」（如《ごと》し）は、「あたかも実在するようだ」の「……ようだ」とか、「……というような」「……のようだ」とか、すなわち状態や類似を表わす用法ではなくて、①「而」すなわち〈上の語を受けて下に接続する（順接もあれば逆接もあるが、論理構造は変わらない）〉用法、あるいは②「当」とする。たとえば、「相当」の「当」や「当然」（当《まさ》に然《しか》るべし）の「当」といった用法（『経伝釈詞』「如」項）。つまり、「まごころをこめて祭祀をすれば、神霊や祖霊は必ず現出して在《ま》します」という意味である。それは形式的にはシャマニズムに属するが、内容的には東北アジア地域に共通する観念であり、これが東北アジア地域の人々の宗教の本質となっている。そこから、たとえば祖先祭祀が動かぬ宗教的観念となり、儒教ひいては神道・日本仏教を支えているのである。しかも、それは現代においても本質的にはやはり生きている。シャマニズムを否定する主知的な現代自然科学をのみ唯一の真実と思いこんでいる現代知識人は、中国古代の、あるいは儒教的本質の、慰霊や祖先祭祀を理解することは、ほとんどできず、単なる俗説・迷信と思っている。しかし、今日の知識をもって過去の行為を単に迷信と断ずるのではなくて、古代社会において真実として認知されていたことを、事実としてありのままに理解しないと古代社会や古代人の心性を理解することはできない。

『礼記』祭義篇「文王の祭《まつり》や、死者に事うること生〔者〕に事うるが如く、死者を思うこと、生を欲せざる（死者を思い、自分も死にたいという気持ち）が如し」も類似。

(10)「光于四海」以下について。類似した文章として、『礼記』祭義篇に、曾子のことばとして次のようなものがある。「夫《そ》れ孝は、之《これ》を置《お》けば、天地に塞《ふさ》がり、之を溥《ひろ》むれば、四海に横《よこた》わり、諸《これ》を後世に施せば、朝夕《ちょうせき》〔を問うこと〕無く〔用いられ〕、推《お》して諸《これ》を東海に放《いた》らしむれば〔その地の人々はその孝に〕準《なぞら》う（則《のっと》り標準にする）。〔同じように〕推して諸《これ》を西海に放《いた》らしむれば、準《なぞら》う。推して諸《これ》を南海に放《いた》らしむれば、準《なぞら》う。推して諸《これ》を北海に放《いた》らしむれば、準《なぞら》う。詩に云う、西より東よりし、南より北よりし、思いて服せざる無し、と。此《これ》を之《こ》れ謂《い》うなり」。

(11)「詩」は、『詩経』大雅・文王有声篇《ぶんのうゆうせい》の中にある句。

事《じ》君《くん》章（君に事《つか》うるの章）第十七

子曰《しいわ》く、君子《くんし》の上《かみ》に事《つか》うるや、進《すす》んでは忠《ちゅう》を尽《つ》くさんことを思《おも》い、退《しりぞ》きては過《あやま》ちを補《おぎな》わんことを思う。其《そ》の美《び》を将順《しょうじゅん》し、其の悪《あく》を匡救《きょうきゅう》す。故《ゆえ》に上下《しょうかよ》能く相親《あいした》しむなり。詩《し》に云《い》う、心《こころ》に愛《あい》せば、遐《なん》ぞ謂《つ》げざらん。中心《ちゅうしん》之《これ》を蔵《ぞう》せば、何《いず》れの日《ひ》か之《これ》を忘《わす》れん、と。

事君章 第十七

子曰、君子之事上也、進思盡忠、退思補過。將順其美、匡救其惡。故上下能相親也。詩云、心乎愛矣、遐不謂矣。中心藏之、何日忘之。

〈現代語訳〉

第十七章　君と臣と

老先生の教え。教養人の場合、主君にお仕えするとき、登庁するとまごころを尽くして働こうと思い、退庁すると、もし主君に過失があればそれを補うにはどうすればよいかと考える。〔常に己の職責を全うしようとするのである。〕主君の美点・長所に従い、またそれを実行するし、主君の欠点・短所に対しては正《ただ》しくさせ止《や》めさせる。〔このようにして〕だから、君と臣とは互いに親しくなるのだ。『詩』にこうあるではないか、「思えばこその辛《つら》い諫《いさ》め、我が胸の底のここ、敬愛は忘れじ」と。

注

（1）「君子」は、教養人（徳性と知性との両方を備えている）。因みに、「君子」とは対《つい》の「小人《しょうじん》」は徳性に乏しく知性だけの知識人。

（2）「上」は、主君（『御注』）。これを音で読むと「しょう」と清《す》む。

（3）「退思補過」について。「退」は、前句の「進」と対になっているので、「政庁に出勤する（進）」に対する「政庁から退勤する（退）」（『御注』）。すなわち、退勤して私室に居るときの意。この「退」を「職を辞して引退して」の意とはしない。「過」には①自分の過ち（『疏』引用の韋昭の注）、②主君の過ち（『御注』ならびに『疏』引用の『春秋左氏伝』宣公十二年「進思尽忠、退思補過」）という二説がある。ここでは②と解する。と言うのは、『孝経』に諫争章があり、主君に諫言することを勧めているからである（司馬光）。

（4）「詩」は、『詩経』小雅・隰《しつ》原《げん》篇の中にある句。

（5）「遐不謂矣」について。「遐」を「何」と解する。もっとも、「遠」とする解釈（『御注』）もある。このときは、「退職して君から離れるときがあっても、遠いとは言わない（遠しと謂《い》わず）」の意。もしこの解釈を取ると、注（3）の場合、退職が妥当となる。私は、諫争章を踏んでの解釈を取るので、この句の「遐」を「何《なん》ぞ」と解し、「主君の過ちを見て、どうして諫めずにおられようか」と解釈する。

（6）「謂」は、「遐」を「何」と解釈するときは、「告ぐ」。すなわち「何《なん》ぞ謂《つ》げざらん」。「遐」を「遠」と解釈するときは「謂《い》う」。すなわち「遠しと謂《い》わず」。

喪親章《そうしん》（親《おや》を喪《うしな》うの章）第十八

(一) 子《し》曰《いわ》く、孝子《こうし》の親《おや》を喪《うしな》うや、哭《こく》して偯《い》せず。礼《れい》は容《かたちづくろ》う無《な》く、言《げん》は文《かざ》らず。此《こ》れ哀戚《あいせき》美《うつく》しきを服《き》て安《やす》んぜず、楽《がく》を聞《き》きて楽《たの》しまず、旨《うま》きを食《しょく》して甘《あま》しとせず。此れ哀戚の情《じょう》なり。三日《みっか》にして食《しょく》す。民《たみ》に死《し》を以《もっ》て生《せい》を傷《やぶ》ること無く、毀《そこな》うれども性《せい》を滅《ほろぼ》さざることを教《おし》う。此れ聖人《せいじん》の政《まつりごと》なり。喪《そう》三年《さんねん》を過《す》ぎざるは、民に終《お》わり有《あ》るを示《しめ》すなり。

喪親章　第十八

子曰、孝子之喪親、哭不偯。禮無容、言不文。服美不安、聞樂不樂、食旨不甘。此哀戚之情也。三日而食。教民無以死傷生、毀不滅性。此聖人之政也。喪不過三年、示民有終也。

〈現代語訳〉

第十八章　親の喪《も》に服《ふく》す

老先生の教え。父母の死去を迎えた子は、〔喪礼《そうれい》としての〕哭声《こくせい》も〔悲しみで〕息が途切れて続かない。〔気持ちが動転していて、喪礼としての〕作法も所作が不十分なままに行い、〔受け答えの〕ことばも短く型どおりである。衣服は喪服《そうふく》でないと落ち着かないし、音楽を聴いてもそれには乗れないし、珍味のものを食べたとしても美味《おい》しいとは思わない。これは、〔親を失った〕悲哀の真情なのである。〔父母が亡くなったあとは、食欲がなくて、近所の人が作ってくれるおかゆをすする程度の食事の〕三日を経て普通の食事に戻る。〔これは、いつまでもおかゆをすすっていては〕死者を悼《いた》んで、かえって生者《せいじゃ》（遺族）の健康を害《そこな》ってしまうことになるので、〔悲しみの生活のため〕たとい痩《や》せ衰《おとろ》えることとなっても、天から与えられた生命を〔損《そこ》ない、死亡に至るほどに〕消滅させてはならないということを人々に教えている〔規範であり慣行である〕。これは、大偉人の定めた政教

（礼教〈礼制による教え〉に基づく政治）である。喪に服する期間は、〔父母への服喪という、たとい最長の期間を持つ場合にしても〕三年を越えないという礼制は、人々に〔心の悲しみは尽きないとしても、それは心という内面の問題であり、外形としての喪服には期間という区切りがあり、そのときをもって〕終わりがあることを教えているのである。

注

（1）「喪」は、亡（『御注』）。

（2）「孝子」は、その語自体としては親に対してよく尽くす子ということであるが、父母の喪中にあるときの自称でもある。同じく「不孝」という語も使う。この文の場合、喪中にあるということを踏んでいると見てよい。

（3）「哭」は、喪礼の一つ。「泣」は涙を流して〈なく〉が、「哭」は大声をあげて悲しんで〈なく〉。因みに、「慟」は、身もだえして〈なく〉。悲しいとき、はじめは涙がこぼれるが、涙が涸渇《こかつ》（かれはてる）すると、声だけでなく、さらには身もだえするようになる。泣・哭・慟は、悲しみかたにおける程度を表わし、その「なく」ことの実態が礼式に様式化され、喪礼の中に取り入れられたものである。

『御注』は「気 竭《つ》きて息《や》む」と解し、声が延《の》びて続かないさまとしている。

(4)「偯」は、悲しみ嘆く声の余音であり、一度声をあげると、そのあと三回ほど声調が変わって続くような声調。子の哀しみは極まり、声を呑《の》んでなくので、声を長く引かなくなる。

(5)「容」について。礼には定められた所作があり、もちろん喪礼にもある。ここでは、悲しみが優先するので、容《かたち》をつくろうことがない、の意。

(6)「服美」について。「美」は美々《びび》しい服を指す。その典型として、即位がある。王（父）が没して、新王（子）が即位する。このとき、王となる儀式を行うのであるから、冕服《べんぷく》という正装となるが、喪中であるので、即位の礼が終わると、喪服を着たという例を、周王朝の成王から康王への継承から、引かれている（『疏』）。もっとも、それは極端な例である。この「美」を含めて、以下、一般論として、喪中における生活のありかたは質素に過ごすべきであることを述べている。

(7)「旨」は、美味《おい》しいもの。

(8)「甘」は、元来は五味（酸・苦・辛・鹹《かん》〈塩から〉・甘）の一つであるが、全体の味つけを整える作用を持っているので、おいしいという味わいの感覚。

(9)「戚」は、傷《いた》み悲しむ。

(10)「三日」について。『礼記』問喪篇に「親 始めて死すれば……惻怛《そくたつ》の心、痛疾《つうしつ》の意

〔によって〕腎を傷《そこな》い肝を乾かし肺を焦《こが》す。水漿《すいしょう》（飲み物）口に入らず、三日〔炊事の〕火を挙げず。故に鄰里之が糜粥《びじゅく》（おかゆ）を為《つく》り以て之に飲食せしむ」、同間伝篇に「〔喪服《そうふく》の着用において〕斬衰《ざんさい》〔のとき、たとえば父の喪〕には三日食《くら》わず」とある。そうした喪礼としての三日。

(11)「毀」は、痩《や》せ衰える。

(12)「性」は、天から与えられたもの。ここでは生命。

(13)「三年」について。「三年」とは「三年之《さんねんの》喪《そう》の間《あいだ》」の意。儒教の儀礼では、父母や主君の死に対して三年の喪中《もちゅう》となる。これは最高の悲しみを表わすので最長期間である。ただし、死は遠ざけるという意味で、真の死亡日（たとえば五月十日）の前日（五月九日）を死亡日とする。すると二年後の五月九日が満二年目の命日となる。翌日の五月十日は三年目に入った第一日目であるが、わずか一日であってもこの一日をもって数え年の三年目とする。経学（儒教古典学）では、通説として二十五ヵ月すなわち二十四ヵ月プラス一日（一日でも数えで一ヵ月に相当）で数え年の三年目となる。すなわち、事実上、満二年目の命日が三年の喪をした日となる。この日をもって死者の霊魂は祖先となるめでたい日で吉礼となるので、大祥（満一年目を小祥）と呼ぶ。この考えかたが中国仏教や日本仏教に入り、大祥すなわち三年の喪が三回忌となり、二年の喪の小祥が一周忌となる。この〈喪に服する期間〉は、自分との関係によって異なる。現代日本における年賀欠礼の挨拶は、死者のだれに対してもすべて一律に一年間（小祥）としているが、これは最近の俗習である。なお日本仏教では、大祥以後、毎年の命日を「祥月命日《しょうつきめいにち》」と称している（拙著『論語』全訳注、講談社学術文庫、二八ページ）。

㈡　之《これ》が棺槨衣衾《かんかくいきん》を為《つく》りて之《これ》を挙《あ》ぐ。其《そ》の簠簋《ほき》を陳《つら》ねて之を哀慼《あいせき》す。擗踊哭泣《へきようこくきゅう》し、哀《かな》しみて以《もっ》て之を送《おく》る。其の宅兆《たくちょう》を卜《ぼく》して之を安措《あんそ》し、之が宗廟《そうびょう》を為り、鬼《き》を以て之を享《きょう》し、春秋《しゅんじゅう》に祭祀《さいし》し、時《とき》を以て之を思《おも》う。生《い》けるには事《つか》うるに愛敬《あいけい》もてし、死《し》せるには事うるに哀慼もてす。生民《せいみん》の本《もと》尽《ことごと》くし、死生《しせい》の義《ぎ》備《そな》わる。孝子《こうし》の親《おや》に事うるや終《お》わる。

為之棺槨衣衾而擧之。陳其簠簋而哀慼之。擗踊哭泣、哀以送之。卜其宅兆而安措之、為之宗廟、以鬼享之。春秋祭祀、以時思之。生事愛敬、死事哀慼。生民之本盡矣、死生之義備矣。孝子之事親終矣。

〈現代語訳〉

亡き親に棺・槨・衣・衾を準備し、遺体を納棺する。供え物を並べて悲しみの気持ちを表わす。〔喪礼が進み、しだいに出棺・葬送のときが近づくにつれ〕足で地を打ち、胸を叩《たた》き、声を挙げ涙がとどまらず、哀しみが極まり葬送となる。その埋葬の日と墓地とについては、卜《うらな》って最善を期し、〔喪礼の終わるまで〕宗廟《みたまや》に神主《しんしゅ》を立てて墓穴に柩《ひつぎ》を安置し、〔慰霊を続け〕祭祀を欠かさない。また〔喪礼が終わったあと〕春夏秋冬の変わる折々に、宗廟において慰霊鎮魂の祭礼を続け、亡き方々を偲《しの》ぶ。父母在《いま》せるときは愛・敬のまごころを尽くし、百歳の後《のち》には悲哀のまごころを尽くす。これが人間の本務を尽くすことであり、死生に対する人間のありかたを全《まっと》うしたことである。すなわち子が親に仕える道、孝を完結したことになる。

注

（1）「棺槨衣衾」について。尸《しかばね》を包むのが衣。その尸を納めるのが棺。その棺を内箱すなわち〈うちかん〉として、さらにそれを納める外箱すなわち〈うわひつぎ〉が槨。衾は槨の上を被《つつ》む〈きれ〉（掻巻《かいまき》・夜着に類す）。『礼記』喪大記《そうたいき》篇に「君は松の槨、大夫は柏の槨、士は雑木の槨」とある。

（2）「挙」は、尸を棺に納める。このとき、衾を尸の下に敷き、尸を挙げ納めるときに用いたとし、槨の上を覆う衾と二種あったとする（『礼記』喪大記「大斂……二衾」の鄭玄注）。

（3）「簠簋」は、供え物（黍稷《しょしょく》など）を盛る祭器。簠《ほ》は方形、簋《き》は円形（『周礼』舎人の鄭玄注）。ただし『説文解字』は、簠は円形とする。積古斎《せきこさい》の『鐘鼎《しょうてい》彝器《いき》款識《かんし》』は簠は方形が多いが円形もあると述べている（以上『疏証』）。

（4）「慼」は、うれえる。「戚」も同じ。

（5）「擗踊」について。「擗」は、手で胸を打つ。「踊」は、足で地を打つ。いずれも悲しみの表現である。『礼記』問喪《もんそう》篇に、「（死後の）三日にして斂《れん》す（大斂のときが来て、死者の衣を換えて納棺することになる）。（死者が）牀《しょう》（寝台）に在るを尸と曰い、棺に在るを（棺に納めると）柩《きゅう》と曰う。尸を動かし柩を挙ぐるとき（いよいよ納棺というとき）、（喪主以下、遺族は）哭し踊すること数うる無し（何度も行う）」とある。そして、「胸を発《ひら》き心《しん》を撃ち爵踊《じゃくよう》する（雀《すずめ》〈爵〉の歩く足つきのように足で地を打つ）や、（竹内『礼記』によれば）殷殷田田《いんいんでんでん》たり（土垣を築くときの音のようにとんとん、どんどんと聞こえる）」。この問喪篇では女性も踊をしており、男女に区別はなかったらしい。『御注』の『疏』も最終的にはそのように解している。

(6)「卜其宅兆」について。「宅」は墓穴、「兆」は塋域《えいいき》(墓所)、すなわち墓地の選定を卜《うらな》って定める。もっとも、『礼記』雑記上篇には「大夫は宅と葬日とを卜う」とあり、葬日と墓地との確定をしていたようである。『儀礼《ぎらい》』士喪礼《しそうれい》篇も同様である。

(7)「安措」の「措」は、置く。安置する。

(8)「鬼」は、死者の霊魂。『礼記』祭法篇に「大凡《おおよそ》天地の間に生まるる者、皆命《みなめい》と曰う。其の万物の死せる者、皆折《せつ》と曰う。人は死するや鬼と曰う」。

(9)「享」について。埋葬の終わったあと、宗廟にその死者の木主《ぼくしゅ》・神主《しんしゅ》(位牌《いはい》)を立てておき、そこへ霊魂が帰ってくるよう祭祀する。霊魂に対して祭文を読み、供え物を捧げる遺族の行為に、霊魂が感応して受け入れるようもてなすことが「享」である。同時に、霊魂もまたそれを享《う》ける。

(10)「生民」は、「生人」が生きている人であるのと同じく、生きている人々、すなわち人類。

〔別録〕

本書は、今文《きんぶん》『孝経』を底本(テキスト)とし、それに基づいて訳注を行った。しかし、古文『孝経』という別の重要なテキストがある（解説一七四ページ参照）。大筋として両者の内容はほぼ変わらないが、古文『孝経』には、二十四字の閨門《けいもん》章があり、これは今文『孝経』にはない。また、古文『孝経』は、今文『孝経』全十八章の分章と異なり、この閨門章を第十九章とし、全体を二十二章としている。その詳細は一二三ページ参照。

右のような事情があるので、参考に、以下、閨門章を加える。

子曰《しいわ》く、閨門《けいもん》の内《うち》、礼《れい》を具《そな》えたるかな。父《ちち》を厳《たっと》び兄《けい》を厳ぶ。妻子《さいし》臣妾《しんしょう》は、猶《なお》百姓《ひゃくせい》徒役《とえき》のごとし。

子曰、閨門之内、具禮矣乎。嚴父嚴兄。妻子臣妾、猶百姓徒役也。

〈現代語訳〉

老先生の教え。家において礼〔に基づく秩序〕が備わっていることが最高だ。〔秩序立っているからこそ〕父を尊敬し兄を尊重する。〔さらには、家における〕妻子は〔国における〕百官、〔家における〕奴婢は〔国における〕人夫のようなもの

だ。〔整然と秩序立った礼の世界となっている。〕

注

(1) 「閨門」は、家庭。「閨」自体は、宮中の門の中で小さいもの(司馬光)。
(2) 「臣妾」は、奴婢《ぬひ》。使用人。
(3) 「百姓」は、さまざまな族の姓、そこから転じていろいろな人、一般人。現代中国語で「老百姓《ラオバイシン》」も民衆、一般大衆ということであるが、孝治章にも出てきたように(五五ページ)、国を治めるという比喩の場合として百官とする。
(4) 「徒役」は、人夫《にんぷ》。
(5) 「猶」について。文意としては、「妻子は猶《なお》百姓のごとく、臣妾は猶徒役のごとし」(家に妻子があるのは国に百官があるようなものであり、家に奴婢があるのは国に人夫があるようなものだ)。一家は小なりといえども、その中に国を治める礼が備わっているの意(『啓蒙』)。

第二部　『孝経』とは何か

一　はじめに

『孝経』――と聞けば、「孝」という文字のつく書名の文字どおり、孝について書かれた書物であるとだれしもが思うのは当然である。それはそれで正しい。

問題は、その次である。すなわち、それではいったい東北アジアにおいて、古来、人々が最も重視してきた、人間としてのありかたである孝とは何かということになる。その瞬間、ほとんどの人は、親に対して物・心ともによく尽くすこと、と道徳的なものとして答えることであろう。もちろん、これもそれはそれで、その限りにおいて正しい。しかし、答えとしては十分ではないのである。なぜなら、物・心ともに親に尽くすことは、伝統的概念の孝としては、三分の一の内容にすぎず、残りの三分の二を加えてはじめて孝の完成となるからである。

にもかかわらず、多くの人は、その残りの三分の二についてほとんど知らない。仮にその内容を知っていても、それは孝とは別のものと思っている。それが実状である。

そのため、〈孝とは物・心ともに親に尽くすこと〉という孝観念の下で『孝経』を読む人がこれまで多かったのである。その結果、〈孝という道徳〉について記したものが『孝経』であると理解し、今日に至っている。

果たして、それは『孝経』の正しい理解なのであろうか。

もちろん、『孝経』が孝という〈道徳〉を語っていること自体は事実である。これを動かすことはできない。しかし、そのように読む人は、実は始めからその気持ちで読んでいるのであって、すなわちそのような先入観のままに読んでいるのであって、実は、伝統的な孝観念の下に読んでいるとは言えない。そのような先入観の代表例を挙げれば、たとえば、板野《いたの》長八《ちょうはち》『儒教成立史の研究』（岩波書店、一九九五年）の場合、『孝経』の成立を中心にして『孝経』について論じているが、その際、孝それはとりもなおさず封建道徳（親への絶対的服従と献身的対応等）として扱っているのである。孝の中身についての考察は、まったくと言っていいほどなくて、つまりは孝の概念について省みることはなくて、いきなり封建道徳というステレオタイプの価値判断をして論じている。また、その延長であるが、自分が発した〈封建〉という語の延長として、封建制を持ち出し、封建制という諸侯連合体の上に立つ周王朝《しゅう》から、皇帝を頂点とする郡県制の中央集権制（地方長官は中央からの派遣）の秦漢《しんかん》帝国（ただし、漢は完全な郡県組織にしないで、一部に自治領として小国を認めたので、純粋な郡県制ではなくて郡国制）へという政体の再編成があった歴史的事実にあてはめて孝を位置づけている。これは俗に言う〈後知恵《あとぢえ》〉の域を出ない。

それはまさに、〈孝〉という字面《じづら》の表面的な辞書的説明を歴史的事実に単純に貼《は》りつけた、無機的、形式的、〈歴史科学的〉議論にすぎない。

そういう機械的公式的方法を取るのではなくて、孝の持つ内容を分析し、それがその周辺に関わる有機性を明らかにし、孝自体の内発的な思想的意味を追究するのでなくては、とてもではないが『孝経』の成立について論じることはできない。

孔子らの語録の編集である『論語』と異なり、『孝経』は組織的に作られている。もっとも、『論語』もただ単に語録を並べたのではなくて、排列に或《あ》る種の意図が見られる。しかしそれは、古代人の特殊な排列感覚に基づくものであって、現代の観点からすれば、いわゆる〈組織的〉とは言えない。それに比べて、『孝経』は今日の観点から見ても極めて組織的なのである。
因《ちな》みに、当時の多くの文献が、語録や記録などであるなか、『荀子《じゅんし》』は中国古代において作者による最初の撰述であるとされている。この『荀子』の文体は際立って筆述的である。同じく、『孝経』もまた作者による撰述的性格が強い。そこには一本、立場が通っている。

ところで、周王朝が終わり、中央集権制統一帝国の漢代になって儒教が中心的学問となると、儒教の重要文献は、「経《けい》」と呼ばれるようになる。たとえば、『詩』は『詩経《しきょう》』、『書』は『書経《しょきょう》』、『易』は『易経《えききょう》』というふうに。これには、縦糸《たていと》という意味の「経」学が持つニュアンス、すなわち筋の通った典雅で格調高い正しいものといった意味あいが濃い。その〈筋が通った〉ということの形式性から言えば、たとえば『易』は、陰（⚋）陽（⚊）の卦《け》を組織的に組み合わせているし、『書』は、歴史の順序に、堯舜《ぎょうしゅん》の時代から周王朝に至るまでを通時的に並べているし、『詩』は、民間の詩、貴族・王宮の詩と部類分けしていて、〈経〉と言えば通る体系性がある。

ところが、『孝経』は後になって「経」字を冠せられたのではなくて、その成立の最初から「経」字の付せられた書名だったのである。この点について、古来、なぜそうなのかという議論がさまざまになされているが、決定的理由はない。最近、中国考古学が多くの文物を発掘し、新しい文献が次々と世に出てきている。将来、もし『孝経』関係のものが出土すると、『孝経』の書名問題について新しい展開がありうるだろう。

ただ、『孝経』の持つ体系性、組織性、ならびにその内容が有する指導性（個人の問題から政治レベルに至るまで）についての自信が、その撰述に対する価値づけとなって、みずから「経」字を加えたのであろうか。こうした特異な性格を有する『孝経』とはいかなるものなのであろうか。

二　『孝経』の構成

最初に、今文系『孝経』の章立てをまず示すと次のごとくである。「今文系」ということばやその意味については後述する（一七四ページ以下）。

第一　開宗明義章
第二　天子章
第三　諸侯章
第四　卿大夫章
第五　士　章
第六　庶人章
第七　三才章
第八　孝治章
第九　聖治章
第十　紀孝行章

第十一　五刑章
第十二　広要道章
第十三　広至徳章
第十四　広揚名章
（閨門章）
第十五　諫争章
第十六　応感章
第十七　事君章
第十八　喪親章

＊古文系は、庶人章を庶人章・孝平《こうへい》章（「故自天子」から最後まで）に分け、聖治章を聖治章（「其所因者本也」まで）・父《ふ》母《ぼ》生績《せいせき》章（「厚莫重焉」まで）・孝優劣《こうゆうれつ》章（残りの最後まで）に分け、広揚名章と諫争章の間に、今文系にはない閨門《けいもん》章を置き、全二十二章とする。

その内容から言えば、第一章は、総論かつ問題提起に当たる。古代文献においても、冒頭にこのような体裁を備えているものは、珍しい。これをもってしても、単なる集録ではなくて、〈体系性〉を意図した〈撰述〉であると言える。

第二章から第六章までは、天子・諸侯・卿大夫《けいたいふ》（卿は上席の大夫）・士・庶人という周王朝時代の定型の身分階層（ただし、その身分は生得的固定的とは言えず、階層の移動は可能であった。現に、庶人であった孔子《こうし》は卿《けい》相当の高官となっている）それぞれにおける孝について論じており、分類を行っているという体系性がある。

事実、宋代の朱熹《しゅき》（一一三〇—一二〇〇）は、『孝経刊誤《かんご》』（『孝経』の文中の〈誤りを刊《けず》る〉の意）を撰したとき、『孝経』は、本来の原文としての〈経《けい》〉の部分と、その解釈である〈伝《でん》〉との二者より成り立っているとして、大胆にも『孝経』中の或る字句を原文になかったものと断定して削ったり、あるいは文章の再構成を行ったりしたが、第二章から第六章までを〈経《けい》〉としたのである。すなわち、その部分はまとまりも良く、主張も一貫していると解したからである。

この『孝経刊誤』は大胆な提言であったが、朱子《しゅし》の名声の下、その考えを支持する立場の者が現われる。たとえば、元《げん》代の董鼎《とうてい》は『孝経刊誤』を底本としてその注釈として『孝経大義《たいぎ》』を撰した。この『孝経大義』は、日本においてよく読まれた。訓点つきの和刻本はすでに寛永《かんえい》五年（一六二八）に刊行されている。しかもその後、何回も刷られている（長澤規矩也『和刻本漢籍分類目録』汲古書院、昭和五十一年）。

朱子は、テキストの再構成を大胆に行った人物である。有名な例では、『礼記』大学篇に対して、〈経〉（本文）と〈伝〉（解釈）とに分け、さらにはその〈伝〉の順序を変えたりしている。

周知のように、朱子は四書を主張する中心人物となったが、その四書中の一つ、『礼記《らいき》』中庸《ちゅうよう》篇に対しても独自の分章をしている。これは、自分の解釈を優先した上でテキストを再編成したものであって、テキストをいわゆる実証的に再構成したわけではない。

そのようにして再編成した大学《だいがく》篇・中庸篇を『礼記』から抜き出して独立させ、さらに『論語』『孟子』と合わせて四書として、儒教の必読文献とさせたことは周知のとおりである。

さて、朱子は上述のような独自の再構成の方式を、『孝経』にもあてはめ『孝経刊誤』を撰したのである。のみならず、原文を相当に削っている。

その意味では『孝経刊誤』を『孝経』のテキスト問題としてではなくて、朱子の思想の反映として見れば、『孝経』解釈、ひいては朱子における孝の位置づけを見る上において重要な文献であると言える。

たとえば、『論語』学而《がくじ》篇の「孝弟（悌）也者其為仁之本与」、簡略化すると「孝弟（悌）為仁之本」について言えば、伝統的にはこれを「孝弟（悌）は、仁の本《もと》と為《な》す（仁の本為《もとた》り）」すなわち「孝悌は仁の根本である」と解していた。ところが、朱子は「孝弟は、仁を為《おこな》う（為《な》す）の本なり」すなわち「孝弟は仁を実践する根本（出発点）である」という新解釈を示した。つまり、前者の解釈では、孝が仁に優先するが、後者のそれでは、むしろ仁が孝に優先する。

朱子は、もちろん一般道徳論を重視するが、朱子の関心は、宇宙の根元とは何かという形而上学に対して、より傾いていた。それは孝以外の諸概念（理・気・仁……）へのより大きな関心を示すこととなっていたことと無関係ではない。

さて、『孝経』の構成について話を戻すと、『孝経』の第七章から第十一章までは、孝と、社会や個人（ひいては道徳一般）との関係を論じている。すなわち、孝と他者（世界・政治・個人生活・刑罰等）との関係、孝の応用、孝の影響、孝による秩序等々、つまり孝実践の意味が述べられている。孝の応用部門と言っていい。

次いで、第十二章から第十四章までは、第一章に出てくる重要な語「要道・至徳・揚名」を特に取り上げ、それらについての解釈を示している。これは、孝の応用部門における詳しい解釈と言えよう。極端に言えば、『孝経』中の重要語の注解と言ってもいい。

同じく、第十五章から第十八章までは、孝の応用のさらなる展開である。第十五章・第十七章は、孝の他者に対するありかたの極致、第十六章・第十八章は、孝の自己に対するありかた（その究極は、自己を含めた祖先以来の生命の連続と、その表現である祖先祭祀）の極致を論じている。

このように、体系的に論述された骨格を有した文献が『孝経』なのである。これは、明らかに荀子に始まる〈撰述〉の意識を有した作品である。ただし、孔子と弟子の曾子《そうし》との対話という形に託している。これは、もちろん孔子の権威と、孝実践者として著名だった曾子という定石どおりの構成であり、ここにも〈著述効果〉の工夫が見られる。もっとも、そこには孔子と曾子との実対話という実証意識などはない。そうした形式的な孔子と弟子との対話という〈表現の形式自体〉は、早くは反儒教的な『荘子《そうじ》』にも見られる。

三　『孝経』各章の特色

『孝経』における孝を、ただ通俗教科書的に封建的道徳として位置づけ、そのあとただちに同時代、それも政権の組織のような頂上からの観点にこじつけてその評価に入るというのは、粗雑であって客観性がない。

そのような粗大な見方をするのではなくて、『孝経』が主張しているものの核がなんであるかということについて、事実を見るべきである。以下、それを章の順を追って試みる。

第一　開宗明義章

①「夫《そ》れ孝は徳の本《もと》なり」と孝が最高道徳であることを鮮明にする。前述一二六ページに引用した『論語』の「孝弟は、仁の本《もと》と為《な》す（本為《もとた》り）」の「仁」は、徳の一つであり、徳に含まれるので、『論語』のその主張と基本は同じである。朱

子の「孝弟は、仁を為《おこな》う（為《な》す）の本（出発点）」という解釈は、本章のこの文を無視したものである。

②「身・体・髪・膚之を父母に受く。敢えて毀傷《きしょう》せざるは孝の始《はじ》めなり」は、『礼記』祭義篇「身《み》は父母の遺体（遺《のこ》した体）なり」と同じく、己の生命が父母さらには祖父母ひいてはそれ以前からずっと続いて今日まできた、すなわち祖先以来、連続してきていることを示すことば、生命の連続を述べることばである。そういう身体であるから大切にする。『論語』泰伯《たいはく》篇に曾子について次のような話が残っている。曾子が自分の弟子に「予が足を啓《ひら》け、予が手を啓け」、私の身体は傷一つないと言っている。それが孝の重要な点であるとして説いているのである。すなわち、孔子の弟子の曾子は、いま検討している『孝経』開宗明義章においては、孔子が曾子に講ずる風景として設定されている。その理由は、曾子が孝の実践者として有名だったからである。

③「身を立て道を行い、名を後世に揚ぐ」については二七ページ注（3）参照。

第二　天子章

親に対して行う孝には、感性（身体性）としての〈愛〉と、知性（精神性）としての〈敬〉という二本の柱があり、それらを包括した徳性が全体として存在するとき、完全な孝となる。天子はそれをめざすべきとする。

それは、もちろん、〈個人の人間性・人格性を磨き、天下の泰平に至り、人々の幸福を実現する〉とする道徳論・政治論そして窮極的には幸福論である。二十一世紀の現代風に換言すれば安心・安全論でもある。

後にこのことを中国近世の宋学は、四書（一二五ページ）という文献選定を行い、その一つである「大学」の言う「修身・斉家・治国・平天下」（身を修め、家を斉《ととの》え、国を治め、天下を平《やす》んず）を引いて体系化している。それは己という人間個体の道徳的完成が、最終には政治を代表とする人間社会の安定を可能とする儒教理論であるが、その早期の表現が、この『孝経』天子章であろう。

第三　諸侯章

①諸侯が、もし謙遜《けんそん》の気持ちがなくて驕慢《きょうまん》であると、人望がなくなり、その地位・財産まですべて失い、終《つい》には「社稷《しゃしょく》（国家）を保」つことができなくなるとする。

最大問題点は祖先との関係である。「能《よ》くその社稷を保つ」、すなわち社（土地神を祭る場所）・稷《しょく》（五穀の神）とを守ることができるのは、諸侯の地位を保つことができるからであるが、もしその地位を失うと、当然、始廟を筆頭にしての五つの廟（祖先の御魂屋《みたまや》）を失うことになってしまう。これは大変な不孝となることを意味する。

懲罰として『礼記』王制篇に「山川の神祇《じんぎ》〔を〕挙げざる者は不敬と為し、君〔に対して〕削るに地を以てす。宗廟《そうびょう》〔に対して〕不順有る者は不孝と為す。不孝なる者は、君〔に対して〕絀《しりぞ》くるに爵を以てす（降格する）」とあるが、まして宗廟を失うとなれば、不孝の極まりである。

②本章では、諸侯が傲慢《ごうまん》にならぬようにという戒めのことばを結ぶ引用詩句は「戦戦《せんせん》兢兢《きょうきょう》、深淵に臨むが如く、薄冰《はくひょう》を履《ふ》むが如し」であるが、これは前引の曾子の身体完全説話（本書一二九ページ）において引用されている詩句と同一であ

る。『孝経』の作者は、『論語』における曾子身体完全説話に引用されている詩句を諸侯章において意識的に引用したのかもしれない。不孝の意味がらみで。

なお、『書経』君牙《くんが》篇に「虎尾《こび》を踏み、春氷《しゅんぴょう》を渉《わた》るが若《ごと》し」という、慎重さを求める比喩《ひゆ》を示す文がある。諸侯章中の引用詩句に対する私の現代語訳において、「薄冰」を「春の氷」と訳したのは、右の『書経』の文をイメージとして置いたからである。

第四　卿大夫章

① 卿大夫《けいたいふ》の行為は、『論語』顔淵篇の文章、「顔淵 仁を問う。……子曰く、礼に非ざるもの（非礼）視ること勿《なか》れ。非礼 聴くこと勿れ、非礼 言うこと勿れ、非礼 動くこと勿れ、と」のとおりである。

後に『孟子』告子《こくし》下篇にあるが、「堯舜《ぎょうしゅん》の道は孝弟のみ。子（貴殿）堯（聖王）の服を服し、堯の言を誦し、堯の行いを行えば、是れ堯なるのみ。子 桀《けつ》（悪王）の服を服し、桀の言を誦し、桀の行を行えば、是れ桀なるのみ」ということばも生まれる。

②　その結果、「能《よ》く其の宗廟を守る」と述べる。ここが肝腎《かんじん》である。天子・諸侯はもちろんその宗廟を守らねばならない。ただ、諸侯は国家を、天子は世界を統治することが最大目的であるので、『孝経』は、天子章では「百姓・四海」の統治を、諸侯章では「社稷・民人」の統治を最終目的に置いている。しかし、その前提として、天子・諸侯ともに自己の宗廟を守ることができなくてはならない。

また、天下・国家は家産的（自分が私的に所有する領土を同時に公的に国家の領土として認知し、その政治的支配権を公的に有している統治形態）であるので、天子の家の宗廟の祭祀は、同時に〈天下〉的な公的なものとなり、諸侯はその祭祀に協力し奉賛する。同じく、家産的な諸侯は諸侯で、諸侯それぞれの家の宗廟の祭祀は、同時に〈国家〉的公的なものとなり、卿大夫ら家臣はその祭祀に協力し奉賛する。

卿大夫の場合も同様で、その宗廟における祭祀は血縁者一族一統のみならず、諸侯に卿大夫・士ら家臣があるように卿大夫・士にもその従者がいるが、その従者らの参加によってなされる。すなわち〈家の宗教（私的宗教）〉が同時にその領地や従属者たちにとって〈公的宗教〉となっている。

第五　士章

①　天子章において述べられた孝における二本の柱である〈愛・敬〉が直接に述べられ、その行為を完全に行えることによって、主君との関係が良く保たれ、その結果、「能く其の禄位を保ち、其の祭祀を守る」とある。

この祭祀は、もちろん士の家における祖先祭祀である。士が血縁者を中心にしてそれを行うことは言うまでもない。

②　孝に愛（身体性・感情が中心）と敬（精神性が中心）との二系列があることは、早く『論語』為政《いせい》篇において次のように述べられている。「子游《しゆう》孝を問う。子曰く、今の孝は、是れ能く養うを謂《い》う。犬馬に至るも、皆能く養う有り。敬せずんば、何を以て別《わか》たんや、と」がそれである。この文中の「養」は、肉体的・物的意味が強く、愛の系列に属する。

第六　庶人章

①　「身を謹み用を節し、以て父母を養う。此れ庶人の孝なり」とある。諸注解

のほぼ共通した意見では、「……の孝なり」と言うとき、庶人章だけが「此れ庶人の孝なり」と「此」字を置いて断定的に述べ、天子章・諸侯章・卿大夫章・士章では、それぞれ「蓋《けだ》し……の孝なり」と「蓋」字を使っているのは、その他にも有るという含みを残しているからであるとする（本書では「蓋」を「是《これ》」として訳した。三〇ページ注〈7〉参照）。その見解に従えば、「此れ庶人の孝なり」は、その上の文に対して「これのみ」と言いきっていることになる。

当時（実はいつの時代でもそうなのであるが）、まず物質的に親の世話を十分にしない親不孝者がかなりいたと思われる。『孟子』の不孝者批判のことばがそれをよく物語っている（四七ページ注〈5〉）。だから、ともあれ、親の身体的面倒をみることを第一とせよとする。愛である。もちろん、孝においては愛のほかに敬が必要であるが、それはなかなか困難であったことは、前ページの『論語』の文が述べるとおりである。紀孝行章《きこうこう》において、個人における孝の実践について述べているが、「居れば則ち其の敬みを致《つつし》し、養えば則ち其の楽しきを致す」とあれば、対比上、「養えば」以下は、愛の具体的内容を示していると考える。すると、庶人章は、まずは〈愛〉、具体的には〈養〉、目的は〈楽〉といった一連の現実的行為の実行を求めているということであろう。

なお、『漢書』芸文志《げいもんし》・六芸略《りくげいりやく》〈末尾の総論〉に「古《いにしえ》の学者《まなぶもの》は耕して且つ養うことであろう。三年にして一芸（一経）に通ず」とある。この文の「養」は自分の生活のことであろう。もっとも、読みようによっては親の生活の面倒もみたとも言える。いずれにしても、経《けい》に通じた士が農民（庶人のほとんど大半）から登場しうる、あるいは登場していた可能性があったことを示している。

つまり、庶人と士とに連続性がある。庶人章注（1）（四五ページ）において記したように、庶人という身分内に下級役人も含んでいる。

② 祖霊を祭る廟《びょう》の制度として、数の問題がある。『礼記』王制篇は、天子は七廟、諸侯は五廟、大夫は三廟、士は一廟とする。この廟は、生活している建物とは別棟である。そして庶人は「寝《しん》に祭る」とある。「寝」とは、もし廟があるときは、廟の後方にある建物のことで、式典に必要な衣や冠などを収納している。しかし、庶人には廟がないとする前提からすれば、この「寝」は、廟の後方の別棟の建物ではなくて、生活している建物の中の部屋を指す。

すると、卿大夫章において宗廟を、士章において祭祀を言う以上、懸命に働き親を養うことができたならば、その結果として、庶人においても寝において祖先祭祀を滞ることなく行うことができるという意味を含むと考える。

第七　三才章

天子の孝を延長して論じており、孝が普遍的であることを構成している。因みに、この章のように、孝が天・地・人（三才）という世界のすべてに関わるとする、〈孝の絶対化あるいは神秘化〉をしている点から、日本では孝がすべてとする中江藤樹《なかえとうじゅ》や大塩平八郎《おおしおへいはちろう》のような、陽明学的な孝解釈が生まれる（一九四ページ）。

第八　孝治章

孝の政治的効用、社会的有用を説くが、最終的に二点にしぼられている。一点は「天下 和平し、災害 生ぜず、禍乱 作《おこ》らず」という政治的社会的安全であるが、いま一点は、精神的個人的安心である。すなわち「生けるときには則ち親 之《これ》（安定生活）に安んじ、祭るときには則ち鬼《き》 之（祭祀）を享《う》く」とある。

これは、孝によって為政者側は行政的成功を、民の側は家庭的安定を得られるとすることを述べるものである。祖先を祭祀するという、儒教の〈家の宗教〉という性格がよく現われている。

第九　聖治章

天子の祭祀では、自己の祖霊を祭ることは、天子の〈家の宗教〉内にとどまらず、祖霊が天につながることを示す。天から統治の命を受け政権担当をしている正統性を世に示さなくてはならないからである。「郊祀《こうし》せしとき、后稷《こうしょく》〔をば〕以て天に配し、宗祀せしとき、文王〔をば〕明堂において以て上帝に配す」。また、諸侯がこれに協力し奉賛するとあるが、それはまさに、家産的と言えば家産的ではあるものの、天子の家の祖霊を〈家の宗教〉として祭ると同時に、〈天下の宗教〉としているということである。こうした二重構造は、諸侯・卿大夫・士それぞれの家の宗教における祭祀においても同様である。

第十　紀孝行章

① この章は、個体における孝のありかたを述べる。現実生活においては「居れ

ば則ち其の敬《つつし》みを致し、養えば則ち其の楽しきを致す」が基本であることは言うまでもない。これは〈敬〉と〈愛〉とのことを言っている。それは、親が生きてあるとき、元気なときのことである。

しかし、いつまでも平穏無事というわけではなく、人生の大事が訪れる。そのときの孝はどのようにあるべきかを述べる。すなわち、「病めば則ち其の憂いを致し、喪《そう》には則ち其の哀しみを致し、祭には則ち其の厳《おご》そかなるを致す」。

孟懿子《もういし》が孝とは何かと孔子に質問したことがあった。孔子が答えたその内容は「生《い》けるときは之（親）に事《つか》うるに礼を以てし、死せるときは之を葬むるに礼を以てし、之を祭るに礼を以てす」（『論語』為政篇）である。『論語』のこの基本的態度三者を、より具体化したものが、本章の「居・養・病・喪・祭」という五者におけるありかたであると考える。

②前記のような、個人として、孝に際しての五者のありかたにおいて十分であれば、問題はないのであるが、社会に対して「驕・乱・争」という非道徳的行為を犯せば、どんなに愛（養）を尽くしても不孝であるとする。さらには、非道徳的行為の延長上に、法を犯すことになりかねない。すると、「驕」から「亡」、「乱」

から「刑」、「争」から「兵（殺傷される）」といった不幸が起こることを述べている。

個人として、孝の実践が完全であれば道徳的に問題がなく、その心構えから、社会生活において問題を起こすことがなく、その結果、法的に問題がないとする。

第十一　五刑章

前章との連関で、すなわち法的問題が起こったときの刑について、特にこの章を設けている。しかし、五刑に三千の当該事項があるけれども、罪として不孝以上のものはないとする。ただし、それは『孟子』離婁《りろう》下篇の「不孝なるもの五」（八〇ページ注〈4〉）のようなものをはじめ、まさに刑法上の不孝を指しているのであって、同じく『孟子』の離婁上篇の「不孝に三有り」すなわち「後《あと》（後継ぎ）無し」の場合のそれはこの場合は該当しないのではないかと考える。

第十二　広要道章

本章は、冒頭の章である開宗明義章における重要語「要道」について敷衍《ふえん》し解説したものである。

第十三　広至徳章

本章は、第一章の開宗明義章における重要語「至徳」について敷衍し解説したものである。

第十四　広揚名章

① 本章は、最初の章の開宗明義章における重要語「揚名」について敷衍し解説したものである。

② このように、第十二―十四章が重要語について注解的に特に論ずるのは、『孝経』が極めて組織的に構成されていることを示している。

第十五　諫争章

この章は特異である。孝と言えば、親が子に対して絶対服従を強いるようなイメージがある。しかし、『孝経』はそうとはしない。親にも過ちがあることを認め、そうした不義に対して諫言《かんげん》すべきであることを説く。しかも親子間の問題だけとはしないで、天子・諸侯・大夫それぞれにおいてその臣は諫言すべきとする。士の場合は、友人が諫言をすべきとする。つまり、孝は人間関係において絶対服従というような単純な意味ではないことを主張している。ただし、『礼記』曲礼下篇《きよくらい》にはこうある。「人臣為《た》るの礼は、〔遠まわしに諫めて〕顕《あき》らかには諫《いさ》めざれども、三たび諫めて聴かれざれば、則ち之《これ》を逃《さ》る。子の親に事うるや、三たび諫めて聴かれざれば、則ち号泣して之に随う」と。

第十六　応感章

宗廟において祖先祭祀を行うとき、敬を尽くせば、鬼神は感応し、現われると述べる。これは、家の宗教である儒教における祭祀の真髄であるシャマニズムを最もよく物語る。「祭れば〔祖霊は〕在《いま》すが如《ごと》し」（『論語』八佾《はちいつ》篇）は、中国古代において実感として生きていたのである。

第十七　事君章

「此れ君子の上《かみ》に事うるや」の『御注』「上とは君を謂うなり」に対する『疏』は、「此れ『論語』〈孝弟にして、上《かみ》を犯すを好む者は鮮《すく》なし〉に対す。彼（『論語』）の〈上〉は、凡そ己の上に在る者（一般）を謂う。此（『孝経』）の〈上〉は、惟《こ》れ君（特定）を指す。故に云う〈上とは君を謂うなり〉と」と言う。

この『論語』学而篇の文は「有子曰く、其の人と為《な》りや孝弟にして、上を犯すを好む者は鮮《すく》なし。上を犯すを好まずして、乱を作《な》すを好む者は、未だ之《こ》れ有らざるなり……」である。『疏』の指摘は当たっている。『論語』を踏み、『論語』を意識している一例である。

第十八　喪親章

親の喪という、儒教の喪礼において最も基本となるものについて、一章を充《あ》て、孝子のありかたを記して、『孝経』の最後を締めくくっている。この喪礼は、それこそ天子から庶人に至るまで、本質は同じであり、儒教――〈家の宗教〉の根本となっているのである。

四　『孝経』の主張

前章では、やや長くなったが、『孝経』全体にわたって各章の特色を概観した。その結果として、次のようなことが言える。

①『孝経』に、礼制ならびに『論語』の影響が相当にある。

礼制の場合、栗原圭介著『孝経』が詳述しているので、それに譲る。その点からしても、『孝経』の作者たち（あえて複数とする未詳の人物たち）は儒教的知識や礼式実践に熟達していたと考える。

まず、『論語』との関係についてであるが、『孝経』には『論語』中の孝についての記述を踏んでいるところが多い。たとえば、『孝経』紀孝行章において、親に対するありかたの一つに「病めば則ち其の憂いを致し」とある。この「病む」者とは親である。すなわち、「親が病気になれば、必ず親の病について心配をする」という意味である。

ところで、『論語』為政篇に、孟武伯《もうぶはく》が孝とは何かと孔子に問うたところ、孔子は「父母唯其疾之憂」と答えた。この答えの訓《よ》みかたとして、具体的に言えば、この答えの内の「其」は、子を指すのか、それとも親を指すのか、その選択によって解釈が異なってくる。もし「其」を子と解するならば、「父母には〔子は〕唯《ただ》〔自分の〕其《そ》の疾《やまい》を之《こ》れ憂えしむ」すなわち「子としては、父母には病気のときにのみ心配をかけるようにして、その他のことでは心配をかけてはならない」とする解釈となる。この解釈は伝統的である。しかし、「其」を父母と解し、「父母には唯〔父母の〕其の疾を之れ憂えよ」すなわち、「父母に対して、病気ではあるまいかと〔健康状態を〕ただただ心配することだ」、あるいは「父母が病んでいるときは、ただただ心配することだ」とする解釈も古くから多くある。

さて、前引の『孝経』の文「病めば則ち其の憂いを致し」に拠れば、『孝経』の作者たちは、右の『論語』解釈において、後者のようであっただろう。『孝経』の解釈のほうが分かりやすいし、親の死の問題を前にするとき、妥当である。

ところで、『論語』における孝であるが、そこには儒教における孝の意味が全面的に現われている。

その第一は、祖先祭祀を行うこと、それを通じて生命の連続を意識し自覚することである。それはまた、死者と生者との関係を示す宗教的性格を有している。

いま一歩、踏みこんで言えば、それは死の不安・恐怖を克服しうる方法であった。すなわち、祖先祭祀を享《う》けて祖先の霊魂が、かつて生きてあったときの家に帰来するとき、祖霊は生者の記憶による回想によって自分たちは忘れられていないという安心感を抱ける。それは、精神的安心である。生者も、漠たる死に対する不安において、自己の死後、生き残った者たちによる祖先祭祀によって、霊魂ながら自己が再びこの家に帰りうると思うとき、精神的安心を得られるのである。

そのように、祖先祭祀とは、生者における死の不安中、精神的安心を得させる大きな意味を有している。比喩的に言えば、儒教という〈家の宗教〉における一種の〈解脱《げだつ》〉の方法なのである。

では、死による肉体の壊滅という不安についてはどうか。儒教は、子孫一族の繁栄によって、DNAとして、遺伝子として、自己の生命を後世に伝えうることを問題解決の方法とする。もちろん、死が訪れれば、悲しくも個体自体は崩壊する。これはだれも避けることのできない宿命である。しかし、DNA、遺伝子がこの世に残りうれば、たとい自己の個体は消滅するとしても、生命は依然としてこの世に残留するのである。つまり子孫の存在である。

そのように、子孫一族の存在は、生者における死の不安中、肉体的安心を得させる大きな意味を有している。くり返し言えば、比喩的に言えば、儒教という〈家の宗教〉における一種の〈解脱〉の方法である。

すなわち、祖先祭祀によって〈精神の解脱〉、子孫一族の存在によって〈身体の解脱〉、つまりは〈己の解脱〉をし、死の不安・恐怖を乗り越えることを可能とするのである。

祖先祭祀と子孫一族と——生命の連続の自覚が、人間における死の不安・恐怖を乗り越えうる方法であることを、また、それが孝であることを儒教は説いているのである。

しかし、祖先は過去であり実見できない。同じく遠い子孫は未来であり実見できない。すると、過去と未来とをつなぐ中間にある現在が大きく浮上する。

すなわち、祖先祭祀を精神的柱として、現実の親子、あるいは拡大して祖父母から孫、二ないし三世代の家族の日々の生活が行われているということである。

『論語』は、上述のような、死の不安・恐怖を乗り越えようとする〈孝の宗教性〉を伝えている。もちろん、古典的儒教諸文献もまた同様のことを述べているのではあるが、『孝経』が『論語』の影響を相当に受けているので、あえて『論語』との関わりを言っておきたい。

②前章において示したように、法的注意喚起の五刑《ごけい》章、語義解釈的な広要道《こうようどう》章、広至徳《こうしとく》章、広揚名《こうようめい》章、主君との関係を説く諫争《かんそう》章、事君《じくん》章の計六章以外の計十二章において、孝の死に関する宗教性は、直接間接を問わず、なんらかの形で触れられている。ここのところが肝腎《かんじん》である。

従来、『孝経』と言えば、子の親への愛という、いわゆる親孝行と、孝を拡大延長した政治性という、いわゆる統治思想と、この両者の混在といった解釈がなされることが多く、それが『孝経』の一般的評価であった。

そうではない。『孝経』全体としては、やはり死生観に関わる孝の宗教性が根本に置かれている。その上に、祖先祭祀・宗廟といった礼制が載っているのである。

ただし、単なる制度ではない。その礼制が形骸化《けいがいか》することなく、内実のある生きた規範でなくては意味がない。しかも、孝は道徳として、家族道徳という根本的なものである。

こうした根本道徳が確立されたならば、その上に載る礼教的道徳（社会道徳ひいては政治的国家的道徳、全世界的道徳など人間社会の諸規範）との連関性が必要となる。そこで、孝とその上に載る諸道徳との関係が問題となる。その媒介者となったのが、孝の中身としての二本柱〈愛と敬と〉なのである。

愛と敬と――ここにも『論語』の影響が見られるが、この愛・敬二者は、分かりやすい。すなわち、愛・敬ともに人間の感情ではあるものの、愛が直接的・情緒的・身体的等であるのに対して、敬は間接的・理知的・精神的等である。

さて、人間関係の場合、血縁関係と非血縁関係とに大別できるが、血縁関係の場合、その道徳を基礎づけるのは、愛、もちろん無償の愛である。元来、血縁というのは、先天的、宿命的、非合理的関係である。生まれたときから定まっている関係であるから、その人間関係は愛のような極めて身体的な感覚によって成り立つ。理屈を越えたものである。そのように、血縁関係における道徳は比較的分かりやすいし、直覚的に肯定される。

これに対して、非血縁関係における道徳は自然に成立するわけではない。そこには、身体性でなくて精神性がないと結びつけるのは困難である。

そこで儒教では、他者同士を結びつけるものとして〈まごころ〉を重視した。その応用として、例えば友人関係の場合、〈信〉を友情の核としている。『孝経』の場合、孝と他の道徳との関係づけを考え、孝の二本柱（愛・敬）のうち、非血縁関係につながるものとして、敬を出してきている。

親への孝のうちの、敬は、人君・人兄に対する敬（広至徳章）となり、孝悌《こうてい》の悌（順《したが》う）を全うする。また他者を敬することは、己を謙遜《けんそん》することにもなるので、「敬譲」（三才章）となる。そうなると社会の人間関係において秩序を重んずることになり、それは社会規範である礼制を守ることになる。その礼とは、まさに「礼は敬なるのみ」（広要道章）である。

つまり、家族という社会関係における道徳である孝の中身である敬を媒介にして、孝を中心とする家族道徳の上に、長上者と幼者という一般的な社会関係（非血縁の他者との関係）における道徳（悌）を置くことを可能とし、さらにその上に君と臣という政治的な社会関係における道徳（忠）を置くことを可能としているのである。

この孝、そして悌、そして忠へと上へ積み上げていっている人間関係は、道徳（孝・悌・忠など）によって成り立ち、かつ規範として了解されているので、礼制による教化の世界すなわち礼教的世界である。この広大な礼教的世界の根底に家族の基本道徳として孝が位置している。

しかも、この孝は既述したように、死生観の結論として宗教性の頂点として存在している。すなわち、死生観につながる宗教性と、社会・歴史・文化・政治等につながる礼教性（道徳性）との両者を併せ持つ孝が存在しているのである。

③　以上を図示すれば孝について図1のようになる。これは、円形カードAのすべてが孝、同じく円形カードBのすべてが孝、そしてCはA・Bをつないでいるという意味であり、すべてが孝である。

もし孝についてではなくて、孝と現象世界との関係として見るときは、図中の「礼教性（道徳

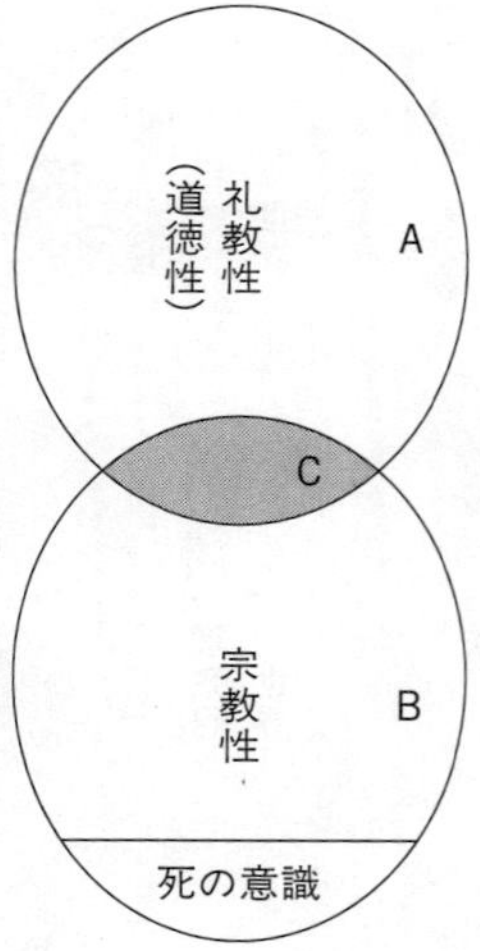

図1

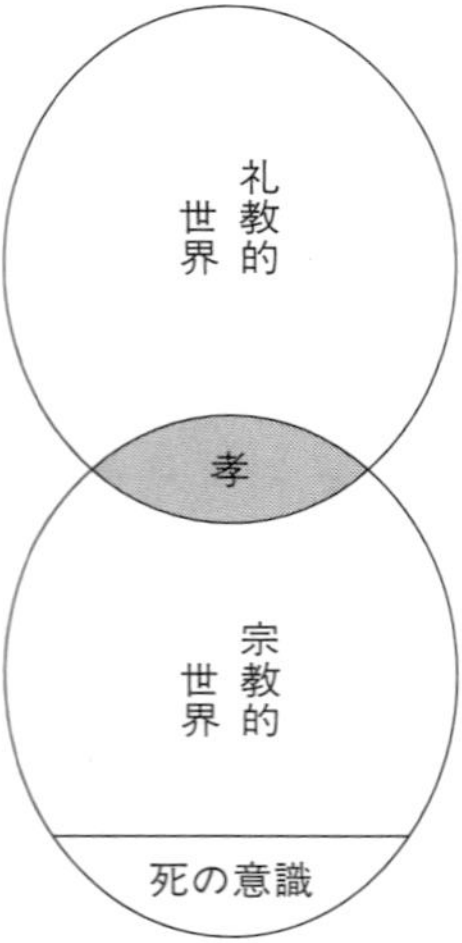

図2

性）」を「礼教的世界」、「宗教性」を「宗教的世界」、そしてCを孝と表記（図2）すればよいであろう。かつて私は、図1のCを孝と表記していたが、より分かりやすくするため、図1と図2との両者を提示したい。孝の部分は、まさに孝の重なり合うところの意味である。

『孝経』は、孝の宗教性のみならず、それと現実の礼教的世界との関係を論理的に体系的に述べている。まさに〈経〉である。この『孝経』によって、〈家の宗教〉としての儒教の思想的意味づけが完成したのである。

ただし、その完成をすぐさま歴史に結びつけ、後知恵《あとぢえ》そのものの、秦漢帝国とりわけ皇帝の権威づけのための理論構成であったとするような浅薄な見解を私は採らない。

五　『孝経』の成立

『孝経』が成立した時代について定説はない。しかし、『孝経』以外の文献による裏づけという点から見て、最も古い可能性をまず述べる。すでに諸人が指摘しているが、『魏文侯《ぎのぶんこう》』六篇（『漢書』芸文志《げいもんし》・諸子略《しょしりゃく》・儒《じゅ》）があり、また『雑伝』四篇（同書六芸略《りくげいりゃく》・孝経）とあるのが、『魏文侯』のうちの四篇とされている（王応麟《おうおうりん》『漢書芸文志考証』所引、蔡邕《さいよう》『明堂論《めいどうろん》』の引用ほか）。この〈魏の文侯の伝〉とは、『孝経』に対する注である。この文侯の下には当時の思想家が多く集まっており、文侯の注解があったとすることは大いにありうる。そこで、たとえば汪受寛《おうじゅかん》『孝経訳注《やくちゅう》』（同書九―一〇ページ）は、考証して、孔子《こうし》の孫の子思《しし》を『孝経』の作者とし、西暦前四二八―前四〇八年のころの成立とする。

成立の最も新しい可能性としては、『呂氏《りょし》春秋《しゅんじゅう》』察微《さつび》篇や孝行《こうこう》篇に『孝経』の文が引用されていることに拠り、西暦前二四一年以前とする（汪受寛前引書）。

上説を合算してみると、前四二八年から遅くとも前二四一年までの間には成立していただろうという大まかな判断しかできない。これは約百九十年間の幅となり、相当の推計でしかない。

前四二八―前四〇八年とすると、約二百年後の始皇帝《しこうてい》による秦《しん》帝国の成立（前二二一年）、高祖（劉備《りゅうび》）による漢帝国の成立（前二〇二年）による郡県制もしくは郡国制は、まだだれも想像のできない歴史展開や社会構造である。にもかかわらず、それを易々《やすやす》と予見し、その社会に適合する理論構成を始皇帝以前の時代において、だれが為しえたであろうか。現実と直接に関わる法家思想家、たとえば韓非《かんぴ》子《し》といえども、秦漢帝国の全社会構成を予見し、その理論体系を創造しえたであろうか。答えは否である。いかなる天才といえども、所詮は同時代におけるそれという限定的理論構成ができるにすぎない。そう簡単に未来の予見などできるものではない。まして、現実的な実務的な法家思想家の登場以前における儒教思想家にとってそれは可能であっただろうか。答えは否である。

右のこと、角度を変えてくり返し述べれば、次のようなことである。

昭和二十年（一九四五）以後の中国思想史研究の学術史において、かなりの量の研究は、歴史的事実を前提として、あえて言えば中国史の展開を前提として、そこに中国思想を置き、中国史に即して中国思想の位置づけをする傾向があった。また、そのようにすることにほとんど疑いを持たなかった。私とても若年のころの論考にその傾向なしとしない。

そのため、中国思想の意味を中国史の平仄《ひょうそく》に合わせるということになりかねなかった。その背景として、当時流行のマルクス主義の立場が平俗化し、下部構造（政治・経済・社会等）に基づく上部構造（文化・宗教・思想等）の措定という観点が一般化さえする傾向があった。すなわち、政治・経済・社会等、広い意味での下部構造の現実の反映として思想を位置づけるという方法であった。

だから、『孝経』の場合も、同書登場よりはるか後の未来すなわち二百年先において形成された秦漢帝国という新しい社会構造・政治体制を踏んで、『孝経』はそうした構造・体制を予見して構想されたものとして位置づける。すなわち、まず社会構造・政治体制を前提として、それとの連関で『孝経』を解釈する。例えば、『孝経』の中の「天子の孝」は全天下に関わる形而上的な方向を含んでおり、それは秦漢帝国の皇帝の権力に重層してゆくとするのである。

しかし、これは本末転倒の最たるものである。下部構造の反映なら、逆に秦漢帝国成立のあとに、その反映としての思想書（『孝経』に類した何か）が登場しなくてはならないのに、秦漢帝国の前にその表現としての思想書を『孝経』として当てはめているのである。いわば早出しであり、彼らの言う『孝経』は、つんのめってしまっている。マルクス主義を一知半解のままに適用した無残な例である。

まだ生まれてもいない未来の社会構造・政治体制を予見してそこに関わる思想的意味を早くから構想して創出し、それを論述するなどという大洞察、大見解を有する大天才など、有史以来、どこにも存在していない。大天才といえども所詮は時代の子なのであって、せいぜい近い未来について若干の予見をなしうる程度のものである。そんなに簡単に未来のことが分かるならば、だれも苦労しはしない。

これまで『孝経』の成立について（実は他の多くもそうなのであるが）、あまりにもいわゆる歴史を、つまりは外形を前提にして検討しすぎてきていた。そういう一義的な方法ではなくて、『孝経』を思想史自体の展開の中に置くとすれば、何よりもまずその内発性に沿って検討すべきである。

その内発性として最大のものこそ、前述の「三『孝経』各章の特色」において示したように、〈死ならびに祖霊との関わり〉なのである。ここにこそ『孝経』の大いなる主張がある。そのことについて次節において述べたい。

六　死と孝と『孝経』と

近代以前の時代の感覚や意識や常識などを現代人は捨ててきたため、もはや忘れ去られ、今となっては、かつての時代のそれを再び得ることは難しい。仮になんとか得たとしてもせいぜい文献的知識、それも一部のそれでしかない。たとえば、古代ギリシアでは、祖先崇拝が当然であったにもかかわらず、キリスト教が普遍化するとともに、完全に忘れ去られ、今や文献の上からその昔のことを知るのみとなってしまっている。

『孝経』全般に流れている、一族による祖先祭祀の観念や実行の重視は、『孝経』成立期の人々にとっては当然のことであったとしても、それを現代人が実感することはなかなか困難である。しかし、ヨーロッパと異なり、キリスト教が普及しなかった東北アジアにおいては、まったく断絶しているわけではない。そこは歴史であり伝統であり文化であり、一定の感覚や意識が継承されてきていることは言うまでもないし、その継承において、細かい点は脱落してきたとしても、本質は変わるものではなく、核となるもの自体は存続してきている。すなわち、儒教全体の歴史において、祖先祭祀を中心とする〈家の宗教〉は受け継がれてきた。

そのことを最もよく示すのが、『孝経』最終章の喪親章《そうしん》である。

中国古代の文献の場合、それぞれ成立の事情が異なるため、その文献の構成に一般規則などはない。しかし、『孝経』の場合、各章の多くにおいて、『詩経』や『書経』といった重要古典の句を引用して収めている。ということは、一つの章が終わるごとに、最後のところに意味づけをするという形式をとっているということである。とすれば、章から成り立つ『孝経』の場合、全章の最終章に沈黙の意味づけがこめられていると考えたい。

たとえば、『論語』の場合も、現在伝わる形の『論語』の場合、その冒頭の章ならびに最終章は、次に示すように意味深長《いみしんちょう》である。

(甲)子曰く、学びて時《つね》に之を習う。亦説《よろこ》ばしからずや。朋《とも》遠方自《よ》り来たる有り。亦楽《たの》しからずや。人知らずして慍《いか》らず。亦君子ならずや。（学而篇《がくじ》）

老先生は、晩年に心境をこう表わされた。〔たとい不遇なときであっても〕学ぶことを続け、〔いつでもそれが活用できるように〕常に復習する。そのようにして自分の身についているのは、なんと愉快ではないか。突然、友人が遠い遠いところから〔私を忘れないで〕訪ねてきてくれる。懐《なつか》しくて心が温かくなるではないか。世間に私の能力を見る目がないとしても、耐えて怒らない。それが教養人というものだ、と。

(乙)孔子曰く、命を知らざれば、以て君子と為《な》る無きなり。礼を知らざれば、以て立つ無きなり。言を知らざれば、以て人を知る無きなり。（堯曰篇《ぎょうえつ》）

孔先生の教え。〔人間は、神秘的な大いなる世界における、ごくごく小さなものであるから〕自分に与えられた運命を覚《さと》らない者は、教養人たりえない。〔人間は社会生活をしているのであるから〕社会規範を身につけていない者は、人の世を生きてゆくことはできない。〔人間はことばを使うのであるから〕ことばについて理解できない者は、人間を真に理解することはできない。

この(甲)・(乙)両章の解釈は、もちろんさまざま存在するのではあるが、私はともに孔子晩年のことばであると思っている。(乙)の場合、孔子の宿願、現実政治を長期にわたって担当したい希望が破れ、〈運命〉の問題を前に出している。また〈礼・言（辞）〉は、孔子教学の中心であり、そこに教学の大いなる基盤があることを自信をもって語っている、と私は解している。

時代は遥かに後であり、直接に比較するわけではないが、たとえば、『史記』の「太史公自序」は巻末に、『説文解字《せつもんかいじ》』の序も巻末に置かれているのは、それなりに意図がこめられていると解するのが、一般的な認識である。因みに、序とは、本来、その文献が完結してから書くものであるから、巻末に置くのが妥当である。

そのような観点からすれば、『孝経』の最末尾に喪親章が置かれていることは、巧まずして、いみじくも、『孝経』の本質を露わにしていると私は考える。すなわち、死の意識の表明である。

喪親章とは、文字どおり、親の死について書いた章である。この、親の死こそ、死について語る最高の材料なのである。由来、一般に中国人は対象を抽象化して論ずることをしない。あくまでも現実に基づく。まさに「夫子の性と天道とを言うは、得て聞く可からざるなり」(『論語』公冶長《こうやちょう》篇)である。もちろん、死一般について論ずることは少ない。

しかし、それは現代人の発想による一種の誤解である。漢語（漢文・現代中国語あるいは古文・現代文）の特性として言えば、具体的個物を表わす場合も、それを抽象化した場合も、同一の漢字で表わす。だから、例えば「白」という漢字の場合、それは「白い」という具体的状態をも、また「白さ」という抽象的状態をも意味しうる。そのため、「白」という漢字だけでは、そのどちらなのかという判断が困難であり、その解釈は、文脈によらざるをえない。そこで中国人は、抽象的議論に代わって、その抽象的議論に最も近く入りやすい現実的材料を選んで、その議論を尽くそうとする。いま問題とする死の場合も同様で、死そのものの議論をするのではなくて、死の問題を最もよく語りうる材料を選び出し、それについての議論を通して、死そのものの問題についての議論の代替をしようとするのである。

では、どのような現実的材料が、死自体という抽象的議論の代替者となりうるのか。そういう材料はありうるのか。有る。それは〈親の死〉である。

人間は、己が死を迎えるまで、死について本当は分からない。しかし、他者の死と接することによって、死の一定の現実感を得ることとなり、やっと死について考えることができるようになる。もっとも、実感は依然として稀薄《きはく》である。

しかし、ほとんどの人間が必ず実感を得る機会がある。それは、親しい者の死である。

親しい者――これは種々周辺にいることであろうが、本当に親しい者として、人間に〈共通する〉ものは、親である。人間には必ず親がいるからである。通常、その親と相当の期間、ともに生活をし、最も親しい関係となる。この親の死が最高の材料となるわけである。

欧米人は問題の抽象化を思考の根底に据える傾向がある。だから、死の問題の場合も、死一般について思考する。しかし、中国人はそういう風にはしないで、欧米的には抽象化して一般化するところを、だれにとっても実感できる〈共通する〉ということを基礎にして、具体的材料として親を選び、その具体的な死について思考するわけである。

中国人のそういう思考の回路を知らないで、中国人は死一般について思考しないと断ずる（その根底には、欧米流の抽象化一般化をもって思考の最高とする欧米模倣がある）人が多いが、それは欧米近代主義による錯誤にすぎない。

しかも、そういう人々自身が死について思考しはじめた場合、欧米流に抽象化して思考しようとするものの、それは借りものの思考方法であるため、独自の展開を示すものは一向になく、欧米の思想家の死についての言説を紹介する程度のものに終わっていることが多い。

あえて言えば、欧米流に〈死一般〉についてどれほど思考しようと、それは所詮は実感のない観念遊戯に近く、近親者や親しい友人の死の現実性の前には、無力である。それほど死の現実性は厳しいのである。

であるのならば、現実的な材料、それも〈最も現実的な〉材料すなわち〈親の死〉を材料にして死について考えるならば、そこに必ず死生観が登場し、死一般についての見解に至ることができる、すなわち逆に〈最も抽象的〉な死論つまりは死

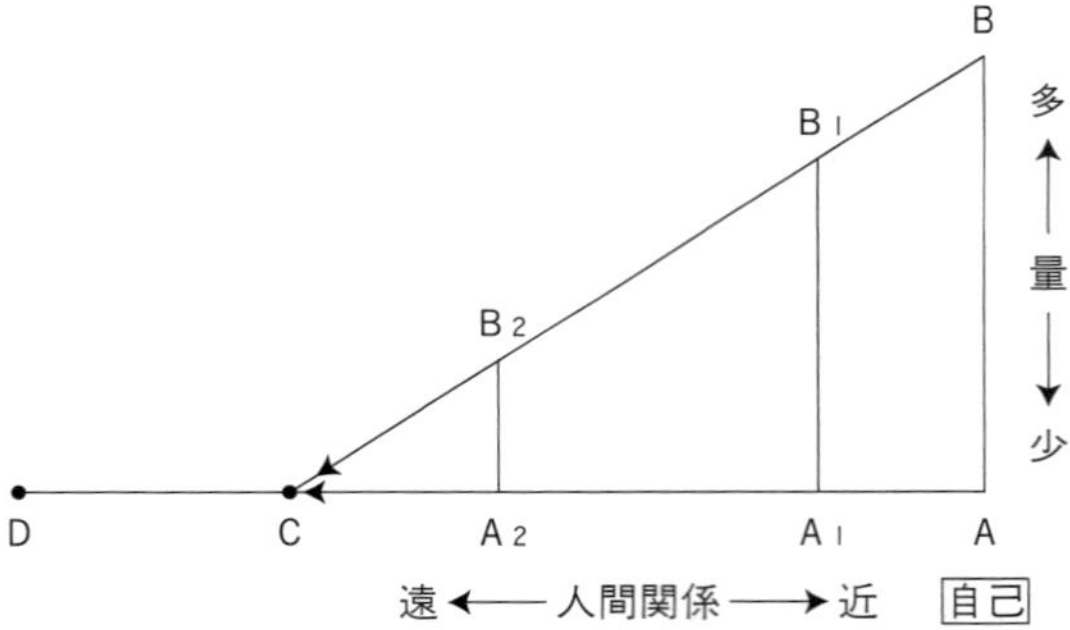

図3

生論に至るであろう。

欧米人は抽象化の極致を、中国人は現実直視の極致を試み、最後にはそれぞれがそれぞれの妥当とする死生観を導き出すということなのである。

さて、その〈親の死〉であるが、これは〈哀しむ〉ことの極致である。なぜ極致なのであろうか。これは、哀しみの逆から説くのが分かりやすい。

『孝経』聖治《せいち》章に「其《そ》の親を愛せずして他人を愛すること、之を悖徳《はいとく》（背徳）と謂う。其の親を敬せずして他人を敬すること、之を悖礼《はいれい》と謂う」（六七ページ）とある。

すなわち、最も愛すべきは親だとする。これを最高の量として、以下、自分から関係が遠くなるに従って、愛の量が減るとする。それを図示すれば図3のような〈愛の三角形〉である。

Ａ点に自分がいる。ＡからＣやＤに向かっての線は、人間関係を示していて、左へ行くほど自分との人間関係が稀薄となっていることを表わす。さて、Ａには自分と最も近い親がいるとする。そしてたとえばA_1は伯父、A_2は遠い親戚というようなことになる。

一方、線分ＡＢは、愛情の量を表わす。ＡＢは最高の量（親への愛情）であり、ＢがＣへ向かって進むとき、すなわちＢの位置が下がるに従って、すなわちＡとの関係が遠くなるにつれて、ＡＢの量が減る。たとえば図のA_1B_1は伯父への愛の量、A_2B_2は遠い親戚への愛の量である。

Ｃ点でＡＢの量は零となる。これは、線分ＣＤ上は、自分と人間関係のない人々との関係ということであるから、愛情の量は零であることを示している。

この〈愛の三角形〉の意味は、簡単に言えば、親しさに比例して愛しなさい、ということである。そして、一般的には、その最も愛する人は、親であるということである。

こうした人間観があるので、〈愛〉の逆である〈哀しみ〉も同じくこの三角形となる。すなわち、最高の哀しみは、最高に愛した人の死となるのである。それは、とりもなおさず、親の死が最高の哀しみであり、線分ABがそれを表わす。以下、ABが左へ縮みながら移動するとき、哀しみの量が比例して減り、Cに至ると、そのあとは知らない他人の死に対する気持ちであるから、哀しみは零である。

つまり、最も愛するものは、親であり、そのゆえに、親の死は、最高の哀しみとなる、ということを儒教は主張する。前引の『孝経』聖治章はその一例である。

そして、親の死が死の現実感を与え、死について考える大きな契機となることは言うまでもない。ここから先は、本書の「四『孝経』の主張」（一四四ページ）に述べたので、そこへ繋《つな》いで読んでいただきたい。

すると、『孝経』喪親章という、親の死についての弔《とむら》いの意味がここにおいて尖《せん》鋭《えい》に露わとなる。

親の死は最高の哀しみであるがゆえに、その哀しみの表現を最高にすることとなる。具体的には、すなわち、親に対する喪儀《そうぎ》（「葬」は、喪儀の行為の中の一つである。全体的には「喪」であり、その過程の一つとして柩《ひつぎ》を土中に埋めるが、それが「葬」であるから、「喪儀」と「葬儀」とは異なる）を他の喪儀と比べて最高にするということである。

ここで誤解なきようあえて記せば、喪儀を最高にすると言うと、規模を大きくし、華美にすることのように受け取られかねないが、それはまったく違うということである。

その受け取り方は、物質的に外形的に最高にするということであり、それは〈哀しみ〉という精神的内面的なものを最高にするということとほど遠い誤解である。あくまでも、心の問題としての最高の哀しみの表現である。

それは、どのようにして表現するのか。

儒教はこう考える。親が亡くなると哀しみが溢《あふ》れて、日常生活が日常生活でなくなってしまう。たとえば、哀しみで食事が十分にできなくなる。哀しみで身だしなみなどに気持ちがまわらない。哀しみで他人とのつきあいなどできない。まして、洒落《しゃれ》た綺麗な衣服を着ることなどできない……というふうに。

そこで、身を慎み、〈喪《も》に服する〉こととなる。その場合、可能なかぎり、質素な生活をすることとなる。それが、哀しみの精神的内面的表現ということである。

だから、喪儀にはまず喪服を着る。〈喪に服している〉ことの表現である。この喪服には種類がある。最も粗末な作りのものが最高の哀しみを表わすのであり、この喪服は親の喪儀のときに着る。以下、〈哀しみの三角形〉に従い、自分との関係で親しさが遠くなるに従って、喪服が徐々に日常衣服に近づいてゆき、縁もゆかりもない人に対しては、哀しみがないのであるから喪服は着ない。第一、喪儀に参列する理由がない。

今日《こんにち》では、喪儀となると、参列者全員がほぼ同一の喪服を着用しているが、それは儒教的には誤りである。遺族は、当然、喪服を着るが、死者と縁が遠い者が遺族と同格の喪服を着用することは、遺族の哀しみと同等であるということを表わすこととなる。それは、遺族に対して僭越《せんえつ》な行為である。参列者は、死者と自己との関係を勘案して、それ相当の服装（たとえば、①平服、②平服に地味なネクタイ、③色は問わず無地の服に黒ネクタイ……）であってしかるべきなのである。

なお、喪服として黒色の衣服を使うのは欧米流である。東北アジアでは、白色である。「白式」とは喪儀のこと、「紅式」とは婚儀のことである。

いったい〈愛（あるいは「哀しみ」）の三角形〉という観念のない欧米人が、個人主義的生活のせいか、喪儀参列時に、各自が黒の喪服を着るありかたを、明治以後、日本も模倣し、今日、それが定着したと見るべきであろう。比較的新しい慣行である。本来、遺族は白の喪服であった。

ただし、白色と言っても、絹のような光沢のある白を言うのではない。粗末な生《き》地《じ》としてのそれであり、伝統的には、麻《あさ》生地そのものである。

最高の哀しみは、最高に非日常的であることを意味するので、この麻生地を縫わずに（つまりは加工しないままで）断裁したままのものを使い、結ぶものも製品となっている帯を使わずに縄を使い、足は麻の鞋《くつ》を履く（本来は跣《はだし》）。女子は髪は梳《す》かず束ねて後に垂らすが、男子は冠をかぶる。しかし、その冠は、頭の前後を〔住宅の〕梁《はり》のようにつなぐ簡略なものである（本来は髪を括《くく》るだけである）。

これらは、日常の状態に比べて、形・質ともに単純にして粗末な状態を表現したもので、それは喪（凶）という非日常的状態の表現である。逆に、慶事もまた非日常的状態であるから、それを形・質の上で表現する。それが、喪礼・婚礼の〈礼〉として社会的規範となってゆく。

すると、親の喪儀が礼制の規準となる。人間はその一生においてさまざまなことに出会うが、結婚しない人もいるし、あるいはいろいろな理由で一族の祖先祭祀に参列できない人もいる。冠礼（成人式）も行わない人もいる。しかし、人間は必ず死と向き合う。特に親の死に遭遇する。生前に親を亡《うしな》った人もいるがそれは例外である。

だから、「冠婚葬（「喪」字が正しい）祭」と言っても、喪が規準となる。冠・婚・祭は、喪における諸規準の反映である。その喪において、規準となるのが親の喪儀である。ここにも〈哀しみの三角形〉が現われる。つまり、冠婚葬（喪）祭という、人々にとって大切な儀礼の規準は、親の喪礼にあるということなのである。

その喪礼を見ると、関係によって着装する喪服に名称を与えている。親の死の場合、父のときは「斬衰《ざんさい》」、母のときは「斉衰《しさい》」というふうに。この「斬」は、元《もと》の布を裁《た》ったままで、縁縫《ふちぬ》いしてつなぐことをしない（通常の着物となっていない）状態の意とされる。「衰《さい》」は、喪としての上衣《うわぎ》を指している（上半身の表着《おもてぎ》が衣《い》、下半身の表着が裳《しょう》）。「斉《し》」は、縫う意で、「斬」よりも日常衣服へ少し寄ってきている。それは、哀しみの度合いが異なっている（少ない）ことを形式化したものである。

なお、この喪服姿の期間が定められているが、それも喪服と同じく〈哀しみの三角形〉に従っている。たとえば、斬衰期は三年、実際は二十五ヵ月（二十七ヵ月という説もあったが）。それは、満二十四ヵ月（二年）プラス一日（数え歳で一年）、合わせて二十五ヵ月は、実質は二十四ヵ月と一日、形式的には数え歳で三年（一一〇ページ注〈13〉参照）。あとは、血縁関係・人間関係によってそれ以下で短くなる。たとえば、父方の従兄（弟・姉・妹も）で未婚の者の喪儀に対しては九ヵ月。

こうした喪服期は、今日でも忌引《きびき》（近親の者が亡くなったとき、勤務先に対して請求できる有給休暇）として、その形式が残っている。たとえば、親の場合は七日、祖父母や兄弟姉妹は三日、伯父…叔母は二日、というふうに。

そのように、死生観や死に対する態度を、数量化することにはじまり、さまざまな場面を具体的に示す礼制として表現しているのが儒教である。

この儒教は、その重要文献（たとえば『礼記』や『儀礼《ぎらい》』等）に死生観を含んだ礼制を説いているが、『孝経』においても説いている。その最も具体的なものが喪親章なのである。

その意味で、『孝経』の最後に喪親章が置かれていることは、『孝経』の、延《ひ》いては儒教の本質をそこに託している、意味深長な構成であると私は思う。

第三部　『孝経』の歴史

一　テキスト（今文・古文）の問題

まず『孝経』の作者について述べる。古来、①孔子《こうし》、②曾子《そうし》、③曾子の弟子、④漢代の儒者《じゅしゃ》、といった説がある。

しかし、すでに「五『孝経』の成立」（一五三ページ）において述べたように、西暦前四二八年から前二四一年の間という大まかな推定をするほかないと私は考えるので、この期間よりも後となる漢王朝（西暦前二〇二年成立）において『孝経』が成立したとはしない。そういう理由で、④漢代の儒者という説は取らない。

また、思想的には孔子が執筆したとされる立場はあるが、それは経学《けいがく》というイデオロギー上からの一つの見方であって、現実に孔子が執筆したものはない。孔子の語録を残すのみである。その意味で、孔子作者説ははじめから無理である。

結局、孔子の弟子の記録となる。すると、『孝経』が孔子が弟子の曾子に教えるという形式を取っている以上、曾子系の弟子の手に成るというのが穏当であろう。

さらに言えば、前述（一五二ページ）したように、『孝経』は体系的組織的であるので、曾子系弟子たちによって相当に熟議された結果のものと考える。その意味で、曾子個人ではなくて、曾子系門弟子集団が作者であろうと考える。その弟子も、曾子の直弟子とは限るまい。数代の幅があったと考えるのが現実的である。

因《ちな》みに、『曾子』なる文献がある。これは『漢書』が編纂されたころ（西暦一世紀）までは十八篇として存在していた（『漢書』芸文志《げいもんし》・諸子略）。しかし、しだいに亡《な》くなってゆき、隋《ずい》・唐《とう》のころは「二巻」となっていた（『隋書《ずいしょ》』経籍志《けいせきし》・経籍三子）。

ところが、『大戴礼記《だたいれいき》』という礼についての重要文献が伝えられていたが、同書中の「曾子立事（あるいは曾子修身）・曾子本孝・曾子立孝・曾子大孝・曾子事父母・曾子制言上中下・曾子疾病・曾子天円」の十篇がもともと『曾子』にあったものではないかとされている。

この『曾子』十篇について、清朝の阮元《げんげん》が『曾子注釈』を著わしている。非常に詳しく、よくできた注釈書である。

さて、『曾子』十篇を読むと、『孝経』をさらに詳細に掘り下げて議論を展開しており、かつ道徳性（礼教性）を高めている。明らかに『孝経』以後の発展文献である。

これを見ると、曾子系門弟子集団は相当に後まで継続的に残っていったのではないかと考える。あの有名な孟子《もうし》がこの系譜のどこかと関わっていたことは言うまでもない。

しかし、周王朝の末期、俗に言う戦国時代を経て、乱世を統一して建てた秦《しん》王朝の始皇帝《しこうてい》によって儒家に対する歴史的事件が起こる。焚書坑儒《ふんしょこうじゅ》である。

この事件の実態はよく分からない。ただ、始皇帝の政治を批判した者に対する弾圧であったこととされる（『史記』秦始皇本紀）。その際、儒者が（坑埋《あなう》めにされて）、殺されたという。儒者のみならず、その他の批判者も同様であっただろう。また、儒教文献なども焼かれたという。

その規模がどの程度のものであったかは、よく分からない。しかし、時が経《た》つにつれ、焚書坑儒ということばとともに、歴史的事実として確定されてゆく。

だが、かつての学習においては、暗誦《あんしょう》が中心であったし、また師のことばを記憶し継承してゆくのがふつうであったから、書物が焼かれたとしても、学派の多くの者が殺されたとしても、残存しえた者の脳中には、学習内容が残っていたわけであるから、たとい表向きには当代の権力に従っていたとしても、密《ひそ》かに次の世代に継承されていったことであろう。

また、焚書の規模、すなわちそれこそ全国的に徹底的に行われたものかどうかはよく分からないので、文献自体が密かに残っていた可能性もないこともない。

さらに言えば、焚書坑儒は始皇帝が即位して後、在位三十四年の歳（前二一三年）における事件であり、その三年後に始皇帝は世を去り、ただちに動乱が起こり、その四年後に秦王朝は滅亡する。

もっとも、その後に成立した漢王朝（前二〇二年）もはじめは儒教を重んじなかったものの、前二〇〇年（劉汝霖《りゅうじょりん》『漢晋学術編年』中文出版社復刊版。以下、年代は同書に依る）には、儒教の諸儀礼を宮中に導入し秩序づけた。叔孫通《しゅくそんとう》という人物による。

すると、焚書坑儒（前二一三年）から十三年後には、儒教は弾圧されるどころか、政権の中枢の一角に食い込むこととなる。しかも、叔孫通が儒教の儀礼を導入するには、礼の体得者が必要であるので、魯《ろ》（孔子の出身地）の儒生《じゅせい》や弟子たち計百三十余人を首都に連れてきている(『漢書』叔孫通伝)。

つまり、焚書坑儒によって、儒教の書籍がすべて焼滅し、学習者がいなくなってしまい、絶滅したわけではない。狩野直喜《かのなおき》は、早く朱子《しゆし》がそのことを指摘していたことなどを紹介しつつ述べている(『中国哲学史』二六〇ページ、岩波書店、一九五三年)。なお、前一九一年には発禁書とする挟書律《きようしよりつ》が廃せられ、このあたりから、難を逃れ隠されていた文献が少しずつ世に出るようになる。実状はそういうことである。実質的には、儒教文献は生き残り、復活していったのである。

そこへ、ある大きな事件が起こった。魯国(これは、前代の周王朝期の独立的な魯国と異なり、漢王朝期に、いわば所領を与えた臣下としての国)を統治していた恭王《きようおう》が、孔子の旧宅を破壊して邸宅を建てようとしたが、その旧壁中から儒教文献が出てきたのである(前一四一年)。その中に『孝経』もあった。この『孝経』は焚書を避けたものとされている。

実は、前一九〇年に、すでに顔貞《がんてい》が父の顔芝《がんし》が蔵していた『孝経』を世に出している。この『孝経』は、当時の通行字体である隷書体《れいしよたい》で書かれていた。原本がそうであったのか、あるいは原本を隷書体に書き改めたのか、詳しいことは分からない。しかし、ともかく隷書体すなわち当時の現代字体であったので「今文《きんぶん》」と称する。そこから今文『孝経』と言われる。

これに対して、孔子旧宅の壁中から出てきた『孝経』は、今文字体ではなくて、読みづらい字体であったので、今文（今の文字体）に対して古文（古い文字体）と称するようになる。すなわち古文『孝経』の登場である。ただし、古文字体では分かりにくいので、後には今文字体に書き直し、それが通行することになる。

そして『孝経』以外の諸儒教文献（例えば『書経』）においても同様のことが発生したのである。しかも、比べてみると、内容が異なることがいろいろと出てきた。当然、解釈も異ならざるをえなくなった。ここから今文学派対古文学派という学派的対立（延《ひ》いては政治的対立）が起きてきたのである。

『孝経』の場合、今文『孝経』と古文『孝経』とでは、内容的には大きな相違はない。ただし、章の分け方は異なり、また古文『孝経』にある閨門《けいもん》章は今文『孝経』にはない（一一五、一二三ページ参照）。もっともこれは決定的な相違点となっていない。

しかし、『孝経』以外の文献においては、その対立が深刻であった、と記すだけでは抽象的であるので、具体例を示すことにしたい。テキストの相違は解釈の相違を生むからである。

たとえば、『春秋《しゅんじゅう》』という重要な儒教文献がある。周王朝後期の或る期間（前七七〇―前四〇三年）を春秋時代と称するが、それはこの『春秋』という歴史書の記す時代から生まれたことばである。

その『春秋』の僖公《きこう》二十二年（前六三八）にこういう話がある。宋国の君主である襄公《じょうこう》が率いる軍が楚《そ》軍と川を挟んで対峙《たいじ》したときのことである。楚軍が川を渡り出したので、宋軍の軍事長官がそれへ向かっての攻撃を襄公に進言したところ、襄公はそれを許さなかった。敵軍が川を渡り、陣を整えてから戦うのが君子であるとして。そのため、渡河に成功した楚軍に宋軍は大敗し、襄公自身も股《もも》に矢傷を受けた。

この事件について、古文系の『春秋左氏伝《しゅんじゅうさしでん》』は、襄公の態度は、つまらない馬鹿情《なさ》けであると非難している。そのことを意味する「宋襄の仁《そうじょうのじん》」という故事成語はここから来ている。

ところが、今文系の『春秋公羊伝《しゅんじゅうくようでん》』というテキストに基づく解釈では、「大事に臨《のぞ》みて大礼を忘れず」として襄公を君子であるとして褒《ほ》めている。このように正反対の解釈となっているのである。

すると、人は言うかもしれない。それは個別的な小さな問題にすぎない、と。そうではない。すでに述べたが、中国人は具体例の極致をもって、一般例としてゆく（一六二ページ以下）。この場合もそうなのである。

すなわち、『春秋左氏伝』は、大敗という〈結果〉から解釈しているが、『春秋公羊伝』は、結果からではなくて、〈動機〉から解釈している。

この結果主義と動機主義とは、法や道徳の解釈において、今も生きている大きな立場なのである。たとえば、殺人事件の裁判の場合、検事は原則的に結果主義に立つ。人を殺した事実からの論告となる。ところが、弁護士は、だいたいにおいて動機主義に立つ。人を殺すに至る被告の生い立ちや環境等々に始まり、心神喪失へとつないでゆく。この両者の主張を聞いた裁判官は、結果と動機との割合を計る。結果の割合が多ければ刑は重く、動機の割合が多ければその逆となる。「心（動機）を原《たず》ねて刑を定む」すなわち「原心定罪《げんしんていざい》」なのである。

このように、今文系あるいは古文系というテキストの相違は、単なる字句の相違なのではなくて、テキストによって解釈の相違を生み、それが思想的相違、延《ひ》いてはそれぞれの立場に基づいて立てる政策をめぐる現実政治の対立、そして政変にまで至るのである。

『孝経』の場合は、閨門章の有無が今文『孝経』と古文『孝経』との大きな対立点となった。

すなわち、閨門章は古文『孝経』にはあるが、今文『孝経』にはない。閨門章は家族内の道徳を説いている（一一五ページ）。

ところが、唐代の玄宗《げんそう》皇帝はテキストとしては今文『孝経』を使って注を作った。『御注《ぎよちゆう》』である。それは家族内の道徳を重んじない態度であり、それがゆえに、楊貴妃《ようきひ》を寵愛《ちようあい》しすぎて、家族内の道徳を蔑《ないがし》ろにするようになってしまったのだという批判が生まれたのである。

なお、古文『孝経』は後になると中国では亡くなり、一方、日本に残り日本人に読み継がれてきたので、日本人への影響は大きかったと見てよい。それは、比較して言えば、今文『孝経』が通行テキストであった中国に対して、日本では両者が併存しており今文『孝経』による決定的影響はなかったということであろう。

二　『孝経』の注解

孔子は「述べて作らず」（『論語』述而《じゅつじ》篇）と語っている。これは、「古典・古制・古道など、すでに存在している模範とすべきものについて祖述はするが、自分の説を創作することはしない」という意味である。

この立場が、後の儒家たちの態度となってゆく。すなわち、『詩（詩経）』や『書（書経）』等の儒家重要文献の本文を読解し、理解し、体現してゆくことを最高とした。

しかし、そうした文献は古い時代のものであるので、その内容をまず理解するためには、言語、社会慣習、時代考証等々の知識が必要となる。そこで、古代文献読解のための注釈がどうしても必要となってくる。ところが、その注釈は、単に語義の辞書的説明だけにとどまらなくなる。と言うのは、その段落や文脈において、本文が何を主張しようとしているのかという趣旨の解釈を施さざるを得ないからである。つまり、語義等の注釈に加えて、本文における文脈による意図の解釈が必要となってくる。併せて注解と言っておこう。

ここで、問題が生まれる。注解は、孔子の言う辞書的〈祖述〉にとどまらず、注の形を借りての創造的〈制作〉であるということである。孔子は「作らず」と言っているので、その注の形での〈制作〉。換言すれば、〈祖述〉には、実証的・歴史的傾向があり、〈制作〉には、観念的・思想的傾向がある。

ただし、目指すところは同じで、近代的研究以前の儒教史では、聖人の道すなわちそれが表現されている儒教古典を、その原意を通じて学ぼうとするのが〈祖述〉派であり、その意図を通じて学ぼうとするのが、(注の形を通じての)〈制作〉派である。

そうした〈制作〉派の代表者が朱熹《しゆき》(朱子)であり、〈祖述〉派の代表例が清朝の考証学派である。実は、歴史上、両者のような対立は、絶えずあった。この〈制作〉派は注の形を借りての自己の見解の表明であったので、そうした注解は、注解者自身の思想的立場を表わしている。

このような背景があったので、近代的研究による儒教史以前においては、自己の言説の直接的表明よりも、重要古典の注解を施すことが学者の名誉でもあった。だから、儒教古典の注解とは、一般に、単なる語義的注釈書と受け取ってはならないのである。そこには、注釈者の思想的立場というものが示されているからである。あえて言えば、古典学と古典〈哲〉学との相違、広くは、哲学史研究と哲学表明、哲学史家と哲学者との相違ということに連なるであろう。

ともあれ、以下、特徴ある注解についてその大略を紹介してゆくことにする。

1　『古文孝経孔伝』一巻

この本自体は、中国において長く存在していたらしい。「孔」とは孔安国《こうあんこく》のことで、孔安国（前漢の文帝・景帝のころ―武帝の中年のころ、すなわち前一七〇年―前一一〇年あたりであろうか。約五十歳で逝去）は孔子の子孫である。

ただ、このテキストは、中国においては梁末（六世紀末ごろ）に滅び、その後、隋代に劉炫《りゅうげん》が偽作したとされるテキストが日本に伝存したとされる。後引の太宰春台《だざいしゅんだい》『古文孝経《こぶんこうきょう》』がそれである。中国側では疑う者が多いが、おそらく伝存したものと考えられる。中国ではこの劉炫のテキストは唐末ごろ滅ぶ。

この書の場合、古文というテキスト問題において重要であるが、もう一つ別の意味で重要なテキストである。かつて私はそのことを次のように紹介している（拙著『中国思想からみた日本思想史研究』一五八ページ、吉川弘文館、一九八五年）。

平安中期、寛治四年（一〇九〇）に、源為憲の『世俗諺文』という格言集がある。……序と上巻としか残っていないが、『孝経』から「有諍《ママ》臣・身体髪膚、稟《ママ》于父母・父子之道、天性也」、古文『孝経』孔安国序から「父雖不父、子不可以不子」が抜き出されている。そしてこの下に、孔安国序の文「古文孝経序に云ふ。（孝）経、又た云ふ、その父を敬すれば、則ち子悦《（ママ下同）》び、その君を敬すれば、則ち臣悦ぶ、と。而して説く者おもへらく、おのおの自ら、その、君父たるの道を敬すれば、臣子乃ち悦ぶ、と。余、おもへらく、然らず、と。君、君たらずと雖も、臣、もつて臣たらざるべからず。父、父たらずと雖も、子、もつて子たらざるべからず。もし、君父、その、君父たるの道を敬せずんば、臣子、便ちもつてこれを忿《いか》るべけんや」を載せている。

この文は、日本の『孝経』史において重要な意味をもっている。吉川幸次郎「君臣父子」（『吉川幸次郎全集』第十七巻、筑摩書房、昭和四十四年）はこう述べている。「『論語』に「父は父たれ、子は子たれ」というように、親子の間柄についても、双方の善意を責任として要求するように感じられる。……この書物（古文『孝経』孔安国伝）は偽書であって、六世紀ごろに古人の名にかこつけて作られたものである。……「君君たらずとも臣は臣たらざるべからず」という言葉……これは後世の説である。社会にも国家にもないしは家庭のなかにも、秩序の表現としての階級の存在が、それぞれの組織に幸福を生むというのが、儒家のがんらいの考えの一重点であり、こうした図式的な説を、いわばその副作用として、後世に生むべき契機を、もたないでもない。また後世の中国でも、こうした図式的な考えは、人人のより少なく歓迎するものであったと、私は観察する。げんに「古文孝経孔氏伝」は、自説を主張するにあたって、普通の説はそうでないけれども、とことわっている。ただし……日本儒学はちがっている。ことに江戸時代のそれは、きびしい封建制と結びつき、君主の絶対、したがってまた父の絶対な尊厳を、より多く説いた」。

2 『孝経正義』三巻

唐代の玄宗《げんそう》皇帝の「注」（御注《ぎょちゅう》と呼ぶ）があり、さらにこの御注に対して注解を加えたものが「疏」で唐代の元行沖《げんこうちゅう》のものに宋代の邢昺《けいへい》の手が加わった。そこで注疏本《ちゅうそぼん》とも称される（本書の全訳注にはこのテキストを用いた）。

そのころまで、前出の『孔氏伝』が古文系の注解で、今文系の注解には漢代の鄭玄《じょうげん》のものがあった。この両本が読まれていたのであるが、玄宗が今文系のテキストを用いて注釈したので、皇帝の作ということで重んじられ、古文系テキストはしだいに読まれなくなった。ただし、御注が誕生しても鄭注も読まれていた。一方、孔安国注はほとんど読まれなくなっていたものの、続いてはいたという。玄宗が古文系テキストを廃止したわけではないという（『四庫全書簡明目録』）。

また、この注・疏において古文系解釈の影響があり、厳密に今文系・古文系と分別することはできない（吉川忠夫「元行沖とその『釈疑』をめぐって」『東洋史研究』四七巻三号、一九八八年）。このような点をはじめ、この『孝経正義《せいぎ》』の成立や、中国では滅失したものの日本に伝存している御注『孝経』の開元《かいげん》初注本の問題等について、古勝隆一《こがつりゆういち》『中国中古の学術』（研文出版、二〇〇六年）の第三章「『孝経』玄宗注の成立」、第四章「御注『孝経』開元初注本をめぐって」に詳論されている。

3　『孝経刊誤』一巻

宋代の朱子《しゆし》（朱熹《しゆき》）の撰（二二四ページ以下参照）。古文『孝経』をテキストとした。これ以後、朱子の影響力もあり、今文『孝経』を批判する者が増え、両テキストそれぞれが対立的になっていった。もっとも宋代のころの古文本文と、後引の太宰春台刊古文『孝経』の本文とは異なっている。

ただし、この『孝経刊誤』には相当に問題があった。と言うのは、それまでの注解は、要するにテキストとして今文系か古文系かそのどちらかを選ぶということであり、どちらかを選んだあとはそのテキストの文面に即して注解を行っていた。

ところが朱子は、古文系のテキストを選んだあと、さらにそのテキスト自体に文献批判を行い、まずその内容を二大別する。すなわち孔子みずから関わった部分を〈経〉とし、それ以外は、経を後人が解した〈伝〉であるとする。この経・伝という構成は儒教文献にいくつかある。たとえば、『春秋』という経に対して、左氏学派が与えた解釈が『左氏伝』、公羊学派が示した解釈が『公羊伝』、穀梁《こくりょう》学派が取った解釈が『穀梁伝』であり、それぞれ『春秋左氏伝』『春秋公羊伝』『春秋穀梁伝』という書名のテキストとして伝わっている。このテキストすなわち経・伝に対して注解がさまざまに行われてきた。この例と同じく、朱子は古文系『孝経』に対して、経一章・伝十四章であるという考えに基づいて構成を与えたのである。

のみならず、この新構成と並行して、『孝経』本文から二百二十三字を、これらは後人が勝手に加えたものとして削除したのである。たとえば、『孝経』中に引用されている『詩経』や『書経』の句（一二四ページ以下も参照）。

文献批判というのは、今日の学界では、ほとんど無機的と言ってもいいほどの客観性に基づくものであり、好みとか単なる推測とかといった主観性は排除されている。たとえば「校合《きょうごう》・校勘《こうかん》・校定《こうてい》」という順序がある。ある文献において、いくつかのテキスト（日本では写本の場合が多い）があり、仮に甲本・乙本・丙本と名づけるとする。校合とは、甲・乙・丙三本の文字の異同を正確に報告する作業である。校勘は、文字が異なっていた場合、校合の実績の上に立って、どの文字が妥当であるかを理由を示して一定の推測を行う。校定は、校合・校勘の実績の上に立って、どの文字であるかをまさに〈定〉める作業である。となると、校合は時間とエネルギーとさえあれば、可能であるが、また校勘も局地戦みたいなもので、ある程度可能であるが、校定となると、全面戦争みたいなものであるから、よほどの見識と学力とがなくてはなかなかできるものではない。これが今日の文献批判作業の実相である。

ところが、朱子の場合、部分的には客観性があるものの、相当に主観的判断のところがあり、今日の文献批判とは性格が異なる。むしろ、朱子の思想的立場よりする〈解釈〉に基づく文献再構成である。

実は、朱子には同類の例がある。すなわち『大学』(元来は『礼記』中の一篇)に対して、経一章・伝十章に再構成したのである(拙稿「『孝経刊誤』小考」『日本中国学会記念論文集』一九九八年)。

しかし、朱子の名声がこの『孝経刊誤』を後押しした。元代の董鼎《とうてい》撰『孝経大義』一巻は、まさにこの『孝経刊誤』本をテキストとし、注解をしている。朱子は『孝経刊誤』に対して、いわゆる注解をしていなかったからでもある。ただし、『孝経大義』はいわゆる訓詁《くんこ》注釈の点は弱く、思想的議論が目立つ。

この『孝経大義』は、日本において江戸時代に訓点付きで刊行され、よく読まれた。もっとも、それは「寛文丁未（一六六七年）の春、梓人《しじん》（河内屋徳兵衛？）予が学窓に来りて『孝経大義』の評註（明代の徐貫《じょかん》の序付新刊にすでに評註があったと思われる）を訂補せんことを求む」とある無刊記本三冊（訓点者氏名未詳）の頭書詳注や、さらに董鼎《とうてい》の注にまで注を付し、詳細この上ない毛利《もうり》玄斎《げんさい》校輯の『孝経大義詳《しょうりゃくたいぜん》略大全』一冊（松岡平兵衛、延宝七年〈一六七九〉）が、本文・注ともに訓点付きで刊行されたことによると思われる。

因みに、元代の呉澄《ごちょう》は、朱子に倣って、今文系テキストを用いて、経一章・伝十二章に構成した『孝経定本《ていほん》』一巻を出した。

このように、朱子・呉澄によって、古文系・今文系ともに『孝経』は原形と異なるテキストとなる。もっとも、原形のテキストも並行して読まれてはいたが、しだいに古文系は衰えていった。

なお、清朝の毛奇齢《もうきれい》撰『孝経問《もん》』は、朱子の『孝経刊誤』、呉澄の『孝経定本』を徹底的に批判している。

以上をもって重要な注解の説明を終わるが、以下、日本における特徴のあるテキストについて解説する。

『古文孝経』一巻

江戸時代の太宰純《だざいじゅん》（春台《しゅんだい》）が日本に伝わっていた孔安国注の『古文孝経』を足利《あしかが》学校蔵本に基づいて刊行した。

一方、『今文《きんぶん》孝経』については、鄭玄の注を含めて岡田挺之《おかだていし》が刊行していた。この両『孝経』は、中国の鮑廷博《ほうていはく》が編した『知不足斎叢書《ちふそくさいそうしょ》』に収められている。特に『古文孝経』は中国では滅んでいたので、当時、中国に衝撃を与えた。ただし、中国において真偽をめぐりさまざまな疑問が出され、それを整理すると十六個条にわたる（陳鉄凡《ちんてつはん》『孝経学源流』二六七ページ、台湾国立編訳館、一九八六年。同書は孝経史研究としてすぐれている）。

中江藤樹『孝経啓蒙』一巻

刊行としては、太宰春台の『古文孝経』よりも早い。この本の特徴は、章立てがない。すなわち章がない。『孝経』本文を一体化しており、今文・古文を越えた独自のテキストを作っている。そして『啓蒙』という呼称の注解を作っているのではあるが、その生涯において修補が絶えず加えられ、遂に最後は、自作の注解も棄《す》て、ひたすら『孝経』本文を読誦《どくしょう》することに至る。一種の信仰的・宗教的境地に至っている。

中江《なかえ》藤樹《とうじゅ》は日本において初期の陽明学派とされ、王陽明《おうようめい》が朱子（朱子学派）を批判したように、朱子の『孝経刊誤』を批判している。中国における章立てのないテキストとしては、明代の江元祚が『孝経大全』を編したとき、朱鴻《しゅこう》・虞《ぐ》淳熙《じゅんき》・孫《そん》本《ほん》それぞれの注を併せて『孝経彙註《いちゅう》』と名づけて収めた。その『孝経』本文は章立てをしていない。全体を一貫して述べている。藤樹は『孝経大全』を見ており、その影響があった（前引拙著一六四ページ以下）。

後に大塩中斎《おおしおちゅうさい》（平八郎《へいはちろう》、後素《としもと》）が、この『孝経彙註』の本文の一体化に感動し、その読み方を広めようとして、三人の注解者の他、黄道周《こうどうしゅう》（『孝経集伝』を撰す）

の注、そして大塩自身の注（「案語」という語の下に自注を附している）という五者の注解として『増補孝経彙註』を刊行している。因みに、大塩の著述はこれが最後で、その三年後に乱を起こし自裁する。

大塩は藤樹を尊敬しており、陽明学派としてのつながりを意識していたであろうし、もちろん『孝経啓蒙《けいもう》』を読んでいた。

『孝経疏證 幷《ならびに》 解題攷異 付《つけたり》 定本』八巻

鈴木柔嘉《すずきじゅうか》（順亭）撰。序は弘化《こうか》三年。大正十二年に瑞香堂《ずいこうどう》叢書刊行会から刊行。校正者四名中に鈴木虎雄《とらお》の名がある。

テキストは古文『孝経』であるが、古文派というわけではなく、今古文を越えて諸注解を広く詳しく集めたのみならず、撰者みずからも多様な資料を収集して引用しており、注解として極めて豊富である。また、全文に訓点が付けられており分かりやすく、まことに有益である。

このような大冊を残したが、撰者は二十四歳で没したという（関儀一郎ら編『近世漢学者伝記著作大事典』復刻版、昭和四十一年）。

『孝経』（新釈漢文大系）
栗原圭介《くりはらけいすけ》著。明治書院、昭和六十一年。テキストとしては古文孝経。精密にして詳細な注解がなされているのみならず、「余釈」「余説」は博引旁証、他書の追随を許さない。

また、本書において民俗学的視点から多くの新しい見解をなしているし、礼制との関係について数多く論述している。

三　中国・日本における『孝経』とその周辺

中国・日本における『孝経』の諸問題の大略は、いろいろな形でほぼすでに述べ終えたので、ここでは補足的に記すことにする。

中国の秦王朝による中央集権国家が成立し（前二二一年）、その形を踏んで同じく（内容に変更は加えるものの）皇帝を頂上とする中央集権国家の漢《かん》王朝が成立する（前二〇二年）。以後、一九一一年の辛亥《しんがい》革命に至るまで、その体制は変わらなかった。

　漢代以降のそうした政治体制の政治理論をはじめ、経済・外交・文化・学術等々あらゆる分野における理論・実践において、儒教《じゅきょう》がそれを荷《にな》うこととなった。

　そこで、漢代以前においては、在野の思想の一つであった儒教が、国家の思想として変貌をとげることとなる。つまりは、在野（私）から国家（公）へとなると、儒教が正統派となり、正しいもの、筋道の通ったもの、模範とすべきもの……となったので、「経《けい》」となる。「経」とは、布地を織るときにおける縦糸《たていと》のことを表わす。同じく布地における横糸のことは「緯《い》」と言う。

　そこで、漢代から儒教における古典学を経学《けいがく》と称するようになる。儒者個人の思想は儒教思想であるが、儒教における主要古典（経書《けいしょ》と称するようになる）の解釈学が経学である。儒教における主要古典（漢代のころはたとえば易《えき》・詩《し》・書《しょ》・礼《れい》・春秋《しゅんじゅう》、あるいは楽・書・礼・易・詩の五経《ごきょう》であったが、しだいに増え、唐《とう》代になると最終的には易・書・詩・周礼《しゅらい》・儀礼《ぎれい》・礼記《らいき》・春秋左氏《しゅんじゅうさし》伝《でん》・春秋公羊《くよう》伝《でん》・春秋穀梁伝《こくりょうでん》・論語《ろんご》・孝経・爾雅《じが》・孟子《もうし》の十三経《じゅうさんぎょう》）が儒教における共通の学習文献であった。この古典について「述べて」（つまりは注解を施し）、みずからは「作らず」が儒家の心得であった（一八三ページ）。

『孝経』は、成立以後、広く読まれた。前漢《ぜんかん》時代の宣帝《せんてい》（前七四—前四九）は、『孝経』を学んでいた（『漢書』孝宣帝紀）。その後、平帝《へいてい》の元始《げんし》三年（西暦三）には学校（庠序《しょうじょ》）ごとに「孝経師一人」を置くようにさせており、元始五年に、『孝経』などを教えられるそうした教員を首都に集めたところ、数千人もいたという（『漢書』孝平帝紀）。この平帝よりも前の文帝《ぶんてい》（前一八〇—前一五七）は『論語』や『孝経』などの博士（教員）を置いたとも伝えられている（「孟子題辞」）。もっとも、『孟子』の注を著した趙岐《ちょうき》の「孟子題辞」は後漢《ごかん》時代のもので、それは無理。しかし、司馬遷《しばせん》（前一四五—？）は、曾参《そうしん》（曾子《そうし》）が「孝経を作る」と記しており、『孝経』の存在を認知している（『史記』仲尼弟子列伝）。

後漢時代になると、『後漢書《ごかんじょ》』儒林《じゅりん》伝をはじめ、『孝経』の学習が一般的であったことを示す資料は多い。のみならず、後漢時代に特徴的なことが『孝経』に現われる。それは緯学《いがく》の影響である。

前述のように、経学は筋の通る学であり、精神的・合理的・知性的・論理的であった。しかし、人間には、そういう面だけではなくて、反対の面もある。すなわち感覚を重んじる点である。そういった面を経学に加えると、より豊富な思想となる。そこで、経《たて》に対する緯《よこ》として、経学に対する緯学が起こってきた。この緯学は、身体的・非合理的・感性的・直観的である。

そこで、経学において経書があるように、緯学において緯書《いしょ》が多数登場することとなった。前記の平帝やその先代の哀帝《あいてい》のころ、すなわち哀平のころに起こったといわれる。

この緯書には、神怪なオカルト的な話が充満している。たとえば、『孝経』が成立したとき、北方では玄雲《げんうん》（黒雲）が大きく躍動したり、東方にある角星《かくせい》（すぼし）・亢星《こうせい》（あみ星）という寿星《じゅせい》が北へ向かうなど瑞兆《ずいちょう》があったとする（『孝経中契』）。

こうした緯書・緯学は、今日から言えば愚かな話に見えるかもしれないが、未来の予言書である讖書《しんしょ》もともに起こり、併せて讖緯《しんい》の学として、唐代（七―九世紀）に至るまで、大きな影響を与えたのである。これは歴史的事実である。

さて、この緯書の中に、注目すべき次のようなことばがある。「孔子《こうし》庶《すえ》（民間人）に在り。徳 施すところ無く、功 就《な》る（成就する）ところ無し。志は『春秋』に在り、行いは『孝経』に在り」（『孝経 鈎命決《こうきょうこうめいけつ》』）。

孔子は、社会的地位を得て、自分の理想とする政治や教育を実施しようと思っても、それはできなかった。ごく数年ほどを除いて、その生涯の大半は不遇の生活であり、いわゆる市井《しせい》の人、民間人で終わった。そこで孔子は己の志す〈世のありかた、人のありかた〉は『春秋』という書物に託して残し、人間としての行為は『孝経』に記し残したというような意味である（ただし歴史的事実としては、孔子が『春秋』、『孝経』を制作したわけではない）。

『春秋』は、宋《そう》の襄公《じょうこう》のエピソード（一八〇ページ）に記したように、人間としての正しいありかたとは何かということを、歴史上の事件に材料を取って示した書ということになっている。そこで孟子は『春秋』が登場した結果、その厳しい人間観、行為の評価（正・不正、善悪など）に対して「〔上位者に対する〕乱臣賊子懼《おそ》る」という（『孟子』滕文公《とうぶんこう》下篇）。

すると、『孝経』は孝という家族の基本道徳を第一に説いているので、人間としての道徳的ありかたについて心すべきことを教えた書物ということになる。

しかし、『春秋』は君臣など上下関係の、『孝経』は家族における秩序の、それぞれの規範というふうに区切り、範囲を分けることができるほど、事態は単純ではない。『春秋』には家族関係の頽廃《たいはい》した事件はざらにあるし、『孝経』は君臣関係のありかたを重視している。唐代の徐彦《じょげん》は「『春秋』は善を賞し悪を罰するの書なり。善を見れば能く賞し、悪を見れば能く罰すは、乃《すなわ》ち是れ王侯の事にして孔子の能く行うところにあらず」と『春秋』を君臣関係に限定しているものの、「『孝経』は、祖を尊び、親を愛し、子に勧めて父に事《つか》えしめ、臣に勧めて君に事えしむ。理《ことわり》貴・賤《せん》（すべての人）に関わる。臣・子の宜《よろ》しく行うべきところなり。故に曰く、〈行いは『孝経』に在り〉と」と解している（『春秋公羊伝』何休序が引く「志在春秋、行在孝経」の疏）。徐彦は『春秋』と『孝経』との役割を分けているが、そうではなくて、徐彦が『孝経』について述べていることは『春秋』にも当てはまることであるから、「志」と「行」とを分別する必要はないと私は思っている。

また、「孔子曰く、『春秋』は商に属し、『孝経』は参《しん》に属す」（『孝経鈎命決』）ともある。「商」は東方の星、「参」は西方の星で、両者は同時には現われないので、相対する意味として使われる。そこで、この場合、並列と解する。因みに、並立でなくて正反対のものという解釈もあるが。

このように、後漢時代の緯学においては、『春秋』と『孝経』とは並立する重要な書物として位置づけられていた。この並立することの文化的思想的意味は、今のところ、よく分からない。

しかし、『春秋』とは次のような意味である。孔子の祖国である魯《ろ》国の君主に伝わる年代記があった。ところが、その年代記に登場する君主のうち、途中の隠公《いんこう》が即位した元年から十二代後の哀公《あいこう》に至るまでの約二百四十年分の年代が切り取られた。その部分を〈経《けい》〉という。この経について解釈したものを〈伝《でん》〉という。この解釈にはいくつかの学派があったが、最終的には三派となり、それぞれが伝を残した。それらの文献が『春秋左氏伝《しゅんじゅうさしでん》』・『春秋公羊伝《くようでん》』・『春秋穀梁伝《こくりょうでん》』である。そしてそれぞれが経に対して歴史哲学観をもって独自の解釈を加えた。前引の「宋の襄公」の評価（一八〇ページ）がその一例である。また『春秋左氏伝』は哀公即位後の二十七年まで、他の二伝は哀公の十四年までを切り取っている。もちろん、それぞれ特別の意味を持っている。後世、この隠公から哀公あたりまでの時代を、周《しゅう》王朝の時代ではあるが、特に春秋《しゅんじゅう》時代と呼ぶようになった。戦国《せんごく》時代はそのあとである。

さて、上述の、魯の年代記からわざわざ切り取ったこと、ならびにその切り取った時代の経文の書き方や諸事件等々について、作為のあとがあると解釈する人たちが生まれ、その諸解釈から〈左氏伝、公羊伝、穀梁伝〉と解釈学派が分かれて登場したのだとする。これは、歴史学ではなくて、歴史哲学としての位置づけである。というあたりから、『春秋』の経文を材料として「筆《ふで》す〔書く〕べきは筆し、削るべきは削る」という作為があったとする。それをしたのは孔子だという話が生まれたのである。ここから「春秋の筆法」という故事成語が生まれる。

こういう思想的な立場が生まれたので、『春秋』経文に対する伝という解釈学――それを春秋学というが、この春秋学は歴史すなわち時間に基づいての人間解釈、世界解釈となるので、必然的に現実に対する変革論の傾向を帯びるようになった。それは経学においてである。

そうした春秋学であるから、予言の讖《しん》や人間感性の緯学において、当然、未来予言の理論書たりうるとして歓迎されたことであろう。

そういう『春秋』と『孝経』とが緯学において並列されているのであるから、緯学は『孝経』に対して、重要なものとする位置づけがあったということを意味している。

では、どういう位置づけであったであろうか。

この点を述べはじめると、あまりにも専門的な話となるので、結論だけを言えば、前述の三学派のうちの『春秋公羊伝』学派に近い。さらに言えばこれまで何度も出てきた今文派に近いということなのである（拙稿「『孝経』関係緯書をめぐる若干の問題」『斯文』一〇五号、平成九年）。すなわち、緯書として、あるいは緯学としての『孝経』は、春秋公羊学という、変革の歴史哲学と並列されるような方向への意味合いを持っていた時期があったということだ。

もっとも、それが具体的にどういう展開を意図していたのかという点については、今の私にはまだ解明できていない。

さて、漢代のうちの後漢王朝が崩壊し、次に三国時代となるが、その境界時期において、時代が混乱し、道徳が乱れ、孝を非《そし》るような言説が生まれてきたということがよく説かれている。すなわち、孔融《こうゆう》という人物がこう述べたという。「父の子における、当《まさ》に何の親しむこと有るべけんや。其《そ》の本意を論ずるに、〔子が生まれたのは〕実は〔父親の〕情欲の為《ため》に発《おこ》るのみ。子の母におけるも亦奚《またなに》をか為《な》さん。譬《たと》うれば、物を瓶《かめ》の中に寄するがごとし。出《い》づれば則ち離るるのみ」と（『後漢書』孔融伝）。

この主張は、儒教道徳の根本を否定することとなるので、史上、徹底的に批判された。しかも、孔融は孔子の子孫であり二十代目に当たる。それだけに批判が厳しかったのは言うまでもない。

しかし、この批判には相当に問題がある。と言うのは、いったい孔融がどういう状態でそう述べたのかということを知る必要があるからである。

孔融は剛直の士であった。絶えず正論を述べ、人望もあり非常にすぐれた官僚であった。そのため、後漢王朝末期の最大実力者であった曹操《そうそう》（彼の子が、後漢王朝を受け継いで魏《ぎ》王朝を建てる。この魏の他の蜀《しょく》王朝・呉《ご》王朝を合わせて三国時代という）に憎まれた。孔融が曹操を批判していたからである。

曹操は孔融を葬りたかったので監視していたが、孔融と仲の悪かった郗慮《ちりょ》が孔融の罪を仕立て上げ、路粋《ろすい》という人物に告発させた。その告発文中に前引のことばがある。そのことばは、孔融が禰衡《でいこう》という人物に語ったとしている。この禰衡も硬骨漢であり孔融と親しかった。禰衡もまた曹操の権力に屈しなかったエピソードのある人物だ。

とすると、孔融と禰衡との二人が放談したという架空の話を捏造《ねつぞう》し、告発させたのではないのか。その計画者は郗慮ということであろう。事実、『後漢書集解』というすぐれた注解書を著わした清代の王先謙《おうせんけん》は、幼時の孔融が父の喪において悲しみを尽くしたことから推断し、「路粋の誣《し》うるを嫁《か》する（なすりつける）こと斯《かく》のごとし。無を以て有と為《な》せり。当時、其の筆を忌《い》むゆえんなり」と言っている。おそらくそれが真相であろう。

この後漢時代に、インドから仏教が伝来する。インド宗教（インド仏教はその一種）は、解脱《げだつ》した者以外、死後は輪廻《りんね》転生《てんしょう》するという死生観を持っているが、現世《げんせ》から来世《らいせ》に転生するとき、現世の人間は必ずしも来世において人間となる保証はない。六道《ろくどう》すなわち神・人間・修羅《しゅら》・畜生《ちくしょう》・餓鬼《がき》・地獄のどこに転生するかは、現世におけるありかたの道徳的高低によって定まる。そのため、来世の行き先が不明な以上、現世における肉体には意味を認めないので、火葬にして骨灰は棄て、墓は作らない。一方、現世における精神は四十九日（中陰《ちゅういん》）後に転生して別のところ、別のものへと離れてゆくので、中陰を満たした四十九日（満中陰《まんちゅういん》）以後、祖先祭祀（先祖供養）はしない。

けれども、儒教文化圏の死生観はそうではなく、生きてある状態を魂《こん》（精神の支配者）と魄《はく》（肉体の支配者）との融合状態と考えるので、死を魂と魄との分離と考える。魂とは、事実上は雲のことであり（「魂」字の中の「云」は「雲」）、魄とは、事実上は白骨である（「魄」字の中の「白」）。この分離した魂と魄とを呼び寄せて融合させれば、再生すると信じた。すると、その呼び寄せるまでの間、魂と魄とはどのようになっているのか。

雲はそのまま空中にあっても問題はないが、白骨はそのままにしておくと、犬や狐《きつね》がくわえていったり、どこかに失せたりしてしまうので、管理する必要が生じた。そこで、骨の管理場所として墳墓が作られるようになった。因みに、キリスト教など一神教における墓は、この世の終末時、神を信ずる者は真に天国に召されるが、そのとき、魂が肉体に乗って昇天するので、そのときまでのために肉体を管理している場所としての墓である。儒教文化圏における墓が、呼び寄せるために滞留させておくという目的とはまったく異なる。

さて、魂魄を呼び寄せる。香のよい植物を焚《た》いて煙が昇ると、その煙に乗って魂が降りてくる。香のよい酒を地上にまくと、その酒の香に乗って魄が上ってくる。呼び寄せられて帰ってきた魂魄が憑《よ》りつく先は、もともとは呼び寄せる霊魂の持ち主であった死者の頭蓋骨《とうがいこつ》をかぶった人間（依《よ》り代《しろ》）であったが、それを象徴化した木主《ぼくしゅ》（四角い木の台に長方形の板を差し込んだもの。神主《しんしゅ》とも言う）に憑りつく。木主は大切なものとして代々祭られる（因みに、後に中国仏教・日本仏教は、それらを焼香や位牌として取り入れる）。

これが儒教の死生観の表現であり、シャマニズムの展開された形である。当然、その死者を祭祀するのは子孫一族であるから、祖霊信仰であり、祖先祭祀を最重視する。

さらに言えば、自分の身体は「父母の遺体（遺《のこ》した体《からだ》）」とする身体観がある。これは、自分の個体は死によって消滅するものの、血のつながる者のだれかが存在すれば、自己の生命（DNA・遺伝子）は存在し続けることとなるという身体観である。となると、死を迎えたとしても、肉体は生命としてこの世に残り続けうるということになり、安心感が生じる（一四六ページ参照）。

つまり、自分の死後、子孫一族（だれでもいい、血のつながる者）が自分に対して慰霊してくれることによって、現世の人々に忘れられていないということで精神的に安定する。また子孫一族が存在することによって死後も自己の（個体は滅ぶものの）生命は存在し続けることになり、そのことによって肉体的に安定する。精神・肉体ともに安定して死を迎えることができる。これは一種の解脱でもある。そのような考えで死の恐怖・不安を乗り越えうる。

こうした死生観の文化圏に、祖霊信仰でない宗教（具体的に言えば、祖先祭祀や墓のない宗教）のインド仏教が入ってくると、当然、激しい文化衝突となった。その内容は複雑であり多岐にわたるが、その主要なものを挙げてみる。

①　儒教の死生観は、前述のように〈生命の連続の自覚〉であり、当然、その尊重となる。その具体的表現が祖先祭祀であり子孫一族の繁栄である。しかし、祖先も子孫もその遠くは見えない。となると、現実の親子関係を中心にして、祖父母―両親―自己―子―孫といったあたりの生活が大切となり、祖先と子孫との関係は、現実には、〈祖先につながる親〉と〈子孫につながる子〉、すなわち親と子との関係が重要となる。そこで、祖先祭祀・子の親への愛情・子孫の繁栄という三者を

ひっくるめて孝とし、孝とは〈生命の連続の自覚〉の上に立つ道徳とし、これを儒教では最も尊重する。それだけに、この孝に反するもの、すなわち不孝・非孝は儒教として否定すべきものであった。

ところが、仏教における僧侶は剃髪《ていはつ》すなわち髪を剃《そ》り落とす。この行為は『孝経』開宗明義章の「身・体・髪・膚 之を父母に受く。敢えて毀傷《きしょう》せざるは孝の始めなり」に反する。『孝経』ははっきりと「髪」の字を記しており、それを故意に剃り落とすのは、父母からいただいたこの身体（父母の遺体）を毀《そこな》うことになる。

② 儒教文化圏では土葬して、身体を完全な形のままに残す。ところが、インドでは輪廻転生説に従い、死後、火葬にし、散骨する。現代日本では、「土葬」以外は「火葬」と表現するものの、それは法律的なことばであって、宗教的意味としての火葬かつ散骨という意味ではない。今日の日本では、大半の場合、火葬するが、そのあと遺骨から象徴的に足の部分に始まり、順番に上部に向かって拾い、必ず喉《のど》仏《ぼとけ》（その形が仏の座像に類似）を収め、最後は頭蓋骨をかぶせる。残りの遺骨は処理する。つまりは棄てる。これは、身体の象徴的収集であり、その意識は〈遺骨式土葬〉である。だから、遺骨のすべての散骨にまで至らない。まして、日本で

もつい最近まで土葬であり、中国・朝鮮半島では今も主流は土葬である儒教文化圏において、インド式の火葬して散骨するなど、とんでもないことであった。

③　死後の世界あるいは死後の行方について、仏教は輪廻転生という考えのもと、極楽・地獄を説く。ただし、現世から来世に転生するとき、六道（神・人間・修羅・畜生・餓鬼・地獄）のどこに転生するかは、現世における行為の良し悪しの程度に比例し連動するとする。だから、たとえば極悪非道の者は地獄に落ちるわけである。

こういう考え方に対して、儒教側は猛反発した。儒教では祖先を敬愛する。その祖先が地獄に落ちるなどということは、ことばに出すも不謹慎な話である。とりわけ、父母が没後に苦しむなど、ありえない話とする。祖先祭祀を厳粛に行い、命日に祖霊と再会している中国人にとって、祖霊がさまよい苦しみ続けると考えることすら憚《はばか》られる。

また、実《じつ》を重んじる中国人の現実主義的感覚主義的立場からすれば、極楽・地獄はもとより、仏教の抽象的な概念（空《くう》とか因縁《いんねん》とか）は、虚なるものであり、感覚として受け入れがたかった。

それは、終局的には霊魂観の問題であった。仏教学者はよく仏教は霊魂の存在を認めていないと言う。しかし、仏教が起こる西暦前五―前六世紀のころ、輪廻転生の思想があり、仏教はこの輪廻転生の思想を基礎としているではないか。その輪廻転生は、霊魂の存在を認めることなくして成り立たない。いや、仮に仏教学者が仏教は霊魂の存在を認めないと〈学問的〉に述べたところで、また、輪廻転生は仏教にない思想だと言ったところで、それは仏教という〈宗教〉において何の説得力もない。宗教としての仏教は、学問としての仏教を尻目《しりめ》にして、一般大衆の中へ霊魂の存在を認める輪廻転生の思想に基づいて東北アジアにおいて普及し普遍化していったのである。それは既成の歴史的事実である。〈宗教としての仏教〉におけるその現実（霊魂の存在を認め実体視すること）を、〈学問としての仏教学〉が否定したとて、それは学術的に意味はあったとしても、宗教的には無力であり、歴史的にもほとんど意味がない。今日、もし輪廻転生や霊魂の存在の否定を、宗教としての仏教が行うとすれば、結果は明らかである。即座に人々から見捨てられ消失するであろう。そのようにして宗教としての仏教が消失したあと（インドがそうであるが）、学問としての仏教学などと称しても、そのような学術史上だけの思想など、思想史における過去の単なる一学説となるだけのことである。

歴史上の現実を見るがいい。その実状に対して〈学問としての仏教学〉から見ると誤りであるといくら説いたところで、仏教伝来以来、儒教との論争において、みずから霊魂の存在や輪廻転生の死生観を認めないことを前面に出して儒教に対峙《たいじ》しえた、宗教としての仏教などあったのか。もし霊魂の存在を認めないとするならば、それは儒教の根核である祖先祭祀の否定となる。それは、思想としてどころか、儒教体制の国家としては許されざる反逆行為となったことであろう。それをあえて行った仏教者としてだれがいるのか。

④儒教の基盤は〈家〉である。すなわち家族である。実質的には一世帯はせいぜい十人以下である。しかし、同姓の一族がいる。これを本家を中心として広がる宗族《そうぞく》と言う。そして家族の結束の精神的紐帯《ちゆうたい》こそ、一族の祖先祭祀であった。家こそ、宗族こそ、一族こそ、儒教の基盤であった。

ところが、仏教は出家を重んじる。家を出るとは、家を棄てることである。仏教のこの出家に対して、儒教は在家である。

その家を捨てるというようなことは、儒教の立場としては、絶対にありえないことであった。それどころか、家を出て、親を棄てるなどということは、子孫を断つこととなり、大不孝となる。これは不道徳そのものであった。

さらに、その出家者は、仏に対して、あるいは仏教としての真理に対してのみ従うことになるので、『梵網経《ぼんもうきょう》』「国王に向かいて礼拝せず、父母に向かいて礼拝せず、六親《りくしん》（近親者たち）に〔対して〕敬せず、鬼神（祖先）に〔対して〕礼せず」ということになる。

これでは政治的問題となる。と言うのは、この立場を徹底すると、国王――中国では皇帝となるが、皇帝に対しても礼拝しないことになる。すなわち、四世紀ごろの慧遠《えおん》の「沙門《しゃもん》（僧侶）は王者を敬せず（沙門不敬王者）」という論説がその代表である。

この問題は、実は世界の宗教における大問題なのである。

インドの場合、社会においてカーストという身分階級を認めているので、宗教者に相当するバラモン階級は、現実のいかなる階級よりも上位である。ただし、現実政治には関わらないので、政治と宗教との関係の問題は起こりにくかった。

ヨーロッパの場合、キリスト教が普及した後は、キリスト教が政治を支配する状況となる。すなわち宗教による政治の支配である。近代のフランス革命は、政治から宗教を取り除くという意味での政教分離を主張し、実質化した。

しかし、中国の場合、沙門不敬王者論は許されなくなり、七世紀に律令国家の唐代となると、仏教の僧侶も道教の道士も、皇帝の臣下となり、官僚となる。慧遠より少し後の北魏《ほくぎ》時代（四―六世紀）には、すでに僧統《そうとう》という長官職があったが、唐代には僧録《そうろく》という長官を、さらには僧録司《そうろくし》という役所を設けている。因みに、日本では唐代を模倣した律令制の平安時代に、すでに僧正《そうじょう》・僧都《そうず》・律師《りっし》等を置いている。また、南北朝時代から始まっていたようであるが、唐代になると、度牒《どちょう》という証明書を与えられて僧となることができた。すなわち官による認可である。これは、税金逃れに僧となることを許さないためである。日本もこれに倣って僧尼に度牒を発した。それも宗派（天台宗《てんだいしゅう》とか真言宗《しんごんしゅう》とか）ごとに人数を定めたりした。こういう公認の度牒がなくて、勝手になった僧は私度僧《しどそう》と言われ、正式の僧として認められなかった。このように、僧は官僧であるが、日本では中国に比べて僧の地位ははるかに高く、大僧正《だいそうじょう》は大納言《だいなごん》、正《しょう》僧正は中納言《ちゅうなごん》、権《ごんの》僧正は参議《さんぎ》に相当とする。大納言と言えば、中国の官制では亜相《あしょう》すなわち丞相《じょうしょう》（首相）に次ぐ（亜《つ》ぐ）

重臣の御史大夫《ぎょしたいふ》（検事総長兼警察庁長官）相当の高官である。日本では大僧正がそれに相当するとは信じがたい思いである。

日本の神官は、神祇官《じんぎかん》としてもとより官僚である。

つまり、中国も日本も、結局は政治が宗教を支配したのであり、ヨーロッパのキリスト教社会とはまったく逆であり、政教分離の意味も逆となっている。だから、出家して僧侶となっても、現実社会の規則である皇帝の政治的支配から逃れることはできなかった。結局は、現代以前における東北アジアのあらゆる宗教は、儒教の家族主義を越えることはできなかった。

以上、述べてきたように、西暦一世紀に伝来したインド仏教は、儒教と衝突したわけであるけれども、しだいに儒教と融和できるような努力をしていった。その根本的な点は、孝と死生観との問題であった（以下、次ページ四行まで朱嵐《しゅらん》『中国伝統孝道的歴史考察』蘭台出版社、二〇〇三年、台北）。

まず孝について言えば、インド仏典を漢訳する際、原文と離れて中国の家族倫理に沿うことばを加えたりした。たとえば『善生経《ぜんしょうきょう》』「凡《およ》そ為す所有れば、先ず父母に白《もう》す」とか「父母の為す所には、恭順して逆わず」。それがさらに進むと、インド仏典としては存在しなくて、中国で創作された仏典が登場する。のみならず、それを仏教の教えとするのである。このような仏典を「偽経《ぎきょう》」（「偽」とは「人為」的）と言う。それら偽経は中国人の心性、感性、慣習に合うように創られたので、中国で普及することとなる。

その際、中国人の死生観、わけても儒教の死生観を導入する。すなわち、儒教における祖先への尊崇、祖先祭祀の導入である。ただし、インド人の死生観の輪廻転生と抱き合わせにする。『仏説父母恩重経《ぶっせつぶもおんじゅうきょう》』『仏説孝子経』『梵網経』等々。中でも『仏説盂蘭盆経《ぶっせつうらぼんきょう》』『仏説睒子経《ぶっせつせんしきょう》』は、〈中国仏教の『孝経』〉とまで称せられたのである。

『仏説盂蘭盆経』が説く、釈迦《しゃか》の弟子の目連《もくれん》が地獄に堕ちた母親を救うという話が根本にあり、僧侶たちによる供養《くよう》によって七世前もの祖先を救えるとする盂蘭盆法《ほう》会《え》が、梁《りょう》代（六世紀）の武帝《ぶてい》（仏教に帰依《きえ》）によって行われて以来、民間に広がり、それが日本において残り、今も盛んである。

そうした偽経の代表作として『父母恩重経』がある。その大筋はこうである。ある夫婦に男児が生まれる。両親はあらん限りの愛情をもって育てる。男児は成長し、結婚したが、その妻をばかり愛して両親を顧みなくなり、嫁とともにうとんじるようになる。老夫婦は歎き悲しむ。このような例を基にして、釈迦は弟子の阿難《あなん》に対して、父母の恩の重いことを教える。この『父母恩重経』は、姑《しゅうとめ》と嫁との宿命的対立や、男児が妻への愛に引きずられて両親を忘れるといった家族の葛藤《かっとう》を軸にした小説的ストーリーを下敷きとしたせいか、人々に愛好され、数々の物語（「変文」という）が作られるようになる。

この『父母恩重経』は、仏の慈悲がテーマであったものの、実質は儒教が民衆を道徳的教化をするのに役立つ読み物となった。まさに偽経中の傑作である。

その背後には、仏教を儒教に結びつけるために、その仲介として〈恩〉を置くという論法があった。村上専精《むらかみせんじょう》『仏教忠孝編』（哲学書院、明治三十六年）に依ると、次のような種類があるとする。

①一恩は、仏陀《ぶつだ》の恩（『摩訶止観《まかしかん》』等）、あるいは父母の恩（『孝子経』等）、あるいは国王の恩（『大薩遮尼乾子所説経《だいさつしゃにけんじしょせっきょう》』）。

②二恩は、仏恩・王恩（最澄《さいちょう》の『末法燈明記《まっぽうとうみょうき》』）、父母恩・師長恩（『観無量《かんむりょう》寿経《じゅきょう》』等）、仏恩・父母恩（『雑宝蔵経《ぞうほうぞうきょう》』等）、君恩・父母恩（『大阿弥陀経《だいあみだきょう》』等）。

③　三恩は、仏恩・法恩・僧恩が一般的だが、『梵網経《ぼんもうきょう》』は父母恩・師恩・僧恩。
④　四恩は、父母恩・衆生恩《しゆじょうおん》・国王恩・三宝《さんぽう》（仏・法・僧）恩《おん》（『心地観経《しんじかんぎょう》』）、父恩・母恩・如来恩《にょらいおん》・説法師恩（『法苑珠林《ほうおんじゅりん》』引用の『正法念経《しょうぼうねんぎょう》』）。
⑤　五恩は、父恩・母恩・羅漢恩《らかんおん》・衆僧恩《しゅそうおん》・仏陀恩とする。「五恩」と明記する経典は見当たらないが、父を殺す、母を殺すなど五逆罪《ごぎゃくざい》の五種から類推したとする。
⑥　六恩は、『六方礼経《ろっぽうらいきょう》』等に基づき、六方に対しての敬礼を充てる。六方とは、東方（父母）・南方（師長）・西方（妻）・北方（親党）・下方（僮僕《どうぼく》）・上方（僧）。
⑦　七恩は、『梵網経』にある七逆罪（父を殺す、母を殺すなど）の七種から類推したとする。

この七分類に共通するものは、父母への恩である。これは中国人の孝観念・孝感覚を念頭に置いていることを示している。

もっとも、恩は夫婦間にも兄弟姉妹間にも友人間にもあることを述べる仏典は多い。また、右の七類の中身についても、もっと他の仏典に例があると思われる。そうしたことの検索は、最近、パソコンによって容易になっているので、さらに精密に内容を深めることができることであろう。

振りかえって見ると、南アジアに生まれたインド仏教が東南アジアや中央アジアに進出したときは、仏教に対抗できる文化・思想・宗教がなかったので、仏教の原形がそのまま定着し、今日に至っている。

しかし、インド仏教が西アジア（中近東）に向かったとき、一神教（ユダヤ教・キリスト教・イスラム教）に敵対され、進めなかった。一神教側の実力行使があったからである。ましてイスラム教がインド侵略したときは、仏教は壊滅状態となり、仏像の顔面は、偶像崇拝を禁じるイスラム教徒により削り取られ破壊された。それと同様に、インド仏教が一世紀に中国に伝来したとき、中国人による激しい抵抗に出会う。

それに対して、仏教側は、六道を輪廻転生するのであるから、過去においてすべての人が己の父や母であった可能性があるとする。「一切の男子は是れ我が父、一切の女子は是れ我が母」（『梵網経』）と。だから、現世の父母を愛することのみにこだわるのは小孝であり、すべての人すなわち衆生《しゅじょう》を父母と観《かん》じて広く愛するのは大孝とする。

しかし、それは輪廻転生を信じるインド人にとっての話にすぎず、輪廻転生を信じない中国人には有効な論理とならなかった。

まして、「沙門《しゃもん》は王者を敬せず」の論法は、皇帝制の中国においては認められず、南北朝のころ、北朝の皇帝は寺院を破壊し僧侶を弾圧した。

つまり、大孝とか不敬王者とかといった、高みに立って下を見下す態度は、インドのカースト制において王者よりも上に位置するバラモン（宗教者）の発想であった。そのため、皇帝を頂上とする官僚群を社会の上層とする中国において、仏教はインドにおけるような地位を得ようとしたが得られなかった。それどころか、中国において延命するためには、儒教の死生観や、その死生観に基づく孝を取り入れ融合を図るという方向にならざるをえなかった。その結果が、大量の偽経制作に至る。

そのようにして完成した中国仏教から進展した日本仏教の場合、私の見るところ、一割が輪廻転生のインド仏教的なもの、一割が現世利益《げんせりやく》や祈禱《きとう》や呪占術《じゅせんじゅつ》など道教的なもの、そして八割が葬儀・墓・祖先祭祀（先祖供養）など儒教的なものであり、日本仏教は、インド仏教とは全く別の宗教なのである。

さて、その日本の場合、『孝経』との連関として、どのような記憶すべきことがあっただろうか。

かつて私は、『中国思想からみた日本思想史研究』(前出)に、「日本における孝経」(『日本思想大系・中江藤樹』四一七ページ以下、岩波書店、一九七四年)を再録してそこにおいて詳しく述べた。

すでにいわゆる『魏志倭人伝《ぎしわじんでん》』が記すように、倭の女王が送った大夫《たいふ》が帰国する際、魏《ぎ》王朝の明帝が与えた詔書中に「……これ汝の忠孝。我甚だ汝を哀《いっく》しむ。今汝をもって親魏倭王となす。……孝順をなすに勉《つと》めよ」とある。

詔書にそうあるということは、「忠孝」や「孝順」の意味を理解することができていたことを示している。すなわち、日本に関する文献の最も古いものにおいて、すでに孝の観念が、すくなくとも為政者にはあった。いや、為政者にあるということは、現実に人々において孝の観念・感覚そして実践がすでにあったということであろう。

ここが重要である。『魏志倭人伝』以降の日本における『孝経』の歴史は、あまりにも量が多いので前引の拙稿に譲るが、そうした『孝経』の歴史の背後に、有史以来、孝が日本においても人々において意識され、実践されていたことは、推測であるが確実であったと私は思っている。

四　忠について

孝と並んで、忠という道徳がある。孝は忠の基盤として『孝経』中にも出てくる。この忠について述べておきたい。

この字形として、白川静《しらかわしずか》は、甲骨文字《こうこつもじ》の「中」は、旗竿《きかん》（はたざお）の上部と下部とに吹き流しをつけた中軍（三軍の中央軍）の旗の形であるので、心を尽くすとは心を支配するという意味をも含むとみてよいとする（『字統』平凡社、一九八四年）。

親子は血縁関係によって成り立っているので、物的には先天的であり、精神的には運命的な絶対的関係を離脱することはできない。そこから〈孝〉という観念が生まれた。しかし、血縁の関係がない他者との関係においては、〈孝〉以外の観念によってその人間関係を成り立たせなくてはならない。そこで、〈まごころ〉という観念を設定することとなる。それが朋友との関係においては〈信〉、主君との関係においては〈忠〉として表わされる。一方、孝に付随する〈悌《てい》〉は、本来は血縁関係にある兄弟姉妹間において、長上者に対して従うという観念であったが、それが非血縁関係にも延長して適用されて、地域共同体において長上者に従う道徳となる。なお、「弟」（悌）字は、白川説によれば、韋《かわ》（なめし皮）の紐《ひも》でものを順序よく縛《しば》り束《たば》ねる意。「第」は竹簡《ちくかん》（細長く削って作った竹の札《ふだ》に文字を書いたもの）を順序よく束ねること。

このように、血縁的共同体から地縁共同体（地縁関係は、単に地域的に近所という意味でなくて、実は通婚圏であり、遠戚まで含めると、親戚関係を含んでいるということが多く、地縁は薄い血縁関係でもある）へ、さらには地域共同体（秦漢帝国成立以前の諸侯国家における君臣関係は、地域共同体と見るのが実態に近い）へと道徳が類推的・類似的・擬似的に拡大されてゆく。もちろん、そこには近代史におけるような国民国家という観念や意識や実態はない。だから、本来は共同体における〈忠・信〉道徳の場合、国民国家へと近代化したとき、朋友関係は国民国家とほとんど関わりがなかったので、〈信〉はそのままであるものの、〈忠〉はそうはいかなかった。と言うのは、かつて周王朝時代のような地域共同体連合から、秦漢帝国へと中央集権的皇帝国家と展開したとき、忠は、皇帝と関わる官僚の道徳（家産官僚型国家における官僚道徳）に移行する。すると、官僚以外の階層においては、〈忠〉は無縁とならざるをえない。そして、秦漢帝国成立（前三世紀）以後、特に七世紀の科挙《かきょ》官僚（試験選抜制官僚）登場後、〈忠〉道徳は科挙官僚の皇帝に対する道徳へと集約され、国民一般の道徳とならなくなってしまった。

ただし、同じ東北アジアにおいて、日本は中国・朝鮮と別の道を歩むこととなる。中国・朝鮮が試験合格官僚によって政府を構成していたのと異なり、日本では、奈良・平安期の中央集権制は弱体化し、形骸《けいがい》化した。

なぜなら、中央集権的な律令制を唐から学んで、日本も律令制にし、土地を公有にしようとしたが、すぐに荘園という私有地が有力者によって登場したため、公地制が崩れ、中央集権が徹底できなかった。そのうち、土地を私有する武士団が大量に登場し、鎌倉時代以降となると、天皇は中央集権国家の象徴的元首にとどまり、政治的実権は武家（最頂上に幕府政権）が握り、国政も最終的には藩単位となった。すると、藩には大小があるものの、藩の君主は地域共同体の中心者として実感できる対象であったし、行政担当者は試験合格者ではなくて、末端に至るまで世襲制の武士であり固定されていたから、君臣の関係が末端まで密であった。そのため、〈忠〉は実質的に全武家層すなわち日本の全行政担当者において生きていた。

中国・朝鮮では、試験合格官僚が〈官〉であるのに対し、地方では土着で世襲制の〈吏〉がいた。或る地域に官が赴任しても、その地域の吏が行政の実権を握っており、その土地の地主や大商人などとともに地方有力者となっていた。官は何年かすると転任して中央集権政府内を異動してゆくが、吏は土着しているから異動というようなことはない。だから、官は中央政府の頂点にある皇帝に対して〈忠〉の意識を持っても、地方に永住する吏にはそのような観念は生まれない。それよりも、自分が住む地域社会における評価のほうが大切であるので、地域社会における最高道徳である〈孝〉が重要となる。もちろん、孝は、官においても重要である。しかし、官が忠・孝を併せて重視するのに対して、吏は忠の観念が薄く、孝重視であったことは否めない。官・吏以外の層は、もちろん孝のみである。

因みに、中国の科挙官僚は、進士《しんし》の称号を与えられるその最終試験においては、皇帝みずからが出題者となるので、最終合格者は、皇帝と自己との関係としては、君臣の関係のみならず、師と弟子という共同体的関係をも結ぶこととなり、その関係は非常に深くなり、科挙官僚は一層、忠意識が強くなった。

これに反して、日本では武家社会において官相当の上士《じょうし》、吏相当の下士《かし》ともに、たとい遠くからでも直接に姿を見ることのできる藩主に対して共同体的感覚が強く、忠道徳を共有していた。孝はもちろん共有してともに重視されていた。武家官僚すなわち全官吏においてこうした忠道徳の普遍化があったので、明治維新後、国民国家として近代化したとき、日本の全官僚が前時代における忠道徳を、天皇への忠道徳、ひいては国家への忠誠へと平行移動的に展開したのはしぜんであって、また可能であった。

だが、中央集権国家であった中国・朝鮮においては、ごく少数の官のみの忠誠であったため、近代化して国民国家となろうとしたとき、国民の国家に対する忠誠という道徳の形成に苦しんだ。そのような忠道徳、公共への忠誠、といった道徳は、ほんの一握りの科挙官僚しか持っていなかったからである。また、軍の兵士と言えば、金銭で雇われた質の悪い者というイメージがあり（事実そうであり）、国民国家として国家を守るという志の高い意識に乏しく、一九一一年の辛亥革命《しんがい》によって近代国民国家へ脱皮しようとしてもなかなか困難であった。国軍と称しても、依然として、盗賊まがいの軍閥が各地にできるだけであった。中国近代化の指導者であった孫文《そんぶん》がかつて自国の国民を〈ばらばらの砂（散砂）〉と評して歎いたのには、上述のような歴史的理由があったからである。

なお、『孝経』に対応して『忠経』というものが作られるが、日本の場合、武家官僚において読まれてはいたであろうが、一般的に『孝経』のようによく読まれ、『孝経』ほどの影響力があったのかどうかということについては、今の私にはまだ判断ができない。しかし、中国においては、確実に一般人にほとんど影響はなかった。

第四部　『孝経』・孝に関連して

一　『孝経』・孝の参考文献

『孝経』ならびに孝に関する参考文献については、本書第三部までにおいて、かなり引用して述べてきたので、それらの大半については、ここでは再び述べない。なお、現代中国人の著書にもすぐれたものが相当にあるが、本書の目的からすれば、中国語で書かれたものは省略せざるをえない。また『孝経』・孝に関連する文献は、それこそ汗牛《かんぎゅう》充棟《じゅうとう》と言ってよいほど厖大《ぼうだい》なものであるので、本書の読者にとって有用なものに限定したい。

まず、純粋な研究書について言えば、古くは林秀一『孝経学論集』（明治書院、一九七六年。昭和二十四年の第六高等学校中国文化研究室刊『孝経学論攷《ろんこう》』に基づく）に始まり、近くは池澤優『「孝」思想の宗教学的研究』（東京大学出版会、二〇〇二年）に至る重要な諸研究書や、栗原圭介『孝経』（前出。新釈漢文大系第三十五巻、明治書院、一九八六年）のように、すぐれた訳解とともに独自の研究論文を併載した専著がある。のみならず、古勝隆一『中国中古の学術』（研文出版、二〇〇六年）のように、書名中に『孝経』や孝の文字がないので見落としやすいが、御《ぎょ》注《ちゅう》『孝経』等についての精密な研究が収められている。その他、研究雑誌所載の優秀な論文など諸研究について学術的に位置づける研究史が必要なのであるが、今のところ、まだそれはなされていない。

それらは、専門研究の領域に属することであるので、残念ながら顕彰する余裕がないので、割愛する。である以上、中国において刊行された諸研究書についても、同じく割愛する。

ここでは、昭和二十年敗戦以前において刊行され、意外と流布していた文献についてまず述べることにいたしたい。と言うのは、『孝経』・孝は、人々にとって研究対象であったのではなくて、むしろ生活における実践道徳としての意味が強く、そのような立場で生まれたものが多かったからである。ところが、敗戦後は、実践道徳という観点がほとんど薄れてしまった。これは事実である。

しかし、時代がどのように移ろいゆくとしても、祖先祭祀によって結ばれている東北アジアの家族という感覚・観念・思考は依然として存在し続けるであろうと私は思っている。にもかかわらず、そうした目に見えない、歴史に通底する大きな流れに応える書物が敗戦後は人々に提供されてこなかった。人々の要求が実はあるにもかかわらず。本書はそうした要求に応えることを役割の一つとしているので、敗戦前において世に流布していた重要な文献についても解題しておきたい。

なお、孝に関する通俗書が今もときどき刊行されているが、その内容や材料においては、下記の参考文献からの孫引きや剽窃《ひょうせつ》や盗作まがいのものが多い。そういう〈犯罪者〉が賢《さか》しらに孝道徳を説いている。それが敗戦後の実態である。

① **沢柳政太郎『孝道』**（上下二巻、冨山房、明治四十三年。版を重ね、大正七年に縮刷版。昭和十六年に合巻して再刊）

導入部に沢柳の立場からの孝論（沢柳は「孝道」と記す）が長文で記され、その内容は多岐にわたっている。明治維新後の日本は近代化（要するに欧米化）への道を驀進《ばくしん》していたが、そのことによって、家族制や道徳や宗教などとの緊張関係が生じていたことに対する危惧《きぐ》を沢柳は感じていた。そこで、孝道徳を勧奨する著述に専念するため、また大病を煩いその静養のためもあって、明治四十一年に文部次官を辞任し、かなり以前から集めていた材料を基にして『孝道』を刊行した。『孝道』は上巻・下巻に分かれているが、昭和十六年版の場合、上巻において前掲の「孝論」が八八ページ分、そのあと「孝道に関する論説」と題して三九二ページ分にわたって、諸資料が収録されている。「日本の部」では、江戸時代の儒者、中《なか》江《え》藤樹《とうじゅ》・熊沢蕃山《くまざわばんざん》・伊藤仁斎《いとうじんさい》・荻生徂徠《おぎゅうそらい》・貝原益軒《かいばらえきけん》・三浦梅園《みうらばいえん》・二宮尊徳《にのみやそんとく》その他や明治時代の西村茂樹《にしむらしげき》等多くの人の孝についての論説を集め、近くは小学校・旧制中学校・旧制高等女学校の修身教科書中の孝についての文章や教師用書中の説明などが収められている。「支那の部」では、『孝経』関係のものを収めているが、主として『孝経大全』を利用している。『孝経大全』については、前引拙著『中国思想からみた日本思想史研究』に詳述しているが、訓点付きの和刻本が刊行されており、日本ではかなり普及したと思われる。「印度《インド》の部」では、『仏説孝子経』・『父母恩重《ぶもおんじゅう》経《きょう》』・契嵩《けいすう》『孝論』などが、書き下し文で収録されている。「西洋の部」では、イギリスの修身訓で孝に相当するものが少ないながらも（五〇ページ分）収められている。下巻では、和漢の「孝道に関する詩歌格言等」が一五五ページ分、和漢洋の「孝道行実」（孝を実践した例話）が四〇二ページ分収められている。この例話は、後述するが、江戸時代から明治時代に至るまで集められた多くの孝子物語から取っている。

沢柳は、収録した材料のほとんどについて出拠を明記しており、孝の基本的材料について理解するには、今もその価値がある。

② **広池千九郎《ひろいけちくろう》『孝道の科学的研究』**(広池千英発行、『復刻版広池千九郎モラロジー選集』第二巻所収、モラロジー研究所、一九七六年)

同書は、謄写版《とうしゃばん》(いわゆるガリ版)で発行されたが、再版で活字本となり、広池が唱えるモラロジーの普及とともに、よく読まれるようになり、今日、麗澤大学と深い関係のあるモラロジー研究所のテキストとして受け継がれている。

おそらく前記の沢柳『孝道』を意識したと思われるが、多様な資料を引用して十二章から成り立っている。かつ、領域を広げ、「第一章　原始人の老人に対する待遇」にはじまり、歴史的に日本の古代を根本にして明治時代の状況を論じ、また東西にわたって、孝に関わる諸資料(出拠を明記)を引いて体系化を意図して論じている。大略ではあるが、古代の中近東や古代ギリシアの状況、ならびに日本古代史における孝について知ることができる。もちろん、中国についても多くの資料を引き、『孝経』については第七章・第八章を充《あ》てている。内容的に特記すべきものは、『孝経』聖治章に「父母の恩沢《おんたく》の偉大なることを示し」てあることから、「父母に対する報恩の原因中に父母の我を生んだと云ふ条項を存する事」とし、婚姻や同棲（蓄妾）の問題を論じている。

沢柳前引書に比べて、同書は外国特に西洋における孝的なもの、日本古代における孝・『孝経』について、やや民俗学的に、やや法思想的に資料を引き論じているところに、特徴がある。

なお、古代を中心にして欧米の孝に関する資料を遠藤隆吉『孝経及東西洋の孝道』（巣園学舎出版部、昭和十一年。昭和六十年に巣鴨学園が復刻）が集めており、非常に参考になる。

③　**桑原隲蔵《くわばらじつぞう》「支那の孝道殊に法律上より観たる支那の孝道」**（『桑原隲蔵全集』第三巻、岩波書店、昭和四十三年）

発表時は論文であったが、カルピス株式会社社長だった三島海雲《みしまかいうん》は中国滞在十数年の経験があり、同論文を読んで感激し、令息の桑原武夫（元京大教授）の許可を得て複製して二回も配布した。第三回目は『中国の孝道』と改め、カルピス文化叢《そう》書《しょ》として昭和四十年に新書版で刊行している。宮崎市定《みやざきいちさだ》による序文に以上の経緯が記されている。そののち『中国の孝道』の書名で講談社学術文庫（一九七七年）に収められている。

このカルピス叢書等は敗戦前に流布したわけではないが、桑原のこの本の内容は、表題が示すように、法律上に現われた問題（たとえば親など近親者に対する犯罪への処罰など）について、精細に資料を引用し記述している。その間、儒教における孝の資料も、『礼記』以下の儒教文献から多く引用している。それが桑原の見識によって体系的に叙述されていて、今日においてもなお価値を失っていない文献である。同書中、発表当時の世相を反映する文があったので下に収録する。

我が国でも中国同様に、親殺しは大逆として極刑に処した。『養老律』にはその未遂たると已遂《きすい》たるに論なく、すべて斬罪《ざんざい》に処し、『御定書百個条《おさだめがき》』には、親殺しを引き廻しの上 磔《はりつけ》に処した。若《も》し親殺し犯罪者が逃亡すると、天下にその人相書を配つて捜索し、これを庇保《ひほ》した者までを獄門《ごくもん》にかけた。（『御定書百個条』八十一）乱心者でも親殺しの場合は必ず死罪に処した。（同上七十八）同僚三浦博士から借覧した『御仕置裁許帳《おしおきさいきよちよう》』巻一によると、元禄三年（一六九〇）に父茂右衛門を切り殺した丸山政右衛門や、元禄六年に親を切り付けた善兵衛女房は、何《いず》れも乱心者であつたけれど、磔に処せられておる。元禄二年に人違いのため、父を殺害した竹林佐五兵衛や、同じく人違いのため、父を殺害した権平なる者は、何れも情状重しとはいえ、一種の過失殺であるが、磔に処せられておる。

かくて徳川幕府は、一面では不孝の罰を重くすると共に、一面では孝行奨励に努力を惜しまなかつた。私は徳川三百年間に発生した、親殺し事件の多少は確知せぬが、ただ近年我が国で父母殺害という不祥事件が、歳ごとに多きを加え来り、しかもその犯人の中に、相当の教育を受けた者が少なくない事実を見ると、誠に浩嘆《こうたん》に堪《た》えぬ。(18)

（18）　私はこの両三年来、日々の新聞紙上に現われて来る、親殺し事件を注意しているが、中々数が多い。中に就いて私は去る大正十三年十一月に起つた、新潟高等学校文科二年生酒井棟夫が、白昼その父母を併せて殺害した惨事を忘れることが出来ぬ。伝聞するところによると、酒井は平常放蕩《ほうとう》で酒色に荒《すさ》み、父母の意見に立腹して、この兇行を敢えてしたという。中国ならば、否わが国でも徳川時代までならば、大逆事件として世間を騒動させたに相違ない。ところが事件の発生当時に、社会の一些事として、新聞紙上に取扱われたのみで、その後犯罪者の処分などは、一切報道されておらぬ。

④ **徳田進『孝子説話集の研究——二十四孝を中心に』**〈中世篇・近世篇・近代篇〈明治期〉の全三巻〉(井上書房、昭和三十八—三十九年)

同書については、三二六ページ以下に詳述。

⑤ **田中徳定《たなかのりさだ》『孝思想の受容と古代中世文学』**(新典社、平成十九年)

前引の①『孝道』・②『孝道の科学的研究』等の功績の第一は、孝に関する多様な資料を一書に集めたことであった。もちろん、集めようと思えば、たとえば中国の類書(一種の百科事典)や諸叢書あたりから集められよう。しかし、現実にはそういう作業に基づく著書が出たわけではなかった。日本での場合、一般的には、江戸時代によく読まれた『小学』明倫篇の中にある「父子の親《しん》を明らかにす」章が、集約的に孝に関しての資料を集めたと言えよう。その『小学』を基にして、主として道徳書が作られる。たとえば、明治時代の元田永孚《もとだながざね》の有名な『幼学綱要』にしても、その「孝行」篇は、『小学』の前引個所の例よりもずっと少ないが、おそらく『小学』あたりを意識していたのではないかと思う。

しかし、日本の古代中世文献における孝の諸資料は集められることがなかなかなかった。ところが、田中徳定の同書が刊行され、その状況は一変することとなった。同書の立論ならびに行論《こうろん》には、新知見が数多く、非常に勝れている。そのことと同時に、田中は日本の古代・中世における歴史、文学から仏教関係に至るまで諸文献を渉猟《しょうりょう》し、実に多量の資料を博採《はくさい》している。日本における孝研究に貢献すること多大である。

また、関係論文が大量に紹介されており、厚味を加えている。たとえば、尾形裕康「就学始の史的研究」(『日本学士院紀要』第八巻第一号、一九五〇年)の「読書始一覧表」に基づき、こう引用している(同書一九四ページ)。

尾形氏は、宮廷における「読書始一覧表《どくしょはじめ》」を作成され、恒貞親王以降明治天皇に至る読書始について、使用された教科書と教授者とを、史料によって明らかにしている。そこで、平安時代に行なわれた読書始について、氏が作成した「読書始一覧表」によって確認しておく。読書始の初見記事である恒貞親王以降、鎌倉に幕府が開かれる建久三年（一一九二）までに行なわれた読書始（建久《けんきゅう》元年、守貞《もりさだ》親王の読書始までとする）における使用教科書は、使用教科書が判明している三四例のうち、『御注孝経』二五例、『孝経』三例、『文選《もんぜん》』二例、『千字文』一例、『蒙求《もうぎゅう》』一例、『周易《しゅうえき》』一例、『群書治要《ぐんしょちよう》』一例で、圧倒的に『御注孝経』が用いられている。なおかつ、寛明親王（朱雀《すざく》天皇）以降の読書始においては、円《えん》融《ゆう》天皇の場合を除いて、その教科書はすべて『御注孝経』か『孝経』が用いられている。

ちなみに、尾形氏の研究に依って、醍醐《だいご》天皇から後一条《ごいちじょう》天皇にいたる、天皇の読書始に使用された教科書を示すと、次の通りである。

	年齢	年月日	教科書
醍醐天皇	一四歳	寛平一〇年（八九八）二月二八日	群書治要
朱雀天皇	八歳	延長八年（九三〇）二月一七日	御注孝経
村上天皇	七歳	承平二年（九三二）二月二三日	御注孝経
冷泉《れいぜい》天皇	七歳	天暦一〇年（九五六）四月一九日	御注孝経
円融天皇	八歳	康保三年（九六六）八月二〇日	蒙求
花山天皇	一〇歳	貞元二年（九七七）三月二八日	孝経
一条天皇	七歳	寛和二年（九八六）一二月八日	御注孝経
三条天皇	八歳	永観元年（九八三）八月一六日	御注孝経
後一条天皇	七歳	長和三年（一〇一四）一一月二八日	御注孝経

　このようにみてくると、『孝経』は、平安時代における天皇の倫理観の基盤になっていたと考えられ、『孝経』に説かれる孝思想は、天皇の思考や行動の規範になっていたと考えられる。このことは、当然、物語に描かれる天皇の思考のあり方や行動にも反映していたはずである。

⑥　拙著『中国思想からみた日本思想史研究』（吉川弘文館、昭和六十年）の「『孝経啓蒙』の諸問題」。関連するものとして同じく拙著の『儒教とは何か』（中公新書、一九九〇年）、『沈黙の宗教——儒教』（筑摩書房、一九九四年）、『家族の思想——儒教的死生観の果実』（ＰＨＰ新書、一九九八年）、『論語〈全訳注〉』（講談社学術文庫、二〇〇四年）等。

二　『孝経』の周辺資料

1　正史の中の孝物語

周知のように、中国は長い歴史の国であり、歴代王朝の歴史を記述した正史——二十四史とも言うが、庞大な歴史書がある。そのどこを見ても、親に対して孝行であった話があり、集めれば大量となる。

ふつう、正史は、個人の伝（列伝）の部において、個人名で記述している場合が圧倒的に多いが、たとえば「儒林伝《じゅりんでん》」とか「酷吏伝《こくりでん》」というふうに、特別の部門を設定して、それに該当する人物を集めるという場合がある。そこで、ここでは、その正史において、孝行であった人物として特に部門を作った篇の中から二例を挙げることにする。その部門とは、「孝友伝《こうゆうでん》」と「孝義伝《こうぎでん》」とである。

孝友伝は『晋書《しんじょ》』が最初で、以後、『旧唐書《くとうじょ》』『新唐書《しんとうじょ》』『金史《きんし》』『元史《げんし》』に孝友伝が立てられている。孝義伝は『宋書《そうじょ》』が最初で、以後、『南斉書《なんせいじょ》』『周書《しゅうしょ》』『隋書《ずいしょ》』『南史《なんし》』『宋史《そうし》』『明史《みんし》』と続く。

孝友伝中の人物の場合、もちろん親孝行の人物の伝記ではあるが、孝は最高の道徳であり、鬼神をも感動せしめるとするので、単なる親孝行ではなくて、人は「孝慈」（家族道徳）であることによって「友悌《ゆうてい》」（地域共同体道徳）となるとするので、そうした「孝友」の者は、当然に民衆の模範となる。つまりは行政官僚としても勝《すぐ》れた者であるという捉え方をしている。これは実は伝統的な官僚観でもある。すでに前漢の武帝のころ、すぐれた人格――それを「孝廉《こうれん》」（孝行・正直《せいちょく》清廉潔白）と評価して、孝廉であることによって官に任用していたわけである。伝説的にも、舜《しゅん》という人物は、孝であったがゆえに天子の堯《ぎょう》から天子の後継者として抜擢《ばってき》されている。すなわち、孝実践で分かるように、そういう人物は社会にとって模範となる有用の人材だと評価しているわけである。たとえば夏方《かほう》という人物の場合（『晋書』孝友伝）、親孝行であった話のあと、その後、官僚として昇任してゆく。その行政においては次のようであったと記している。

百姓有罪應加捶撻者、方向之涕泣而不加罪。大小莫敢犯焉。

百姓《ひゃくせい》の罪有《つみあ》りて応《まさ》に捶撻《すいたつ》を加《くわ》うべき者《もの》に、〔夏〕方《ほう》之《これ》に向《む》かいて涕泣《ていきゅう》して罪《つみ》を加《くわ》えず。大小《だいしょう》敢《あえ》て犯《おか》す莫《な》し。

〈訳〉

人々（百姓）で罪を犯し鞭打《むちう》ちの刑を与えねばならなくなった者に対して、夏方は涙を流して処断しなかった。〔このような話が伝わり〕人々はどのような罪も犯さなくなった。

孝義伝の場合、『易《えき》』説卦《せっか》伝の「人の道を立つるや、仁と義とと曰《い》う」に基づき、人の人たる道を仁・義とする。それは「君・親」つまりは「忠・孝」に至る。そういう立場で人選しているので、龔穎《きようえい》という人物の場合（『宋書』孝義伝）、ほとんど孝の話はなく、忠の物語であり、「誠に当今《とうこん》の忠壮《ちゆうそう》、振古《しんこ》の遺烈《いれつ》」と賞讃されている。卜天與《ぼくてんよ》という人物の場合も同様である。つまり、「孝友」の「友悌」が地域共同体的道徳であるのに対して、「孝義」の「義」は君臣的（国家的）道徳の「忠義」につながる編纂《へんさん》意図があると考える。

①『晋書《しんじよ》』孝友伝の中の盛彦《せいげん》伝

盛彦《せいげん》字《あざな》は翁子《おうし》、広陵《こうりよう》の人《ひと》なり。少《わか》くして異才《いさい》有《あ》り。……母《はは》の王《おう》氏疾《やまい》に因《よ》りて失《しつ》明《めい》す。彦《げん》（は、このことに）言《げん》（が）及《およ》ぶ毎《ごと》に、未《いま》だ嘗《かつ》て涕《なみだ》を流《なが》さずんばあらず。是《ここ》において、辟召《へきしよう》（官僚への登用）に応《おう》ぜず、躬《み》自《みずか》ら侍養《じよう》し、母食《しよく》すとき、必《かなら》ず自

盛彦字翁子、廣陵人也。少有異才。……母王氏因疾失明。彦毎言及、未嘗不流涕。於是、不應辟召、躬自侍養、母食必自哺之。母既疾久、至于婢使數見捶撻。婢忿恨、伺彦暫行、取蠐螬

ら之《これ》に哺《ものは》ましむ。母既《すで》に疾《やまい》久《ひさ》しく、婢《ひ》使《し》数々《しばしば》捶撻《すいたつ》さるに至《いた》る。婢忿恨《ふんこん》し、彦《げん》の暫《しばら》く行《ゆ》くを伺《うかが》い、蠐螬《せいそう》を取《と》りて炙《あぶ》りて之に飴《くら》わす。母食して以《もっ》て美《うま》しと為《な》す。然《しか》れども疑《うたが》えり、是《こ》れ異物《いぶつ》かと。密《ひそ》かに蔵《おさ》めて以て彦に示《しめ》す。彦之を見《み》るや、母を抱《いだ》きて慟哭《どうこく》し、〔息が〕絶《た》ゆるも復《ふたた》び蘇《よみが》える。〔すると〕母の目《め》豁然《かつぜん》として即《すなわ》ち開《ひら》き、此《これ》より遂《つい》に愈《い》ゆ。

炙飴之。母食以爲美。然疑、是異物。密藏以示彦。彦見之、抱母慟哭、絶而復蘇。母目豁然即開、從此遂愈。

〈訳〉

盛彦《せいげん》という人物、字は翁子《おうし》で広陵《こうりょう》（江蘇《こうそ》省）出身の人である。幼少からすぐれ者として評判があった。……母の王氏は病気で失明した。盛彦は、話がそこに及ぶごとにいつも涙を流すのであった。そういうわけで〔母の介護のため〕官僚に就任の話があっても断り、自分の手で母の食事の世話をしていた。母の病気は長患《ながわずら》いとなり〔いらいらするためか〕下女がよく鞭《むち》打たれるようになった。下女はそれを恨み、盛彦が家に居ないときを見はからい、根切り虫（「蠐螬《せいそう》」は地下で植物の根を切るいろいろな虫）をあぶって母親に食わせた。母は食べて美味《おい》しいと思った。しかし、ひょっとしてと思った。〔そこで〕そっと隠し取っておき、〔帰ってきた〕盛彦に見せた。彼はそれを見るやいなや、母を抱いて身を震わせ激しく泣き、そのあまり息が絶えたが、再び生き返った。すると母の目がぱっちりと開き、このときから以上のようなわけで病がすっかり治ったのであった。

＊この盛彦は、このあと仕官し、中書《ちゆうしよ》侍郎《じろう》を経て小中正という高官になる。

② 『宋書《そうじよ》』孝義伝の中の賈恩《かおん》伝

賈恩《かおん》は会稽《かいけい》の諸暨《しよき》の人《ひと》なり。少《わか》くして志行《しこう》有りて、郷曲《きようきよく》の推重《すいちよう》する所《ところ》と為《な》る。元嘉《げんか》三年、母《はは》亡《し》せり。喪《そう》に居《お》るや礼《れい》に過《す》ぐ。未《いま》だ葬《ほうむ》らざるに、鄰火《りんか》の逼《せま》る所《ところ》と為《な》る。恩及《およ》び妻桓氏《つまかんし》号哭《ごうこく》して救《すく》いに奔《はし》る。鄰近《りんきん》

賈恩、會稽諸暨人也。少有志行、爲鄉曲所推重。元嘉三年、母亡。居喪過禮。未葬、爲鄰火所逼。恩及妻桓氏號哭奔救。鄰近赴助、棺櫬得免、恩及桓倶見

赴《おもむ》き助《たす》くれば、棺櫬《かんしん》免《まぬか》るるを得《う》るも、恩と桓とは倶《とも》に焼《や》かれ死《し》す。有司《ゆうし》奏《そう》して其《そ》の里《り》を改《あらた》めて孝義里《こうぎり》と為《な》し、租布《そふ》を蠲《けん》（免除）すること三世《さんせ》。天水郡顕親県左尉《てんすいぐんけんしんけんさい》を追《つい》贈《ぞう》す。

焼死。有司奏改其里爲孝義里、蠲租布三世。追贈天水郡顯親縣左尉。

〈訳〉

賈恩《かおん》は会稽《かいけい》（浙江省《せっこうしょう》）の諸暨《しょき》出身の人である。若いころからこころばえ・人格に勝れており、片田舎《かたいなか》（郷曲）ながらそのあたりの人々から重んじられていた。元嘉《げんか》三年（四二六）に母が亡くなった。その喪に服したとき、ふつうの礼以上であった。〔その棺《ひつぎ》を〕まだ埋葬する前、隣家に火災があり、その火が自宅に迫ってきた。賈恩と妻の桓《かん》氏とは大声で泣きながら棺を救いにと向かった。近所の人たちが協力したので、棺（「櫬」は内側のひつぎ）は無事だったものの、夫婦二人は焼死してしまった。土地の役人は上奏して、その村の名を孝義里と改め、三世代にわたって免税（「布」も税の意）とした。亡き賈恩には天水郡顕親県左尉《てんすいぐんけんしんけんさい》という官職を追贈した。

2　孝の教科書

一般的な文字や知識の教科書としては、『千字文《せんじもん》』（梁《りょう》代の周興嗣《しゅうこうし》の撰、四文字一句で中国のさまざまなものを千字で表現した傑作）が有名であるが、孝だけを説いているものではない。第一、『千字文』は一度使った漢字は再度は使わない立場で文字を集めたものであるから、当然のことではある。直接、孝を説いている個所としては、次の四句である。それに続く句にも孝の意が含まれてはいるが。

資父事君　　父《ちち》に資《と》りて君《きみ》に事《つか》うるや、
曰嚴與敬　　曰《いわ》く、厳《げん》と敬《けい》と。
孝當竭力　　孝《こう》は当《まさ》に力《ちから》を竭《つく》すべく、
忠則盡命　　忠《ちゅう》は則《すなわ》ち命《めい》を尽《つ》くす。

〈訳〉
父に仕えるような気持ちで君に仕えるとき、その気持ちは尊敬である。孝行は全力でなし、忠義は命を懸けることだ。

この『千字文』の内容は程度が高く、結局は貴族の子弟の教科書であった。だから、ずっと後には、『三字経《さんじけい》』（宋《そう》代の王応麟《おうおうりん》の撰と伝えられている）という、三文字一句で中国のさまざまなものを表現する、『千字文』と同じ趣旨のものが登場し、これは初等教科書として広く使われた。その中で孝は次のように記されている。抜き書きする。その解釈は、江戸時代に流布した『三字経童子訓《さんじけいどうじくん》』（撰者未詳。京都、杉本玉淵堂）による。

①　香九齢　　香《こう》は九齢《きゅうれい》にして、
　　能温席　　能《よ》く席《せき》を温《あたた》む。
　　孝於親　　親《おや》に孝《こう》なるは、
　　所當執　　当《まさ》に執《と》るべき所《ところ》なり。

〈訳〉
〔後漢時代の〕黄香《こうこう》は九歳のとき、親の寝床を自分の身体で温めた。幼くとも親に孝行である点は、人々の学ぶべきものである。

この説話は『二十四孝』(後出)の中に収められており、それを踏んでいる。

②　首孝弟　孝弟《こうてい》を首《はじめ》として、
次見聞　次《つぎ》に見聞《けんぶん》す。
知某數　某数《ぼうすう》を知《し》り、
識某文　某文《ぼうぶん》を識《し》る。

〈訳〉
孝弟という道徳を学ぶことに始まり、次は書物を読み学ぶ。数字が分かり、文字を識ることだ。

③　三綱者　三綱《さんこう》とは、
君臣義　君臣《くんしん》の義《ぎ》、
父子親　父子《ふし》の親《しん》、
夫婦順　夫婦《ふうふ》の順《じゅん》なり。

〈訳〉

三つの人の道とは、君は臣を憐《あわ》れみ臣は君に忠を尽くすこと、父は子を慈《いつく》しみ子は父に孝を尽くすこと、夫は妻を愛し妻は夫に従うこと（、たがいに背いたり離れたりしないことだ）。

＊「三綱」は前漢時代の『春秋繁露《しゅうじゅうばんろ》』（董仲舒撰《とうちゅうじょ》）あたりから登場したもののようである。

④　孝經通　　孝経《こうきょう》に通《つう》じ、

四書熟　　四書《ししょ》に熟《じゅく》せば、

如六經　　六経《りくけい》の如《ごと》き、

始可讀　　始《はじ》めて読《よ》む可《べ》し。

〈訳〉

『孝経』や四書《ししょ》（大学《だいがく》・中庸《ちゅうよう》・論語《ろんご》・孟子《もうし》）がよく理解できたならば、六経《りくけい》（詩《し》・書《しょ》・易《えき》・礼《れい》・春秋《しゅんじゅう》。楽経《がっけい》は亡くなったので周礼《しゅらい》を加えて六経とする）について始めて読むことができる。

⑤　揚名聲　　名声《めいせい》を揚《あ》げ、
　顯父母　　父母《ふぼ》を顕《あら》わし、
　光於前　　前《さき》を光《て》らし、
　裕於後　　後《のち》に裕《ゆたか》にせよ。

〈訳〉
孝行の声聞を高くして、父母の名を世に知らしめ、祖先（前）を輝やかし、子孫（後）に対して豊かならしめよ。

＊この⑤の前半は『孝経』開宗明義章「名《な》を後世《こうせい》に揚《あ》げ、以《もっ》て父母《ふぼ》を顕《あら》わす」（二五ページ）を踏む。

この『三字経』の日本版として『本朝三字経《ほんちょうさんじきょう》』（撰者未詳。京都、村上勘兵衛）がある。私が蔵有するものは和音五十音の図を巻頭に附《ふ》し、説明に「万邦の語学云々」とあるので、本文は江戸期のものとしても、それらの図を増した明治初期の版のように思える。その関係するところを抜き書きする。

①　孝謙時　　孝謙《こうけん》の時《とき》、

詔萬民　　万民《ばんみん》に詔《みことのり》して、
讀孝經　　孝経《こうきょう》を読《よ》ましめ、
孝道新　　孝道新《こうどうあらた》なり。

この文は孝謙《こうけん》天皇が天平宝字《てんぴょうほうじ》元年（七五七）に「家ごとに『孝経』一本を蔵せしめよ」と詔《みことのり》したことを指している。

②　平重盛　　平《たいら》の重盛《しげもり》、
　　可謂仁　　仁《じん》と謂《い》う可《べ》し。
　　事父孝　　父《ちち》に事《つか》えて孝、
　　事君純　　君《きみ》に事えて純。

この文は、平重盛が朝廷と対立する父の清盛《きよもり》を諌《いさ》めた故事（父に従い孝を尽くそうとすると、君〈天皇〉に忠でなくなると悩む）を指している。

たとえば、以上のような教科書が孝についても教えるものとしてよく読まれたようであるが、孝そのものという点では『二十四孝《にじゅうしこう》』が最もよく読まれた。これは元《げん》代の郭居敬《かくきょけい》の撰と言われているが、通俗書の常として、人々によって勝手に刊行され、文章も手を加えられる。そのため異本が多い。そのうちの一種のテキストから次のような一例を挙げる。

宋《そう》の黄庭堅《こうていけん》、字《あざな》は魯直《ろちょく》、山谷《さんこく》と号《ごう》す。……元祐年間《げんゆうねんかん》、官《かん》太史《たいし》に至《いた》る。性《せい》最《もっと》も純《じゅん》孝《こう》。其《そ》の身《み》顕貴《けんき》なるも、母《はは》を奉《ほう》ずるや仍《な》お其の誠敬《せいけい》を極《きわ》む。但《た》だ母平生《へいぜい》最も潔浄《けつじょう》を喜《よろこ》べば、溺器《じょうき》に対《たい》して毎《つね》に不潔《ふけつ》を感《かん》じ、心《こころ》未《いま》だ安《やす》からざる有《あ》り。而《しこう》して庭堅身《み》官《かん》為《た》りと雖《いえど》も、毎日必《まいにちかなら》ず親自《みずか》ら母の為《ため》に溺器を洗滌《せんじょう》し、以《もっ》て母の心を安んぜしむ。幾《ほとん》ど一刻《いっこく》も子《こ》の職《しょく》を尽《つ》くさざるは無《な》し。

宋黄庭堅、字魯直、號山谷。……元祐年間、官至太史。性最純孝。其身顯貴、奉母仍極其誠敬。但母平生最喜潔淨、對於溺器、每感不潔、心有未安。而庭堅身雖爲官、每日必親自爲母洗滌溺器、以安母心。幾無一刻不盡子職（後略）。

〈訳〉

宋《そう》代の黄庭堅《こうていけん》（文学者としても有名。「換骨奪胎《かんこつだったい》」という作詩法の提唱者でもある。和歌の「本歌取り」の手法は、ここから来ているのかもしれない）は、字《あざな》は魯《ろ》直《ちょく》で山谷《さんこく》と号した。……元祐年間（一〇八六―九四）に、太史にまで昇進した。その人柄は非常な親孝行であった。身は高官となっても、母に対しては変わることなくまごころと尊敬とを尽くした。ところが、この母は潔癖であったので、尿器に対していつも不潔と思って気持ちが落ち着かなかった。そこで黄庭堅は、官の身分であるとはいえ、毎日、必ず自分の手で母のために尿器を洗い清めて母の気持ちを落ち着かせた。そのように子としての務めをいつも果たしていたのであった。

この『二十四孝』を筆頭にして多くの孝説話が作られてゆき、それは現代にまで及んでいる。たとえば今も台湾では、『新撰二十四孝』・『続撰二十四孝』あるいは『新孝経二十四章』等々といったいろいろな道徳書が編まれて書店に並んでいる。

同じく日本でも、江戸時代に『二十四孝』はよく読まれ、たとえば熊沢蕃山《くまざわばんざん》は『二十四孝或問《わくもん》』を撰し、二十四孝の物語のそれぞれについて論評している。この『二十四孝』に倣《なら》って、『本朝三字経』の場合と同じく、日本版として『皇朝《こうちょう》二十四孝』というようなものが編纂されている。江戸時代には、そうした孝子物語が好まれ、多くの孝子伝が作られるようになる（後出三二六ページ以下）。

3　『女孝経《じょこうきょう》』

『孝経』が儒教を学習する上で必読文献となった後、その変形と言うべきか、女性を対象とした『女孝経』が唐《とう》代の玄宗《げんそう》皇帝のころに登場する。陳邈《ちんばく》の妻の鄭《てい》氏の撰なので『鄭氏女孝経』と呼ばれる。玄宗の『御注』の今文《きんぶん》『孝経』に合わせたらしく、十八章（女性特有として胎教章がある）から成り立っている。この鄭氏は、当時、才学の名が高かった。

以下に同書から開宗明義《かいそうめいぎ》章・庶人《しょじん》章・諫諍《かんそう》章の三章を抜き出して示す。各章は『孝経』のそれぞれ同名の章を踏んでいるので、章の構成や筆気を比較しながら読むと、同書の真意が分かりやすい。

同書の解釈書はいくつか生まれた。日本ではたとえば八隅山人《はちぐうさんじん》撰『女訓孝経《じょくんこうきょう》』（前掲、沢柳『孝道』所収）。

開宗明義章第一

曹大家《そうたいこ》間居《かんきょ》し、諸女《しょじょ》侍《じ》坐《ざ》す。大家曰《いわ》く、　　曹大家閒居、諸女侍坐。大家昔者《むかし》、聖帝《せいてい》の二《に》女孝道《じょこうどう》有《あ》りて、嬀汭《ぎぜい》に降《くだ》る。卑譲恭倹《ひじょうきょうけん》にして、婦道《ふどう》を尽《つ》くさんことを思《おも》い、賢明多智《けんめいたち》にして、人《ひと》の難《なん》を免《まぬか》る。汝《なんじ》ら之《これ》を聞《き》きたるか、と。諸女 位《くらい》を退《しりぞ》き辞《じ》して曰く、女子《じょし》の愚昧《ぐまい》なる、未《いま》だ嘗《かっ》て大《たい》人《じん》の余論《よろん》に接《せっ》せず。曷《なん》ぞ以《もっ》て之を聞くことを得《え》ん、と。大家曰く、夫《そ》れ学《まな》びて以て之を聚《あっ》め、問《と》いて以て之を弁《わきま》え、多《おお》く聞きて疑《うたが》わしきを闕《か》くときは、以て人の宗為《そうた》るべし。汝ら能《よ》く其の言《げん》を聴《き》きて、其の事《こと》を行《おこな》え。吾《われ》 汝が為に之を陳《の》べん。夫《そ》れ孝《こう》は、天地《てんち》に広《ひろ》がり、人倫《じんりん》を厚《あつ》くし、鬼神《きじん》を動《うご》かし、禽獣《きんじゅう》を感《かん》ぜしむ。恭《つつし》んで礼《れい》に近《ちか》づき、三《み》たび思《おも》いて後《のち》に行い、其の労《ろう》を施《ほどこ》すことなく、其の善《ぜん》を伐《ほこ》らず、和柔貞順《わじゅうていじゅん》、仁明孝《じんめいこう》

曰、昔者、聖帝二女有孝道、降于嬀汭。卑讓恭儉、思盡婦道、賢明多智、免人之難。汝聞之乎。諸女退位而辭曰、女子愚昧、未嘗接大人餘論。曷得以聞之。大家曰、夫學以聚之、問以辨之、多聞闕疑、可以爲人之宗矣。汝能聽其言、行其事。吾爲汝陳之。夫孝者、廣天地、厚人倫、動鬼神、感禽獸。恭近於禮、三思後行、無施其勞、不伐其善、和柔貞順、仁明孝慈、德行有成、可以無咎。書云、孝乎惟孝、友于兄弟。此之謂也。

慈《じ》にして徳行成《とくこうな》ること有らば、以て咎《とが》なかるべし。書《しょ》に云《い》う、孝なるかな、惟《こ》れ孝、兄弟《けいてい》に友《むつ》まし、と。此《これ》を之れ謂《い》うなり。

〈訳〉

曹大家《そうたいこ》（大作の歴史書『漢書《かんじょ》』を撰した班固《はんこ》の妹の班昭《はんしょう》のことで、兄の撰を助けた。曹家に嫁いだ。「家」は「姑」の意味で「こ」と読む。「大家」は女性の尊称。才・識ともに傑出した女性で『女誡《じょかい》』を撰す。早く未亡人となったが、皇后以下、多くの女性が師事した。ここでは、その名《な》を借りて作っている）がゆったりとしており、その傍に宮中の女房が並み居《い》たときのことである。曹大家が彼女たちに語りかけた。「昔のことです。堯帝《ぎょう》さまに孝行な二人の娘（娥《が》皇《こう》と女英《じょえい》と）がおられた。〔そのころ〕嬀《ぎ》川《せん》の曲がり流れるところ（汭《ぜい》）あたりに住んでいた舜《しゅん》という人物に、帝《みかど》はこの二人の娘を降嫁《こうか》させたのです（古代では、貴族の娘が結婚するとき、妹や姪《めい》が従って行った。その人を媵《よう》と言う）。〔舜は名も無い者であったが、堯帝はすぐれた人物であると見抜いていた。後に、堯から舜に帝位を譲られることとなる。しかし、まだこのときは貧しい農夫にすぎなかったのだが〕この二人の妻は、〔帝の娘だからといって〕すこしも驕《おご》ることがなく、舜を尊敬し、妻たる道を尽くそうと思う、賢明で知恵あるお方たちであり、他人《ひと》からあれこれと言われるようなことはなかったとのこと。あなたたちはご存知か」とたずねられた。すると、その場の女房たちは、座席を退《さが》って、こうお対《こた》え申し上げた。「わたしども愚か者でございまして、これまで先生のお教えに接しておりませんでしたので、まだお聞きいたしておりません」と。そこで曹大家は次のように述べたのであった。「日ごろ勉《つと》め学んで多くのことを身につけ、分からないところは人にたずねてよく理解し、そのように多く学んで疑問を残さないようにすれば、人としての誉《ほま》れを得ることができるのです。あなたたちは、りっぱなことばを十分に理解し、〔それに従って〕実践することとです。私はあなたたちのために大切なことをお話ししましょう。いったい孝は、天地に満ちており、人々の関係を強め、鬼・神（祖霊・精妙神妙なるもの）を動かし、動物さえも感ぜしめるのです。慎み深くして礼（世の規範や慣行）に従い、事を行うには二度も三度もよく考えてからにし、自分のなすべきことは人の手を煩《わずら》わせないよう心掛け、自分の良いところを自慢したりせず、穏やかで温かく、心正しく夫《おっと》に順い、慈《いっく》しみ深く知恵を積み、孝を尽くし後輩を引き立てること、そのような徳行を身につけましたならば、無事に世を過ごせましょうぞ。『書《しょ》経《きょう》』（君陳《くんちん》篇。ただし、現在の『書経』では「惟孝……」、『論語』では「孝乎惟孝……」と記録されている）の教えにこうあります。孝を尽くすのであれば、兄弟姉妹に至るまで仲睦《なかむつま》じい、と。それは、いまお話ししましたようなことを言っているのです」。

＊この一節は「多聞闕疑」をはじめとして『論語』のことばなどを多く踏んでいる。

庶人章第五

婦《ふ》たるの道《みち》は、義《ぎ》と利《り》とを分《わ》かち、人《ひと》を先《さき》にし己《おのれ》を後《あと》にして、以《もっ》て舅姑《きゆうこ》に事《つか》え、紡《ぼう》績《せき》をし裳衣《しょうい》をし、社賦《しゃふ》・蒸献《じょうけん》す。此《こ》れ庶人《しょじん》の妻《つま》の孝《こう》なり。詩《し》に云《い》う、婦には公事《くじ》なし。其の蚕織《さんしょく》を休《よ》くせよ、と。

爲婦之道、分義之利、先人後己、以事舅姑、紡績裳衣、社賦蒸獻。此庶人妻之孝也。詩云、婦無公事、休其蠶織。

〈訳〉

世人《せじん》の妻たる者のありかたは、義（世の道理）と利益との区別をし、他者の幸せを優先し、自己の幸せを後にすることだ。すなわち舅《しゅうと》（夫の父）・姑《しゅうとめ》（夫の母）に孝を尽くし、機織《はたお》りして布を作り、それで家族の衣裳《いしょう》を調《ととの》え、祭祀《さいし》にはお供え物を準備し配置する。これが世人の妻の孝である。『詩経』（瞻卬篇《せんぎょうへん》）にこうある。「婦《つま》は外《そと》の事に関わらず。内の事に精を出せ」と。

＊「義之利」は「義与利（義と利と）」と同じ。

諫諍章第十五

諸女《しょじょ》曰《いわ》く、夫の廉貞孝義《れんていこうぎ》にして姑《こ》に事《つか》え夫《おっと》を敬《うやま》い、名《な》を揚《あ》ぐるが若《ごと》きは、則《すなわ》ち命《おしえ》を聞《き》けり。敢《あ》えて問《と》う、婦《ふ》は夫《おっと》の令《れい》に従《したが》うのみなるは、賢《けん》と謂《い》うべきか、と。大家《たいこ》曰く、是《こ》れ何《なん》の言《げん》ぞや、是れ何の言ぞや。昔者《むかし》、周《しゅう》の宣王《せんおう》晩《おそ》く朝《ちょう》せば、姜后《きょうこう》簪珥《しんじ》

諸女曰、若夫廉貞孝義事姑敬夫揚名、則聞命矣。敢問、婦従夫之令、可謂賢乎。大家曰、是何言歟、是何言歟。昔者、周宣王晩朝、姜后脱簪珥、待罪於永巷、宣王爲之夙興。漢成帝命班

を脱《ぬ》ぎ、罪《つみ》を永巷《えいこう》に待《ま》ちしかば、宣王之《これ》がために夙《つと》に興《お》く。漢《かん》の成帝《せいてい》〔は、〕班婕《はんしょう》妤《よ》に命《めい》じて輦《れん》を同《おな》じうせしむ。婕妤辞《じ》して曰く、妾《しょう》〔は、〕三代《さんだい》の明王《めいおう》には皆《みな》賢臣《けんしん》ありて側《そば》に在《あ》りしを聞《き》けども、嬖女《へいじょ》と乗《じょう》を同じくせしことを聞かず、と。成帝之がために容《かたち》を改《あらた》む。楚《そ》の荘王《そうおう》は遊畋《ゆうてん》に耽《ふけ》りしかば、樊女《はんじょ》乃《すなわ》ち野味《やみ》を食《くら》わず。荘王感《かん》じて、之がために猟《りょう》を罷《や》む。是《これ》に由《よ》りて之を観《み》れば、天子《てんし》に諍《そう》（争）臣《しん》あれば、無道《むどう》と雖《いえど》も、其の天下《てんか》を失《うしな》わず。諸侯《しょこう》に諍臣あれば、無道と雖も、其の国《くに》を失わず。大夫《たいふ》に諍臣あれば、無道と雖も、其の家《いえ》を失わず。士《し》に諍友《そうゆう》あるときは、則《すなわ》ち令名《れいめい》を離《はな》れず。父《ちち》に諍子《そうし》あるときは、則ち不義《ふぎ》に陥ら

婕妤同輦。婕妤辭曰、妾聞三代明王皆有賢臣在側、不聞與嬖女同乘。成帝爲之改容。楚莊王耽于遊畋、樊女乃不食野味。莊王感焉、爲之罷獵。由是觀之、天子有諍臣、雖無道、不失其天下。諸侯有諍臣、雖無道、不失其國。大夫有諍臣、雖無道、不失其家。士有諍友、則不離於令名。父有諍子、則不陷於不義。夫有諍妻、則不入於非道。是以、衞女矯齊桓公、不聽淫樂、齊姜遣晉文公、而成霸業。故夫非道、則諫之。從夫之令、又焉得爲賢乎。詩云、猶之未遠、是

用大諫。

ず。夫に諍妻《そうさい》あるときは、則ち非道《ひどう》に入《い》らず。是《ここ》を以《もっ》て、衛女《えいじょ》は斉《せい》の桓公《かんこう》を矯《ただ》して、淫楽《いんらく》を聴《き》かざらしめ、斉姜《せいきょう》は晋《しん》の文公《ぶんこう》を遣《つか》わして、覇業《はぎょう》を成《な》さしむ。故《ゆえ》に、夫道《みち》にあらざるときは則ち之を諫《いさ》む。夫の令に従うのみなる、又《また》焉《いずく》んぞ賢《けん》たることを得《え》んや。詩《し》に云《い》う、猶《はかりごと》の未《いま》だ遠《とお》からざる、是を用《もっ》て大《おお》いに諫む、と。

〈訳〉

並み居る女房たちがこう述べた。「曲がったことをせず、心正しく、姑《しゅうとめ》によく仕え、夫を尊敬し、道理第一の生活をする——それらにつきましてはお教えを受けました。ところでおたずねいたしたいのです。妻たる者は、〔仮に夫に悪行があったとしましても〕その夫の指図に従って疑わないというのが賢明ということでありましょうか」と。曹大家《そうたいこ》はこう答えた。「何を言うのですか、何たることを言うのですか。昔のことです。周王朝の宣王は後宮（大奥）で色に耽《ふけ》り、日が高くなってから政庁に現われるというような状態であったとき、后《きさき》の姜后《きょうこう》は簪《かんざし》やイヤリングをはずし〔平服となり〕、女性刑務所のある永巷という地に行かれました。〔おそらく宣王にこう奏聞したのでしょう、私の拙《つたな》さのゆえに君上は朝政を怠られております。これは私の罪でありますので永巷に参りました、と。〕宣王は驚き、過ちを悔い改め、早起きして朝政を正しく行うようになられたのです。また、漢王朝の成帝（西暦前三三年即位）は、班婕妤《はんしょうよ》（婕妤は女官名）という女性を寵愛《ちょうあい》していましたが、あるとき、帝は同女にご専用の鳳輦《ほうれん》（乗物）に同乗することを命ぜられました。ところが、班婕妤はそれを断りこう申し上げました。「私めはこのように学んでおります。遠い昔の三代（夏・殷・周の三王朝）のころのすぐれた帝は、必ず賢臣をお側に置きなされた、と。それが御愛寵の女を御車《みくるま》に同乗させるなどとは」と。成帝は感心され、以後、行いを改められたのです。また、昔、楚《そ》国の荘王《そうおう》は狩猟（遊畋《ゆうてん》）ばかりに熱中され〔国政を忘れておられたので〕、樊《はん》という寵姫《ちょうき》はその獲物《えもの》の料理（野味）を食べないようになりました。荘王はその行為に感ずるところがありまして、狩猟をやめられたとのことです。このような話から見ますと、天子に諫言《かんげん》する臣がありますならば、たとい天子に無道な行いがあったとしましても

〔それを改めさせ申し上げることとなり〕、天下を失うことはありませぬ。同じく、諸侯にも諫臣《かんしん》がおりますならば、君主に無道な行いがあったとしましても、その国は崩れませぬ。大夫の家も、諫臣がおりますならば、大夫に無道がありましても、その家はつぶれませぬ。士に諫〔言してくれる〕友がありますならば、士の善《よ》き名は廃《すた》れませぬ。父に諫〔言することができる〕子がありますときは、父は不正なことに陥《おちい》ることはありませぬ。妻が夫《おっと》を諫《いさ》めることができますならば、夫は非道を歩むことはありませぬ。こういうことですから、その昔、斉《せい》国では、衛《えい》夫人は桓公《かんこう》の淫乱《いんらん》な行いを諫めてやめさせ、〔斉国を強大な国に作らせせました。〕晋《しん》国の場合も、〔献公《けんこう》は驪姫《りき》を寵愛したため、驪姫は自分が産んだ子の奚斉《けいせい》を献公の後継君主にしようと思い、太子を殺し、その弟の重耳《ちょうじ》を追放した。重耳は斉国に亡命し、斉国の君主の娘、斉姜《せいきょう》と結婚できたので安住した。やがて晋国で政変が起きたが重耳は動こうとしなかったので〕妻の斉姜は〔酔って寝ていた〕重耳を〔車に乗せ〕その臣下とともに晋国に向けて送り出した。重耳は、〔やがて眠りから覚《さ》めたが、もう斉国にもどることはできず、そのまま進み、晋国の騒乱を鎮圧して〕君主（文公《ぶんこう》）となり、周王の下、全中国の諸侯の覇者《はしゃ》（リーダー）となった。〔周王朝下の五人の覇者すなわち五覇に、斉の桓公、晋の文公がいます。」ですから、夫が道にはずれたならば、必ず諫めるのです。夫の言うことならなんでも従う、などということで、どうして賢明な女性となれましょうか。『詩経《しきょう》』〔板篇〕にこうあります、「深《しん》慮遠謀《りょえんぼう》ないので、諫めるまでよ」と。

＊後半は『孝経』諫争章をそのまま踏んでいる。

4 『忠経《ちゅうけい》』

『忠経』は後漢時代の馬融《ばゆう》（七九―一六六）の撰とされているが、『隋書《ずいしょ》』経籍《けいせき》志《し》・『新唐書《しんとうじょ》』芸文志《げいもんし》といった重要な書籍目録にその書名はない。宋代になってその書名が見えはじめるので、見当としては、宋代以降の偽書とされる。

しかし、その由来は別として、日本では江戸時代によく読まれたようである。忠と孝との並立が意識されたからであろう。この『忠経』が宋代に登場したのは、宋王朝が北方の金《きん》王朝の圧迫により、亡国の危機意識があり、国家意識を鮮明にするために大義名分論が時代のテーマとなったことが背景にあったと想像する。『忠経』に馬融の序なる偽作が付されているが、それによれば、「『忠経』は、蓋《けだ》し『孝経』

に出《い》づるなり。仲尼《ちゅうじ》（孔子）孝は君に事《つか》うる所以の義を説く」とある。すなわち『孝経』士章の「孝を以て君に事うれば則ち忠」を根拠にしている。その意味で、『孝経』の周辺資料の一つとして、『忠経』から天地《てんち》神明《しんめい》章・兆人《ちょうじん》章・忠諫《ちゅうかん》章の三章を抜き出して示すこととした。これは『女孝経』の場合と同じく、『孝経』の開宗明義章・庶人章・諫争章との対比のためである。

天地神明章第一

昔在《むかし》至理《しり》のみなりしころ、上下《しょうか》徳《とく》を一《いつ》にし、以《もっ》て天休《てんきゅう》を徴《あら》わす。忠《ちゅう》の道《みち》なり。天《てん》の覆《おお》う所《ところ》、地《ち》の載《の》する所、人《ひと》の履《ふ》む所、忠より大《だい》なるはなし。忠とは中《ちゅう》なり。至公《しこう》にして私《し》なし。天 私なくして、四時《しじ》行《おこな》われ、地 私なくして、万物生《ばんぶつしょう》ず。人 私なくんば、大いに亨貞《こうてい》す。忠なる者《もの》は、其《そ》の心《こころ》を一《いっ》にするを、之謂《これい》うなり。〔この句を

昔在至理、上下一徳、以徴天休。忠之道也。天之所覆、地之所載、人之所履、莫大乎忠。忠者中也。至公無私。天無私、四時行、地無私、萬物生。人無私、大亨貞。忠也者、一其心、之謂矣。爲國之本、何莫由忠。忠能固君臣、安社稷、感天地、

「忠なる者は一とは、其の心を之謂うなり」と読む立場もある。〕国を為《おさ》むるの本《もと》、何《なん》ぞ忠に由《よ》ることなからん。忠は能《よ》く君臣《くんしん》を固《かた》くし、社稷《しゃしょく》を安《やす》んじ、天地《てんち》を感《かん》ぜしめ、神明《しんめい》を動かす。而《しか》るを況《いわ》んや人に於《お》いてをや。夫《そ》れ忠は身《み》に興《おこ》り、家《いえ》に著《あら》われ、国《くに》に成《な》る。其の行いは一なり。是《こ》の故《ゆえ》に、其の身を一にするは、忠の始《はじめ》なり。其の家を一にするは、忠の中なり。其の国を一にするは、忠の終《お》わりなり。身一なるときは、則《すなわ》ち百禄《ひゃくろく》至《いた》る。家一なるときは、則ち六親和《りくしんわ》す。国一なるときは、則ち万人理《ばんにんおさ》まる。書《しょ》に云《い》う、惟《こ》れ精《せい》惟れ一にして、允《まこと》に厥《そ》の中を執《と》れ、と。

動神明。而況於人乎。夫忠興於身、著於家、成於國。其行一焉。是故、一於其身、忠之始也。一於其家、忠之中也。一於其國、忠之終也。身一、則百祿至。家一、則六親和。國一、則萬人理。書云、惟精惟一、允執厥中。

〈訳〉

その昔、世がよく治まっていた（至理《しり》）ころは、君も臣も、徳を同じくしていたので、天から与えられた幸福（天休《てんきゅう》）が現われていた。それが忠の道である。天の下、地の上、人が行うべき道〔それぞれ〕において、忠以上のものはない。忠とは、中《まなか》のことである。極めて公平であって、利己はない。天は利己がないので、四季が公平にめぐるし、地も利己がないので、万物が〔時に応じて〕生じ〔最後は枯れ〕る。人もまた公平無私であるならば、なんのさしさわりもない（亨貞《こうてい》）人生となる。忠とは、無私の一貫した心を指すのである。国政の根本は、忠に基づかないであろうか。忠は君臣の関係を堅固にし、国家（社は土地神、稷《しょく》は五穀神。社・稷は国家を指す）を安定させ、神々（天地・神明）を感動せしめる。まして人間に対してはもちろんのことである。いったい、忠は一身から始まり、家族・一族に感化が及んで広がり、ついには国の人々に広がって完成する。ただし、その行いとしては同一なのである。このようなわけであるから、我が身を忠にするのは、忠の開始であり、我が家（一族）を忠にさせるのは、忠の中段階であり、国家を忠にさせるのは、忠の最終段階である。我が身が忠であるときは、多くの幸福（百禄《ひゃくろく》）が集まる。一族が忠であるときは、一門（六親《りくしん》）はみな仲良くなる。一国の人々が忠であるときは、全国がしぜんと治まる。『書経』〔大禹《たいう》謨《ぼ》篇〕はこう言っている、「まじりけのない気持ちで、中庸をしかと守りゆけ」と。

兆人章（『孝経』庶人章に相当）第六

天地《てんち》の泰寧《たいねい》なるは、君《きみ》の徳《とく》なり。君徳昭《くんとくしょう》明《めい》なるときは、則《すなわ》ち陰陽風雨《いんようふうう》以《もっ》て和《やわら》ぎ、人《ひと》之《これ》に頼《よ》りて生《い》く。是《こ》の故《ゆえ》に、祗《つつし》んで君の法《ほう》度《ど》を承《う》け、孝弟《こうてい》を其《そ》の家《いえ》に行《おこな》い、稼穡《かしょく》に服《ふく》勤《きん》して、以て王《おう》の賦《ふ》に供《きょう》す。此《こ》れ兆人《ちょうじん》の忠《ちゅう》なり。書《しょ》に云《い》う、一人《いちじん》元良《げんりょう》なれば、万邦《ばんぽう》以《い》て貞《ただ》し、と。

天地泰寧、君之徳也。君徳昭明、則陰陽風雨以和、人頼之而生也。是故、祗承君之法度、行孝弟於其家、服勤稼穡、以供王賦。此兆人之忠也。書云、一人元良、萬邦以貞。

〈訳〉

天下が泰平であるのは、統治者である君主の人格がすぐれているからである。君主の人格がすぐれていると、五風十雨《ごふうじゅうう》とバランスがよく、また気候が温順なので、人々はそのお蔭《かげ》で無事に生活することができる。そのようなわけなので、君主が作った法律規則を守り、家にあっては、親には孝、長上者には従い、農事（稼《か》は種まき、穡《しょく》は収穫）に努め、租税はきちんと納める。これが庶民（「兆人」は多くの人々。三〇ページ注〈11〉参照）の忠である。『書経』（太甲《たいこう》下篇）はこう言っている、「天子（一人《いちじん》）が最高の善き人ならば、万国が正しく治まる」と。

忠諫章（『孝経』諫争章に相当）第十五

忠臣《ちゅうしん》の君《きみ》に事《つか》うるや、諫《かん》に先《さき》んずるはなし。下《しも》能《よ》く之《これ》を言《い》い、上《しょう》能く之を聴《き》くときは、則《すなわ》ち正道《せいどう》光《あきら》かなり。未《いま》だ形《あら》われざるを諫《いさ》むるは、上《じょう》なり。已《すで》に彰《あら》わるるを諫むるは、次《つぎ》なり。既《すで》に行《おこな》えしを諫むるは、下《げ》なり。違《たが》いて諫めざるときは、則ち忠臣にあらず。夫《そ》れ諫は辞《じ》を順《じゅん》にするに始《はじ》まり、抗議《こうぎ》するを中《なか》ごろにして、節《せつ》に死《し》する

忠臣之事君也、莫先於諫。下能言之、上能聴之、則正道光矣。諫於未形者、上也。諫於已彰者、次也。諫於既行者、下也。違而不諫、則非忠臣。夫諫始於順辭、中於抗議、終於死節。以成君休、以寧社稷。書云、木従縄、則正。后従諫、則聖。

に終《お》わる。以《もっ》て君の休《きゅうな》を成し、以て社稷《しゃしょく》を寧《やす》んず。書《しょ》に云《い》う、木《き》縄《じょう》に従《したが》えば、則ち正《ただ》し。后《きみ》諫に従えば、則ち聖《せい》なり、と。

〈訳〉

忠臣が君主にお仕えするには、諫言《かんげん》以上の急務はない。臣下が諫言することができ、君主が臣下の諫言を聴き入れることができるならば、正しいありかたが明らかとなる（「正」が「王」となっているテキストもある）。〔その際、〕君主がまだ実行しない前に諫めるのが上《じょう》で、君主になにか動きが現われたときに諫めるのは中《ちゅう》で、君主がもう実行してしまったあとで諫めるのは下《げ》である。君主が誤っているのに諫めないのは、忠臣ではない。いったい、諫言とは、ことばを和《やわ》らげてすることに始まり、〔それで聴かれないときは〕次いで抗議をし、どうしても聴かれないときは死をもって諫める。そのようにすることによって、君主は天からの幸福（天休）を得ることができ、国家を安泰にすることができる。『書経』（説命《えつめい》上篇）はこう言っている、「材木を切るとき墨縄《すみなわ》の寸法に従えば、まっすぐとなる。君主は諫言を受け入れてこそ、最高なのだ」と。

三　孝と宗教と

前述してきたように、私は宗教を「死および死後の説明者」と定義し、その立場で孝を見ると、孝には祖先祭祀という、死者の魂《こん》・魄《はく》を呼び降ろして再生させる観念と儀式とがあった。そのために魄の具体物である白骨を保管する場である墓を建てる。魂は雲のイメージであり空中に浮かんでいるので、特に保管の要はない。その招魂《しょうこん》復魄《ふくはく》再生を子孫・一族がしてくれるので、死にゆく者は、自分に対する再生祭祀儀礼が行われることを信じて、精神の安定が成り立つ。迫りくる死の不安・恐怖を乗り越えうる。一方、死によって、自己の身体、この個体は、悲しくも腐敗解体してゆく。これは、だれも逃れることのできない事実である。しかし、子孫一族がたとい一人といえども残るならば、己の生命の本質（遺伝子・ＤＮＡ）はこの世に残ることになる。そのことによって、迫りくる死による己の身体の解体の不安・恐怖を乗り越えうる。つまりは身体の安定が成り立つ。

それが東北アジア人の死生観であり、儒教がいち早くそれを理論化し、体系化、文字記録化した。

そのため、たとえば日本の古神道《こしんとう》は、基本は同じであったので、儒教理論が流伝したとき、それをほとんど抵抗なく受け入れることとなった。

問題は、東北アジア以外で成立した宗教、たとえばインド仏教や一神教の代表であるキリスト教との関係であった。死生観において対立するものがあったからである。もっとも、同じ仏教・キリスト教でも、儒教的死生観と対立するのではなくて、逆に融和しようとするものなどもある。そうしたさまざまな関わりのうちの一部をこの章において収録する。

因みに、いわゆる仏教学者は、インド仏教は死について説かないとか、その一部の者は、インド仏教は輪廻転生《りんねてんしょう》を説かないとかと言う。

なるほど仏教〈学〉としてはそうかもしれない。しかしそれは、仏教〈学〉研究史上のお話にすぎない。

西暦一世紀に、中国へインド仏教が流入したとき、それは学問としての仏教〈学〉ではなくて、あくまでも宗教としての仏〈教〉であった。だから、インド仏〈教〉

は、中国流入の最初から、輪廻転生や死の問題とセットだったのである。それを誤りだと現代仏教〈学〉の立場からいくら言っても、歴史の展開した現実を否定することはできない。

また、逆に言えば、輪廻転生・死を抜きにした仏教〈学〉が流入したとしても、それは中国人にとって、単なる異国の一〈学〉説として見るだけのことに終わり、おそらく、一世紀に流入の時点でどこかへ消えてしまったことであろう。輪廻転生・死とセットの宗教であったがゆえに、インド仏教は、残り続けえたのである。

第一、儒教文化から見れば、後漢時代は経学《けいがく》（儒教古典解釈学）が最高点に達した時代であり、それからすれば、インドから伝えられた〈学〉的内容など問題にならなかった異端であったからである。

1 『弘明集《ぐみょうしゅう》』

梁《りょう》代（六世紀）の僧祐《そうゆう》の編。儒教側の批判に対して、インド仏教の立場を守る側の論を集めた大作。牧田《まきた》諦亮《ていりょう》編『弘明集研究』三巻（京都大学人文科学研究所、昭和四十八年—五十年）に、同所中世思想史研究班・弘明集研究班の多年にわたる会読の成果としての詳細な訳注が収められ、歴史に残る業績となっている。同書（巻中、二六六ページ以下）から、慧遠《えおん》の「沙門《しゃもん》は王者を敬《けい》せずの論」（二一四ページ参照）の訳文（二十二個所にある注は省略）を引用する。なお括弧記号等は本書の方針に改めた。

沙門《しゃもん》は王者に礼敬を加えないということについての論　慧遠

東晋《とうしん》の成帝康帝《せいていこうてい》の時代に車騎将軍《しゃきしょうぐん》の庾冰《ゆひょう》は、沙門たちが万乗《ばんじょう》の天子に対等の礼を行なうことについて疑問をもち、〔沙門は天子に礼敬を尽くすべきことを論じたが、この庾冰の〕明らかにした道理に対して、驃騎《ひょうき》将軍の何充《かじゅう》が答論した。〔その後〕、安帝《あんてい》の元興《げんこう》年間（四〇二―四〇四）になると、太尉《たいい》の桓玄《かんげん》もまた庾冰の意見に賛成したが、その議論をなお不充分として、八座に次のような書簡を与え、このことについて諮問した。

――仏の化《おしえ》は果てしなく広大で、視聴を超えた世界にまで推し及ぼされてはいるが、敬を以て〔教の〕根本とするという点では、出家者も在俗者も同じである。思うに両者の目的とするところは異なるが、〔出家にせよ、在俗にせよ〕、敬《けい》恭《きょう》ということは廃《す》てられてはならないのである。『老子』には、王侯を道・天・地の三大とともに四大とよんでいるが、なぜ〔「大」とよばれて〕、このように重んぜられるかといえば、それは、これらがいずれも万物のよって以て生成化育《せいせいかいく》する天地の運行を滞《とどこお》りなからしめるからである。〔そうでなければ〕、どうして聖人が帝王の位に在るという、ただそれだけの理由で、天地と並び称せられる筈《はず》があろうか。〔『易《えき》』にもいうように〕、天地の大徳を生といい、この天地の生成化育を滞りなからしめ、万物を統理していく偉大な功徳が王者にあればこそ、帝王の位を尊貴なものとし、これに対して盛大な礼敬を加えるのである。どうしてただわけもなく〔王者を〕崇《たっと》び重んずるのであろうか、その趣旨は、〔王者が一切万物を〕君主として御《おさ》めていくその徳に対して礼敬を加えるのである。

沙門が化育を受けて此の世に生きながらえていくのも、また日々王者の万物を統理《とうり》する政令の恩恵を蒙《こうむ》っているのである。どうして恩恵は受けながら、礼敬は遺《す》てさり、恵みには沾《うるお》いながら、敬うことは廃《や》めてよいということがあろうか。〔桓玄のこの諮問《しもん》に対しては〕当時、朝野《ちょうや》の名士で答論する者が非常に多かった。それらの答論は、〔充分に仏教の真理を〕当時の人々に悟らせるまでには至っていないが、一おうそれぞれに皆すぐれたものをもっている。〔しかし、おしなべていえば〕、それらはいずれも、ただ自分の気持を思いきり述べたというだけで、客観的な真理は、〔彼らの〕主観的な感情に蘊《おお》いかくされ、結果としては、この上なく貴い沙門の服装を世俗の塵《じん》に汚し、道を求めるひたむきな心を人事（政治権力）に屈服せしめている。何と悲しいことではないか。これこそ『荘子《そうじ》』にいわゆる〕世と道と交《こも》ごも喪うということの起って来る所以であり、〔仏教にとっては〕千載《せんざい》の厄運《やくうん》である。

私は大法（仏法）のまさに淪《ほろび》ようとするのを深く懼《おそ》れ、前事の忘れざるは、後事の師なりという古人の誡《いまし》めに感じて、この五篇の論文を著し、私の考えを徹底的に述べてみた。どうして、淵鋻《えんかん》〔のように深遠な仏の教〕が、晨《あした》の露《つゆ》〔にもひとしい無力な私ごとき者の言説〕を必要とするなどと思おうか、ただ私の仏に対する極《かぎ》り罔《な》き帰依《きえ》の心を申《の》べ明かにしたいと思うだけである。後の君子の仏教を崇敬《すうけい》する人々が、〔私のこの論を〕詳《つまびら》かに覧《み》られることを庶《こいね》がう次第である。

2 『仏説孝子経《ぶっせつこうしきょう》』

インド仏教は、儒教の立場を取り入れることによって中国に根を下ろし、中国仏教を作ってゆくが、その際、最大問題となったのが儒教の孝思想であった。そこで、孝の問題を扱う文献が必要となり、仏典を偽造することとなる。この種のものを偽経《ぎきょう》（インドに原典がなく、中国で仏典の体裁をとって創作されたもの）と言う（二一七ページ参照）。その一つが『仏説孝子経』（『大正大蔵経』第十六巻所収。同書の校合も利用した）である。

仏《ぶつ》、諸沙門《しょしゃもん》に問《と》えらく、親《おや》の子《こ》を生《う》むや、之《これ》を懐《いだ》くこと十月《とつき》、身《み》は重病《じゅうへい》たり。生まるるに臨《のぞ》むの日《ひ》、母《はは》は危《あや》ぶみ父《ちち》は怖《おそ》れ、其《そ》の情《じょう》言《い》い難《がた》し。既《すで》に生まるるの後《のち》は、燥《かわ》けるを推《ゆず》り湿《うるお》えるに臥《ふ》す、精誠《せいせい》の至《いたり》なり。血《ち》は化《か》して乳《ちち》となり、摩拭《ましょく》し澡浴《そうよく》し、衣食《いしょく》も

佛問諸沙門、親之生子、懐之十月、身爲重病。臨生之日、母危父怖、其情難言。既生之後、推燥臥濕、精誠之至。血化爲乳、摩拭澡浴、衣食教詔、禮賂師友、奉貢君長。子顔和悦、親亦

てし教詔《きょうしょう》し、師友《しゆう》に礼賂《れいろ》し、君長《くんちょう》に奉貢《ほうこう》す。子《こ》の顔《かお》和悦《わえつ》なれば、親も亦欣予《またきんよ》し、子の設《さま》（「子《こ》設《も》し」とも）惨慼《さんせき》なれば、親の心焦枯《こころしょうこ》す。門《もん》を出《い》づれば愛念《あいねん》し、入《い》りては則《すなわ》ち之《これ》を存《そん》す。心の懐《おも》い惕惕《てきてき》として、其の不善《ふぜん》なるを懼《おそ》る。親の恩《おん》此《かく》の若《ごと》し。何《なに》を以《もっ》て之に報《むく》いんや、と。諸沙門対《こた》えて曰《いわ》く、唯当《ただまさ》に礼《れい》を尽《つ》くし慈心《じしん》もて供養《くよう》し以て親の恩に賽《むく》ゆべし、と。

欣豫、子設慘慼、親心焦枯。出門愛念、入則存之。心懷惕惕、懼其不善。親恩若此。何以報之。諸沙門對曰、唯當盡禮慈心供養以賽親恩。

〈訳〉
釈尊《しゃくそん》が出家者（沙門《しゃもん》）たちにおたずねになられた。親が子を生むとき、母は十ヵ月も子を腹にし、身体は大病のような状態（重病）となる。さて出産の日、母は不安がり父は万一と恐れ、その様子は説明しがたい。無事に出産すると親は乾いたシーツを子のために敷き与え、自分たちは子の放尿《ほうにょう》で乾ききっていないシーツを使って寝、まごころの限りを尽くす。母の血は乳となり、子の身体を撫《な》で拭《ぬぐ》いよく洗ってやり、衣食の世話をし教え導き、師や友には礼物の挨拶《あいさつ》をし、お仕えする上司や長上の方々には贈物を欠かさない。子の顔が穏やかで楽しそうであると、親もまた嬉しいが、子の様子に憂いが見えると親の心は思い煩《わずら》う。子が外出すれば身の上を案じ、帰ってくれば帰ってきたであれこれ案ずる。心の懐《おも》いは気にかけることばかりであり、子がうまくいかないことをいつも気にしている。親の恩とはこのようなものである。〔これに対して〕お前たちはどのようにお報いするのか、と。すると出家者たちは、こうお答え申し上げた。ひたすら親に対する礼を尽くし、いつくしみの心をもって供養をして、親の御恩に報いるべきです、と。

これは冒頭の段落であるが、儒教的家族主義、すなわち無償の愛に基づく家族共同体における親の姿を詳しく述べている。これが「父母の十恩」という形となる（後出二九二ページ）。儒教ならば、これでまず十分なのであるが、続けて釈尊は親に対する最高の衣食生活を子の生涯にわたって提供することが孝であるかと出家者に問うと、彼らは、それ以上の孝はありませんと答えたところ、釈尊はそれを否定してこう述べるのであった。

世尊《せそん》告げて曰《いわ》く、未《いま》だ孝《こう》と為《な》さず。若《も》し親《おや》頑闇《がんあん》にして三尊《さんそん》を奉《ほう》ぜず、凶《きょう》（兇）虐《ぎゃく》残戻《ざんれい》、濫《みだ》りに窃《ぬす》み理《り》を非《そし》り、外色《がいしょく》に婬泆《いんいつ》し、偽辞非道《ぎじひどう》、酖愐《たんめん》（湎）荒乱《こうらん》、正真《せいしん》に違《い》背《はい》し、凶孽《きょうげつ》なること斯《かく》の如《ごと》くんば、子《こ》は当《まさ》に極諫《きょくかん》して以《もっ》て之《これ》を啓悟《けいご》せしめよ。

世尊告曰、未爲孝矣。若親頑闇、不奉三尊、兇虐残戻、濫竊非理、婬泆外色、僞辭非道、酖愐荒亂、違背正眞、兇孽若斯、子當極諫以啓悟之。

〈訳〉

釈尊は〔出家者たちに対して〕しかとこうおっしゃられた。それはまだ孝ではない。もしも親がかたくなで道理が分からず、三尊（仏・法・僧）に仕えず、残虐無類にして、盗みを働き道理を非《そし》り、商売女に入れ揚《あ》げ、嘘八百《うそはっぴゃく》で道理にはずれ、大酒飲みで生活荒廃、世の正しいものにまったく背き、悪の限りがこのようであるときは、子はまさに諫言を尽くして悪から目覚《めざ》めさせねばならない。

偽経の論理の典型である。すなわち悪逆無道の親であると、①まずなによりも『孝経』諫争章に基づき、親に対して諫言しなければならない。②ところが、その諫言を聴き入れないときは、そのような親は、来世において、地獄に墜《お》ちることになる。③地獄に墜ちたそのような祖先は、盂蘭盆会《うらぼんえ》において供養せよ。という展開となる。

この場合も、もし親が悪業・悪行のままであると、「命《いのち》終わりて神《しん》（魂）去るや、太山（地獄）に繋《つな》がれ、湯火万毒〔に責めたてられ〕、独り〔救《たす》けを〕呼ぶとも救わるるなし」となると告げられる。では、どうなるのか。

設《も》し復《ま》た未《いま》だ〔正道に〕移《うつ》らざれば、吟《ぎん》泣啼号《きゅうていごう》して、絶《た》ちて飲食《いんしょく》せざれ。親《おや》不明《ふめい》と雖《いえど》も、必《かなら》ず恩愛《おんあい》の痛《いた》みを以《もっ》て、子《こ》の死《し》なんを懼《おそ》れん。猶当《なおまさ》に強《つよ》く忍《しの》びて心《こころ》を伏《ふ》せ道《みち》を崇《あが》めしむべし。若《も》し親　志《こころざし》を遷《うつ》さば、仏《ほとけ》の五戒《ごかい》を奉《ほう》ぜしめよ。仁惻《じんそく》は不殺《ふさつ》、清《せい》

設復未移、吟泣啼號、絶不飲食。親雖不明、必以恩愛之痛、懼子死矣。猶當强忍伏心崇道。若親遷志、奉佛五戒。仁惻不殺、清譲不盗、貞潔不婬、守信不欺、孝順不醉。宗門之内、即

譲《じょう》は不盗《ふとう》、貞潔《ていけつ》は不婬《ふいん》、守信《しゅしん》は不欺《ふぎ》、孝《こう》順《じゅん》は不酔《ふすい》なり、と。宗門《そうもん》の内《うち》、即《すなわ》ち親は慈《じ》にして子は孝《こう》、夫《おっと》は正《せい》にして婦《ふ》は貞《てい》、九族和睦《ぞくわぼく》し、僕使順従《ぼくしじゅんじゅう》す、……是《ここ》に於《お》いて、二親《にしん》世《よ》に処《しょ》して常《つね》に安《やす》んじ、寿《じゅ》終《お》わらば魂霊昇《こんれいのぼ》りて天上《てんじょう》に生《しょう》じ、諸仏《しょぶつ》と共《とも》に会《かい》し、法言《ほうげん》を聞《き》くを得《え》、道《みち》を獲《え》、世《よ》を度《と》し、長《なが》く苦《く》と別《わか》れん、と。

親慈子孝、夫正婦貞、九族和睦、僕使順従、……於是、二親處世常安、壽終魂靈昇生天上、諸佛共會、得聞法言、獲道度世、長與苦別。

〈訳〉
〔地獄に墜ちる苦しみの話をしても〕それでも親が改心しないときは、泣いて絶食して訴えよ。その親は、たとい分からず屋であったとしても、〔死を覚悟しての断食姿を見ると、〕子への愛情の痛みから、子が死ぬのを恐れる。〔そうなったとき〕子はさらに耐え忍んで親の心を正道に向かわしめ尊ばしめるよう努力すべきである。もし親がその気持ちになったならば、まずは仏の五戒《ごかい》を謹んで守らせよ。愛情があり相手の心を思いやる〈仁惻《じんそく》〉が〈不殺生《ふせつしょう》〉戒、すがすがしく控えめな〈清譲《せいじょう》〉が〈不偸盗《ふちゅうとう》〉戒、操を守り清潔な〈貞潔《ていけつ》〉が〈不邪淫《ふじゃいん》〉戒、〈信《まこと》を守る〉は〈不妄語《ふもうご》（不欺《ふぎ》）〉戒、親に孝を尽くして順《したが》う（孝順《こうじゅん》）は〈不飲酒《ふおんじゅ》（不酔）〉戒、と。〔この五戒を守れば〕宗族《そうぞく》（一族・一門）の人々において、すぐさま親は子を慈《いつく》しみ、子は孝行をし、夫は身の行い正しく、妻は操《みさお》正しく、一族一統は仲良くなり、使用人は命令に順うようになる。……こうなると、両親は生活において常に心身ともに安らかとなり、生涯を終えると魂は昇って極楽に生まれ、諸仏と出会い、真実のことば（法言《ほうげん》）を学ぶことができ、正道《せいどう》を得、現世《げんせ》から救われ、無常の苦しみから長く離別することとなるであろう、と〔釈尊《しゃくそん》はおっしゃられた〕。

このあと、五戒を守り、仏道に入ることを詳述し、親を仏教徒へと導くことができなければ、衣食に不自由をさせないとかというような、一般的な儒教的な「孝養を為《な》すと雖《いえど》も、猶《な》お不孝と為す」とさえ言い切っている。五戒を守ってこそ、儒教的道徳を身につけ完成させることができるとする。

なお、後出の4『孝論』には戒孝章《かいこうしょう》というが章が設けられているが、そこでは、不殺生戒は仁《じん》、不偸盗戒は義《ぎ》、不邪淫戒は礼《れい》、不飲酒戒は智《ち》となっている。

3　『仏説《ぶっせつ》父母《ふぼ》恩重《おんじゅう》経《きょう》』

仏典としては「父母」を「ぶも」と読み慣わすようである。これも偽経《ぎきょう》（『大正大蔵経』第八十五巻所収）である。日本では古くから読まれていたようで、正倉《しょうそう》院《いん》にすでに収蔵されている。内容は、釈尊《しゃくそん》が出家者《しゅっけしゃ》をはじめとして、さまざまな人々に対して説いたという形で始まる。そして、『仏説孝子経』と同じく、儒教的家族主義の情景がまず始めに描かれる。

仏言《ほとけい》えらく、人《ひと》生《う》まれて世《よ》に在《あ》るや、父母《ふぼ》親《おや》と為《な》す。父《ちち》に非《あら》ざれば生まれず、母《はは》に非ざれば育《はぐく》まれず。是《ここ》を以《もっ》て、母胎《ぼたい》に寄託《きたく》され、身《み》に懐《いだ》くこと十月《とつき》、歳《とし》満《み》ち月《つき》充《み》ち、母子《ぼし》倶《とも》に顕《かが》やき、生まれて草上《そうじょう》に堕《お》

佛言、人生在世、父母爲親。非父不生、非母不育。是以、寄託母胎、懷身十月、歳滿月充、母子倶顯、生墮草上、父母養育。臥則蘭車、父母懷抱。和和弄

つれば、父母養育《よういく》す。臥《ふ》すれば則《すなわ》ち蘭車《らんしゃ》も　聲、含笑未語。
てし、父母懐抱《かいほう》す。和和《わわ》として声《こえ》を弄《ろう》し、
笑《えみ》を含《ふく》むも未《いま》だ語《ものい》わず。

〈訳〉

釈尊はおっしゃられた。人間は誕生して存在するとき、父母を親とする。父がいなければ発生することはなく、母がいなければ胎児として育つことはない。こういうわけで、母の胎内にあずけられ、母は懐妊して十ヵ月、臨月《りんげつ》となると、母も子も生き生きとし、体外（草上）に出産すると、父母は養育する。嬰児《えいじ》が眠ると揺り籠《かご》に寝かせ、〔目覚めれば〕父母は抱きあげる。わあわあ甘え声をあげ、にこにこ笑うが、まだものは言えない。

＊「蘭車」について。この「蘭《らん》」は、しきりの意の「闌《らん》」あるいは「欄《らん》」、すなわち仕切りのついたものと考える。その車とすれば乳母車のようにも見えるが、古代の経済的余裕のない庶民の一般的生活から推せば、室内の動くものと考え、さしあたり「揺り籠」と仮に訳しておく。

このあと、父母がこの児をどれほど愛情をこめて育てたか、また児も父母にどれほどなついたかということが詳しく語られる。その内容は、後出の「父母の十恩」に示されているが、前出の『仏説孝子経』にもすでに出ている。幸福な親子であった。ところが、成長して結婚すると、事情が次のように変わってきたのである。

既《すで》に妻婦《さいふ》を索《もと》め、他《た》の子女《しじょ》を得《う》るや、父《ふ》母《ぼ》には転《うた》た疏《うと》く、私房《しぼう》の屋室《おくしつ》に、共《とも》に相語《あいかた》らい楽《たの》しむ。

既索妻婦、得他子女、父母轉疏、私房屋室、共相語樂。

〈訳〉

配偶者を求めることとなったので、ある女性と結婚すると、父母とはなんとなく疎《うと》くなり、〔同じ建物なのに〕自分たちの住む部屋で、夫婦二人だけが楽しげな生活をするようになった。

父母《ふぼ》年高《としたけ》くして、気力《きりょく》衰《おとろ》え老《お》ゆれども、朝《あした》を終《お》え暮《くれ》に至《いた》るも、来《きた》りて借問《しゃもん》せ

父母年高、氣力衰老、終朝至暮、不來借問。……年老色衰、

ず。……年老い色《いろ》衰え、蟣虱《きしつ》多饒《たじょう》、夙夜《しゅくや》臥《ふ》せず。長吁歎息《ちょうくたんそく》す。何《なん》の罪《つみ》の宿愆《しゅくけん》にて、此《こ》の不孝《ふこう》の子《こ》を生《う》みしや、と。或《あ》る時《とき》喚《かん》呼《こ》するや、目《め》を瞋《いか》らせ驚怒《きょうど》し、婦児罵詈《ふじばり》するも、頭《こうべ》を低《ひく》くして笑《えみ》を含《ふく》むのみ。……急疾《きゅうしつ》のとき取《と》り使《つか》わんとするに、十《と》たび喚《よ》べど九《く》たび違《たが》いて、尽《ことごと》く従順《じゅうじゅん》ならず。罵詈瞋恚《しんい》せり、早《はや》く死《し》するに如《し》かず、強《し》いて地上《ちじょう》に在《あ》らんよりは、と。父母之《これ》を聞き、悲哭懊悩《ひこくおうのう》し、流涙《りゅうるい》双《なら》び下《くだ》り、啼哭《ていこく》して目腫《は》る。汝初小《なんじしょしょう》の時《とき》、吾《われ》らに非《あら》ざれば長《ちょう》ぜず。但《た》だ吾ら汝を生めるは、本《もと》より無《な》きに如かざるのみ。

多饒蟣虱、夙夜不臥。長吁歎息。何罪宿愆、生此不孝之子。或時喚呼、瞋目驚怒、婦兒罵詈、低頭含笑。……急疾取使、十喚九違、盡不從順。罵詈瞋恚、不如早死、强在地上。父母聞之、悲哭懊惱、流淚雙下、啼哭目腫。汝初小時、非吾不長。但吾生汝、不如本無。

〈訳〉

父母は高齢となり、気力が衰え老いてきたのだが、来る日も来る日も、若夫婦はどうですかとたずねてこなかった。……両親は老いて顔色もすぐれず、しらみはものすごく増え、朝晩寝ることもかなわなかった。長くためいきをついてこう歎くのであった。私たちは、どういう罪咎《つみとが》があって、このような不孝者を生んだのであろうか、と。あるとき、若夫婦を呼んだところ、彼らは怒り狂って、夫婦は両親を罵《ののし》ったが、両親は頭を下げ、〔苦笑いか、追従笑《へつらい》いか〕笑《え》みを浮かべるだけであった。……急病のとき、手助けを頼もうと、十回呼んだが、九回も応ぜず、まったく従順ではなかった。〔のみならず〕怒ってこう罵ったのであった。「早う死んだらええ、無理して生きているよりは」と。父母はこのことばを聞き、悲痛な声をあげ苦しみ悩み、涙が両目から落ち続け、そのあまり目は腫《は》れあがったのであった。〔父母はこう言った。〕「お前が幼少のころ、私たちがいなければ成人することもなかった。私たちはお前を生んだが、お前など存在しなかったほうがよかったのだ」〔と〕。

悲劇である。もっとも、父母の溺愛《できあい》にも問題があったということであろうか。

このあと、釈尊が弟子の阿難《あなん》に父母の恩の大切さを説く。『父母恩重経』にはいくつかの異本があるが、要するに、不孝者の生態を描き出し、そのあとに父母の恩徳を説く形となっている。その内容は十種類とし、これを忘れないならば、十悪五《じゅうあくご》逆《ぎゃく》の重罪も消滅するとする。

一　懐担《かいたん》（懐胎）守護《しゅご》の恩……………身籠った子を守ってくださる恩
二　臨産受苦《りんさんじゅく》（苦を受く）の恩……………出産のときの母の苦しみの恩
三　生子忘憂《せいしぼうゆう》（子を生めば憂いを忘る）の恩…出産した喜びで母がそれまでの苦しみを忘れてくださる恩
四　嚥苦吐甘《えんくとかん》（苦を嚥《の》み甘《うま》きを吐く）の恩……親はまずいもの（苦）を食べ、子にはおいしいもの（甘）を食べさせてくださる恩
五　廻乾就湿《かいかんしゅうしつ》（乾けるを廻《まわ》し湿に就《つ》く）の恩…子は乾いたシーツに寝かせ、母は子が放尿した湿ったシーツに寝てくださる恩
六　乳哺養育《にゅうほよういく》の恩……………………母乳で育ててくださる恩

七　洗濯不浄《せんかんふじよう》（不浄を洗濯す）の恩……大小便を洗い清めてくださる恩

八　為造悪業《いぞうあくごう》（為《ため》に悪業を造《な》す）の恩……我が子のためには、やむをえぬときは悪業も辞さない（地獄に堕ちてもいい）という恩

九　遠行憶念《えんこうおくねん》の恩……遠くに出かけたとき、帰りを案じながら待ってくださる恩

十　究竟憐愍《きゆうきようれんびん》の恩……最後の最後まで子を思う恩

4　『孝論』

宋代の僧、契嵩《けいすう》（「契」をセツと読まない立場を取る）は、仏教概論であり、かつ中国思想との関係について述べた『輔教編《ふきようへん》』（『鐔津《しんしん》文集』巻三、『大正大蔵経』第五十二巻所収）を撰した。その下編に『孝論』があり、仏教側がどれほど孝を大切にしてきたかということを論じている。インド仏教の輪廻転生《りんねてんしよう》の死生観と、中国儒教の招魂《しようこん》復魄《ふくはく》再生のそれとを融合して完成された中国仏教の頂点を示す文献の代表である。

この『輔教編』を敷衍《ふえん》したものが『輔教編要義《ようぎ》』（撰者未詳）であるが、日本に伝わり、梁巌南湛《りょうがんなんたん》が詳細な頭注を加えて、『冠註《かんちゅう》輔教編』を刊行した（一六九六年）。テキストのこのことは、新文豊出版公司の影印本（一九七九年）の荒木《あらき》見悟《けんご》の序による。

この『輔教編要義』巻八所収の『孝論』ならびに冠注を抜き出し、さらに私注を加えた大内青巒《おおうちせいらん》『冠註孝論』（鴻盟社、明治十九年）や町元呑空《まちもととんくう》編輯『冠導孝論』（出雲寺文治郎、明治二十一年）などがある。明治前半の仏教衰退期に、このような書物の要求があったのであろう。事実、町元は自序において「明教大師（契嵩）晩宋の世に出現する有りて孝論一十二章を著わし、以て仏の孝道を教う。此に於《お》いて仏教復《ま》た盛ん、厥《そ》の成功を告ぐと謂《い》うべき者なり」と記しており、明治初期の危機感を伝えている。なお、大内の『冠註孝論』は曹洞宗大学林の蔵版であり、町元の住所は「京都府下京区拾五組東山浄土宗大本山知恩院大学林」となっている。

ここでは、『孝論』の最終章である終孝章第十二を抜き出すことにした。これは『孝経』最終章である喪親《そうしん》章を意識したものであり、父母の死に対する仏教者のありかたを説いている。その比較のためでもある。

父母《ふぼ》の喪《も》亦《また》哀《かな》しめども、衰経《さいてつ》は則《すなわ》ち其《そ》の宜《よう》しき所《ところ》にあらず。僧服《そうふく》の大布《たいふ》なるを以《もっ》てせば、可《か》なり。凡《およ》そ処《お》れば必《かなら》ず俗《ぞく》の子《こ》と位《くらい》を異《こと》にし、斂《れん》を過《す》ぐれば、則ち時《とき》を以て其の家《いえ》に往《ゆ》く。葬《そう》を送《おく》るとき、或《ある》いは扶《たす》け或いは導《みちび》く。三年《さんねん》必ず心喪《しんそう》し、静居《せいきょ》して我《わ》が法《ほう》を修《しゅう》し、父母の冥《めい》を賛《たす》く。葬期《そうき》を過《す》ぐれば、唯《ただ》父母の忌日《きじつ》と孟秋《もうしゅう》の既望《きぼう》とに、必ず斎《ものいみ》を営《いとな》み講誦《こうしょう》すること、〔盂《う》〕蘭盆《らぼん》の法の如《ごと》くす。是《こ》れ孝《こう》の終《お》わりと謂《い》うべし。昔者《むかし》、天竺《てんじく》の古《こ》皇先生《こうせんせい》父《ちち》の喪に居《お》りては、則ち容《よう》を粛《ただ》して其の喪の前に立つ。以て心喪するが如く、而《しか》も其の哭踊《こくよう》を略《りゃく》す。大聖人《だいせいじん》なるかな。其の之を送るに及《およ》び

父母之喪亦哀、衰経則非其所宜。以僧服大布、可也。凡處必與俗之子異位、過斂、則以時往其家。送葬、或扶或導。三年必心喪、靜居修我法、賛父母之冥。過葬期、唯父母忌日孟秋之既望、必營齋講誦、如蘭盆法。是可謂孝之終也。昔者、天竺之古皇先生、居父之喪、則肅容立其喪之前。如以心喪、而略其哭踊也。大聖人也夫。及其送之、或舁或導。大聖人也夫。目犍連喪母、哭之慟、致饋於鬼神。目犍連亦聖人也、尚不能泯情。吾

ては、或いは舁《か》き或いは導く。大聖人なるかな。目犍連《もくけんれん》は母《はは》を喪《そう》して、之《これ》を哭《こく》して慟《どう》し、鬼神《きじん》に饋《おく》るを致《いた》しき。目犍連も亦聖人なれども、尚情《なおじょう》を泯《ほろぼ》すこと能《あた》わず。吾《わ》が徒《と》も其れ情なからんと欲《ほっ》せんや。故《ゆえ》に仏子《ぶっし》父母の喪に在りては、哀慕《あいぼ》すること目犍連の如くなるべし。心喪は大聖人に酌《よりと》るべし。師《し》の喪に居りては、必ず其の父母を喪するがごとくす。而れども十師《じっし》の喪期は、則ち降《こう》殺《さい》あり。唯《ただ》法を稟《う》け戒《かい》を得るの師は、心喪すること三年にして、可なり。法雲《ほううん》は母の憂《ゆう》に在りて、哀慕殊《こと》に甚《はなは》だしく、飲食口《いんしょくくち》に入《い》らずして日《ひ》を累《かさ》ぬ。法雲は古《いにしえ》の高僧《こうそう》なり。慧約《えやく》は殆《ほとん》ど至人《しじん》なるか。其の父母死に垂《なんな》んとして、与《とも》に（法雲と）訣《いとまごい》せば

徒其欲無情邪。故佛子在父母之喪、哀慕可如目犍連也。心喪可酌大聖人也。居師之喪、必如喪其父母。而十師喪期、則有降殺也。唯稟法得戒之師、心喪三年、可也。法雲在母之憂、哀慕殊甚、飲食不入口累日。法雲古之高僧也。慧約殆至人乎。其父母垂死、與訣皆號泣、若不能自存。然喪制哭泣、雖我教略之、蓋欲其泯愛惡而趣清淨也。苟愛惡未忘、遊心於物。臨喪而弗哀、亦人之安忍也。泥洹之時、其衆撫膺大叫、而血現若波羅奢華。蓋其不忍也。律宗曰、不展

哀苦者、亦道俗之同耻也。吾徒臨喪、可不哀乎。

みな号泣《ごうきゅう》して、自《みずか》ら存《そん》する能わざるが若《ごと》かりき。然《しか》れども喪制の哭泣《こくきゅう》は、我が教《きょう》之を略《りゃく》すと雖《いえど》も、蓋《けだ》し其の愛悪《あいお》を泯《ほろ》ぼして清《せい》浄《じょう》に趣《おもむ》かんことを欲《ほっ》すればならん。苟《いやし》くも愛悪未《いま》だ忘《わす》れざれば、心《こころ》を物《もの》に遊《あそ》ばすなり。喪に臨《のぞ》みて而も哀《かなし》まざるは、亦人《ひと》の安《いずく》んぞ忍《しの》びん。泥洹《ないおん》の時《とき》、其の衆膺《しゅうむね》を撫《う》ちて大《おお》いに叫《さけ》び、而《すなわ》ち血現《けつげん》して波羅奢《はらしゃ》の華《はな》の若しとぞ。蓋し其れ忍びざればならん。律《りっ》宗《しゅう》に曰《いわ》く、哀苦《あいく》を展《の》べざるは、亦道俗《どうぞく》の同《おな》じく耻《は》ずるなりと。吾が徒《と》の喪に臨むや、哀しまざるべけんや。

〈訳〉

〔仏教者は〕父母の死に対して哀しみはするが、儒教礼式の衰経《さいてつ》（喪儀における喪服《もふく》）を着用するのはよろしくない。粗布《あらぬの》（大布）で作った袈裟《けさ》（僧服）姿であれば、それでよい。喪儀に参列したときは、必ず在家《ざいけ》の俗人と場所を別にし、〔遺族らによって、〕その遺体を棺《かん》に納める儀式（斂）が終わったあとは、〔四十九日の七日ごととか、一周忌・三回忌とか、〕特定の時に喪家に行く。墓への埋葬に送りだすときは、協力したり、引導したりする。〔亡き父母への喪に服する期間である〕三年（実質は満二年）の喪の間は、〔一般俗人のように喪服は着用しないものの〕心の中で喪に服し、静かな生活を送り、仏法に努め、死の世界にいる父母に力を添える。三年の喪期が終わったあとは、父母の命日と〔陰暦〕七月（孟秋）十五日（既望《きぼう》は本来は十六日であるが、仏教僧団が研修する安居《あんご》の期間〈四月十六日から七月十五日まで〉の最終日とする『冠註輔教編』の説に従う）とに必ず法事を開き読経等をするが、盂蘭盆《うらぼん》（七月十三日から十五日まで）会《え》のときの法式と同様のように行う。これが孝の完成なのである。その昔、インドの古皇先生《ここうせんせい》（釈尊を指すとされるが不詳）は、父の喪礼において、粛然《しゅくぜん》とした態度でその前に立たれた。心の中で喪《も》に服するさまであり、擗踊《へきよう》（一一三ページ参照。原文は「哭踊」）といった儀礼は踏まれなかった。偉大な仏者であった。埋葬に出棺のとき、その棺をかついだり引導したりされた。偉大な仏者であった。〔釈尊《しゃくそん》の弟子の〕目連《もくれん》（目犍連《もくけんれん》）は、母の喪儀において〔儒教式に〕声をあげて啼《な》き（哭《こく》）、身を震わし（慟《どう》）、鬼神に供え物（饋《き》）を奉った。目連もまたすぐれた仏者ではあったが、やはり人情をなくすことはできなかった。われわれ仏教徒も、人情を否定したいと思うであろうか。〔そのようなことはない。〕だから、仏教者は父母の喪儀において、亡き親を哀慕すること、目連のようであっていい。心の中で喪に服するというありかたについては、偉大な仏者の行為に照らしあわせて取捨選択すればいい。〔自分の師は親同様であるので〕師の喪儀にあっては、必ず己の父母のそれと同様のようにする。しかし、受戒のときの十人の師（正しく戒を授ける戒和尚《かいわじょう》、表白文等を読む羯磨《かつま》師、作法を教える教授師の三師と、立会《たちあい》して証明する証明師七人）それぞれに対する服喪の期間には、〔受《じゅ》戒式《かいしき》のときの伝戒師《でんかいし》の役割や自分との関係で〕長短がある。ただし直接に法を教わり戒を授けてくださった師僧（戒和尚）に対しては、心喪《しんそう》三年ということになる。法雲《ほううん》は母の死において、哀しみ慕うことが特別であり、飲食が口に入らぬ日が続いた。この法雲は古《いにしえ》の高僧であった。慧約《えやく》も道の極致に至った人であった。しかし、その父母〔それぞれ〕がもう臨終というとき、慧約に別れのことばを発したので、その場の者みな号泣し、慧約は〔哀しみのあまり〕ほとんど死に絶えんばかりであった。もっとも、喪礼の制における哭泣《こくきゅう》という礼は、仏教においては省略するとはいえ、思うにそれは、愛憎〔の煩悩《ぼんのう》〕を滅して清浄《しょうじょう》〔にして平安な境地〕に趣《おもむ》こうとするからであろう。もし仮に愛憎の気持ちが忘れられないとするならば、その心は〔夢幻《ゆめまぼろし》にすぎない〕物体にまだ執着しているということだ。〔人間だれしも〕喪儀に臨んで哀《かな》しみがないというのは、人としてどうして耐えることができるであろうか。釈尊が涅槃《ねはん》（泥洹《ないおん》）に入定《にゅうじょう》されたとき、そのまわりの人々は〔哀しみで〕胸（膺《むね》）を打ちかきむしり大声で叫び、〔興奮して〕赤色の肌となったが、それは波羅奢樹《はらしゃじゅ》（赤花樹）の赤い花の色のようであった。おそらくそれは、人情に耐えがたかったからのことであろう。律《りっ》宗《しゅう》は述べている。哀しみ苦しみを表出しないのは、僧も俗も同じく〔人として〕恥《はじ》とする、と。われわれ仏教徒も〔親しき者の〕喪儀において、哀しまないでおれようか。

5　「論仏骨表《ろんぶっこっぴょう》」

儒教からの仏教批判の文献は山ほどあるが、韓愈《かんゆ》（七六八―八二四）の「仏骨《ぶっこつ》を論ずるの表」がある。これは唐・宋代の八人の大文章家の文章を収めた『唐宋八家《とうそうはっか》文《ぶん》』という文学選集の中に収録されていたこともあって、江戸時代によく読まれた。

さて、インド宗教では、死後、火葬して遺骨灰は散骨するが、釈尊だけは弟子の想《おも》いが深く、香木で焚いた遺骨が残され、後に各地に仏舎利《ぶっしゃり》として分骨されてゆく。この仏舎利は、叩《たた》いても砕けず、火にかけても焼けず、霊力《れいりょく》があるとされ、これを収めた建物を塔と称した（『魏書』釈老志）。唐代の元和《げんな》十四年（八一九）、憲《けん》宗《そう》のときのことである。因みに、貞元《じょうげん》二十年（八〇四）に最澄《さいちょう》・空海《くうかい》が渡唐している。法門寺の塔内に安置されていた釈尊の指の骨は、三十年に一度、開帳していたが、その年に当たっていたので、仏教信者の憲宗は勅使を遣《つか》わし、その骨舎利《こつしゃり》を朝廷に迎え、留めること三日間の法要があった。

これに対して刑部侍郎《けいぶじろう》の職にあった韓愈は憲宗に諫言《かんげん》の上奏文を奉った。それが「論仏骨表」である。この表に憲宗は激怒し、死を与えようとしたが、最終的には潮州《ちょう》（広東省）の刺史《しし》に左遷され、即日、出発した。五十二歳。藍関《らんかん》（陝西省《せんせい》）に至ったとき、姪孫《てっそん》（自分の甥《おい》の子）の湘《しょう》が心配してやってきたので、そのときに作った詩が、有名な「左遷されて藍関に至り姪孫の湘に示す」である。

一封《いっぷう》（上奏文） 朝《あした》に奏《そう》す九重《きゅうちょう》の天《てん》
夕《ゆうべ》には潮州《ちょうしゅう》に貶《へん》せらる 路《みち》八千《はっせん》〔里《り》〕
聖明《せいめい》（天子）の為《ため》に弊事《へいじ》（仏骨の供養）を除《のぞ》かんと欲《ほっ》す
肯《あえ》て衰朽《すいきゅう》（老いの身）を将《も》って残年《ざんねん》を惜《お》しまんや
雲《くも》は秦嶺《しんれい》に横《よこた》わり 家《いえ》何《いず》くにか在《あ》る
雪《ゆき》は藍関《らんかん》を擁《よう》して（埋めつくして） 馬《うま》前《すす》まず
知《し》る 汝《なんじ》が遠《とお》く来《きた》る 応《まさ》に意《い》有《あ》るべし
好《よ》し 我《わ》が骨《ほね》を収《おさ》めよ 瘴《しょう》〔気、毒気の立つ韓《かん》〕江《こう》の辺《ほとり》に

儒教官僚の「我が骨」の無惨と「仏骨」の栄光との対比が痛烈な批判となっている。ここでは、「論仏骨表」の最終段落の部分を抜き出すことにした。
なお、韓愈は潮州に着任後、「潮州の刺史 謝《しゃ》し上《たてま》つるの表」という謝罪文を天子に提出している。そして翌年、穆宗《ぼくそう》が即位すると中央にもどった。

夫《そ》れ仏《ほとけ》は本《もとい》夷狄《いてき》の人《ひと》なり。中国《ちゅうごく》と言語《げんご》通《つう》ぜず、衣服《いふく》製《せい》を殊《こと》にせば、口《くち》先王《せんのう》の法言《ほうげん》を言《い》わず、身《み》先王の法服《ほうふく》を服《ふく》せず。君臣《くんしん》の義《ぎ》・父子《ふし》の情《じょう》を知《し》らず。仮如《たとい》其《そ》の身今《いま》に至《いた》りて尚在《なおあ》るとも、其の国命《こくめい》を奉《ほう》じて、京師《けいし》に来朝《らいちょう》せば、陛下《へいか》容《い》れて之《これ》に接《せっ》せんこと、宣政《せんせい》に一見《いっけん》し、礼賓《れいひん》に一設《いっせつ》し、衣《い》一《ひと》襲《かさね》を賜《たま》い、衛《まも》りて之を境《さかい》に出《い》だし、衆《しゅう》を惑《まど》わしめざるに過《す》ぎず。況《いわ》んや其の身死《し》して已《すで》に久《ひさ》しく、枯朽《こきゅう》の骨《ほね》、凶穢《きょうえ》の余《よ》なれば、豈宜《あによろ》しく宮禁《きゅうきん》に入《い》れしむべけんや。孔子《こうし》曰《いわ》く、鬼神《きじん》を敬《けい》して之を遠《とお》ざく、と。古《いにしえ》の諸侯《しょこう》、弔《ちょう》を其の国に行《おこな》うや、尚巫祝《ふしゅく》をして先《さき》んじて桃《とう》・茢《れつ》をもって不祥《ふしょう》を祓除《ふつじょ》せしめ、然《しか》る後《のち》、進《すす》んで弔せり。今故《ゆえ》なくして

夫佛本夷狄之人。與中國言語不通、衣服殊製、口不言先王之法言、身不服先王之法服。不知君臣之義父子之情。假如其身至今尚在、奉其國命、來朝京師、陛下容而接之、不過宣政一見、禮賓一設、賜衣一襲、衞而出之於境、不令惑衆也。況其身死已久、枯朽之骨、凶穢之餘、豈宜令入宮禁。孔子曰、敬鬼神、而遠之。古之諸侯、行弔於其國、尚令巫祝先以桃茢祓除不祥、然後、進弔。今無故取朽穢之物、親臨歡之。巫祝不先、桃茢不用、羣臣不言其非、御史不擧其

朽穢《くえ》の物《もの》を取《と》り、親《した》しく臨《のぞ》んで之を観《み》る。巫祝 先んぜず、桃・茢 用《もち》いず、羣臣《ぐんしん》 其の非《ひ》を言わず、御史《ぎょし》 其の失《しつ》を挙《あ》げざる、臣 実《まこと》に之を恥《は》ず。乞《こ》う 此《こ》の骨《ほね》を以《もっ》て、之を有司《ゆうし》に付《ふ》し、諸《これ》を水火《すいか》に投《とう》じ、永《なが》く根本《こんぽん》を絶《た》ち、天下《てんか》の疑《うたが》いを断《た》ち、後代《こうだい》の惑《まど》いを絶《た》たんことを。天下の人をして大聖人《だいせいじん》の作《さく》為《い》するところ尋常《じんじょう》に出《い》で万々《ばんばん》なるを知らしめば、豈盛《さか》んならずや、豈快《かい》ならずや。仏如《も》し霊有《れいあ》りて、能《よ》く禍祟《かすい》を作《な》さば、凡《およ》そ殃《おう》咎《きゅう》有る、宜《よろ》しく臣が身に加《くわ》うべし。上天《じょうてん》鑒臨《かんりん》す。臣 怨悔《えんかい》せず。感激懇悃《かんげきこんこん》の至《いた》りに任《た》うるなし。謹《つつし》んで表《ひょう》を 奉《たてまつ》りて以て聞《ぶん》す。

失、臣實恥之。乞以此骨、付之有司、投諸水火、永絶根本、斷天下之疑、絶後代之惑。使天下之人知大聖人之所作爲出於尋常萬萬也、豈不盛哉、豈不快哉。佛如有靈、能作禍祟、凡有殃咎、宜加臣身。上天鑒臨、臣不怨悔。無任感激懇悃之至。謹奉表以聞。

〈訳〉

そもそも仏（シャカ）は元来が異国の人間でございます。我が〔美《うるわ》しの〕中国とはことばが通じませんし、衣服も異なりますので、そのことばには礼法にかなったことばはなく、その服装としましては礼式にかなった正式の衣服の着用もいたしませぬ（「先王の法言」「先王の法服」は『孝経』卿大夫章の中の句）。〔ましてそこから生まれます〕君臣を結ぶ守るべき道、父子を結ぶ家族愛など〔出家の身でありますので〕、分かっておりませぬ。仮に仏が今もなお存命であったとしましても、〔インド国の〕国命を奉じ、陛下の下に来朝してきましたとなれば、陛下は〔外国の使節としまして〕お受け容れなさり接遇されるそのときは、宮中の宣政殿《せんせいでん》で引見され、礼賓院《れいひんいん》で慰労の宴一席を設けられ、衣《ころも》一襲《ひとかさね》をお与えなさり、〔その後〕無事に出国させられ、人々をして仏の教えに惑わせられないようになさるということですむことでございます。まして仏は死亡して長うございまして、枯れ朽ち果てましたる白骨にして、凶《まがまが》しく穢《けが》れたる残片〔の指〕でありますれば、どうして聖明《せいめい》の宮殿に入らしめてよろしいでありましょうや。孔子は「鬼神を敬して之を遠ざく」と申しております。〔『礼記《らいき》』檀弓《だんぐう》下篇に拠りますれば〕古代の諸侯は、自国にて〔自分の臣の喪に臨み〕弔礼を行いますとき、〔その前に〕巫祝《ふしゅく》（みこ・かんなぎ）どもにまず桃《とう》や茢《れつ》（葦《あし》）をもって不浄を祓《はら》い清めさせ〔邪気を除いて〕、そうしてはじめて弔しておりました。ところが、今、〔我が国の礼式にはないこと、すなわち〕故《ゆえ》なくして朽《く》ち穢《けが》れたる物を選び、陛下みずからこれを御高覧される。巫・祝も先だたず、桃・茢も用いられず、諸臣もその非なるを諫言《かんげん》せず、御史大夫《ぎょしたいふ》（検事総長兼警察庁長官）も諸臣（特に諫言を職責とする諫議大夫《かんぎたいふ》）の失当を挙げませぬ。私め心よりこれを恥ずかしく存じおります。お願い申し上げます、この骨（骨舎利《こつしゃり》）をしかるべき臣僚にお与えなさり、水火にでも投じ棄てさせ、永久に根本を絶滅し、天下の現在の人々の疑念を断ち切り、後世の人々を絶対に迷妄させなさらぬことを。天下の人々に陛下（大聖人）の御行動が世の良識（尋常）に従ってそのとおりの万全でありますことを知らしめなされましたならば、盛事ではありますまいか、よろこばしいことではありますまいか。仏にもしも霊魂があり、禍《わざわ》い祟《たた》りをなすことができるとしますならば、そのありとあらゆる殃《わざわ》いや咎《とが》めを、すべて私めに加えてくれてそれでよしと存じおります。上天の神々も御照覧あれ、私めなんの怨《うら》みも悔《く》やみもございませぬ。私め心を動かし励まし懇《ねんご》ろに誠心を申し述べ奉りましてやみませぬ。ここに謹んで表を奉り申し上げまする。

6　『儒仏問答《じゅぶつもんどう》』

日本における儒教と仏教との論争は大量に残されている。たとえば、儒教側からの仏教批判に、大坂の懐徳堂《かいとくどう》学派のそれがある。山片蟠桃《やまがたばんとう》の『夢《ゆめ》の代《しろ》』はその典型である。儒教と仏教との対立という定型があり、江戸時代の儒者の撰著において、仏教批判はふつうのことであった。

ここでは、『儒仏問答』からその一部（孝に関係する個所）を抜き出すことにした。大桑斉・前田一郎編『羅山・貞徳「儒仏問答」註解と研究』（ぺりかん社、二〇〇六年）に拠《よ》れば、儒者の林羅山《はやしらざん》（道春《どうしゅん》）と法華《ほっけ》信徒の松永貞徳《まつながていとく》との間に儒仏の諸問題について往復書簡の問答があったらしく、それが編纂されたものが『儒仏問答』である。

大桑・前田編書は底本の姿を伝えることを意図しつつも、やむをえぬ点は改めたとある。本書は『儒仏問答』の一端を紹介することが目的であるので、大桑・前田編書に基づきつつも、さらにあえて手を加え、現代人に読みやすい形（たとえば、かなを漢字に直したり濁点を加えるなど）にした。原形を知るには右編書に拠られたい。

① 問答第十件　揚名論《ようめいろん》

問第十件

かかるはかなき世《よ》に、名《な》を留《とど》めてなにかせんと宣《のたま》うは、是却《これかえ》って孝《こう》の道《みち》にや。違《ちが》い侍《はべ》らん。孝経《こうきょう》に説《と》かれしごとくに、「名を揚《あ》ぐる」と云《い》うは、孝の一徳《いっとく》にあらずや。されば、〔『論語』に〕「君子《くんし》は世を没《ぼっ》するまで名の称《しょう》せられざるを疾《にく》む」とかやも侍る。あながちに名を求《もと》めんも、又悪《またあ》しかるべし。只《ただ》徳の内《うち》に見《み》てぬれば（孝徳がこの家にはあるぞとしかと認めるならば）、名は外《ほか》に現《あら》わるべし。内に父母《ふぼ》に孝あらば、孝名《こうめい》必ず外に顕《あらわ》れんか。殊更《ことさら》仏の「棄《き》恩入無為《おんにゅうむい》、真実報恩者《しんじつほうおんしゃ》」（恩を棄てて無為に入るは、真実の報恩者なり）などと説《と》かれし事《こと》、不孝第一《ふこうだいいち》にあらずや。

答第十件

かかるはかなき世《よ》に名《な》を留《とど》めてもなにかせんと、名利《みょうり》を捨《す》てて無常《むじょう》をすすむるを不孝《ふこう》の道《みち》と御《おん》こなし候《そうろう》。此段《このだん》、仏道儒道《ぶつどうじゅどう》の変《か》わりめにて、古来《こらい》の人《ひと》の不審《ふしん》する義《ぎ》なり。心《こころ》を静《しず》めて、よく聞《き》かれ候《そうら》え。

仏法《ぶっぽう》には、三世《さんぜ》を明《あ》かす。儒には一世《いっせ》の上《うえ》のみを教《おし》ゆ。さるによりて、仏《ほとけ》の方便《ほうべん》によりて、礼楽先《れいがくさき》に走《はし》りて、真道後《しんどうのち》に発《はっ》すと。震旦《しんたん》（中国）へ三聖《さんせい》（仏教では老子・孔子・顔回を遣わしたとするが、ここでは老子を除き、儒教上の三人という意であろう。その三聖には諸説がある）をつかわして、五常《ごじょう》を弘《ひろ》めしめ、君臣《くんしん》、父《ふ》子《し》、夫婦《ふうふ》、兄弟《けいてい》、朋友《ほうゆう》の五倫《ごりん》を知らしめ給う。其《そ》の三聖の、一世を治むる語と、三世を覚《さと》らしむる仏法と、豈等《あにひと》しからんや。楊墨《ようぼく》を異端《いたん》と指《さ》されし事《こと》は尤《もっとも》なり。何《いずれ》も人間《にんげん》一世の法を立《た》てしに、聖人の心に相違すればなり。仏法は、三世の義を演《の》べ給《たま》えるにより、一世の儒教に違《たが》える義、などかなからざらん。

孝経に「名を揚ぐ」と云《い》うは、孝の一徳《いっとく》に非《あら》ずや。されば、「君子《くんし》は名の称せられざるを疾《にく》む」とあれば、儒家には名を思う。仏法より、名を留めてもなにかせんと観《かん》ずるを誤《あやま》りとや思い給うらん。仏法には、名利《みょうり》をこそきらえ、仏法学文《がくもん》などに長じたるを名称《みょうしょう》　普聞《ふもん》と説かれて、ほめたる事多し。先《ま》ず「名を揚ぐる」は孝の一徳とは、子が器用《きよう》にて名をあぐれば、其の親まで人の称するにより、孝の一徳と申《もう》したるか。「棄恩入無為《きおんにゅうむい》」の文を不孝第一と誹謗《ひぼう》せらるる心は、一円合点《いちえんがってん》ゆかず。今生《こんじょう》一世にてすまぬ故《ゆえ》に、永《なが》き世の親の苦《くるしみ》を救わん為に名を上げて親の為にせんより、無為に入りて、未来を救えとの仏語《ぶつご》也。たとえば、事なき時は、臣として主君を崇敬《すうけい》する道なるを、戸樫《とがし》が〔安宅《あたか》の〕関《せき》にて、義経《よしつね》を武蔵《むさし》〔坊弁慶〕が下人《げにん》にあえしらいて既に杖《つえ》にて打《う》ちたるがごとし。儒道には、一世の孝徳を教ゆるによりて「名を揚ぐる」をほめ、仏道には、未来の大事《だいじ》を逃《のが》れしめん為なるにより、恩《おん》を棄《す》てよと説《と》きたり。

②仏儒違《たがいめの》目事

儒家《じゅか》には、孔子《こうし》も孟子《もうし》も、人は継《つ》ぐなきを以《もっ》て不孝とするに、仏者《ぶっしゃ》は女を持たず、子《こ》のなきように教ゆる事、第一の非義《ひぎ》なり。仏法と儒教と〔は〕、百の物、九十九までは、よく合比《がっぴ》すれども、只《ただ》此の一箇条、天地の隔《へだ》てなりと謗《ぼう》せらるるを、是《これ》は生をひく〔すなわち輪廻転生して生まれ変わり生き続ける〕故をことわりて、即座《そくざ》に〔林羅山《はやしらざん》を〕伏《ふく》せしむ。

7 法然上人《ほうねんしようにん》

仏教の場合、僧侶《そうりょ》は出家《しゅつけ》となる。それは、家族を第一とする儒教の在家の立場と両極端となる。そこで、必然的に家族との別れという問題が生まれる。その際、男子としては、やはりどうしても母との別れが切ない。そこで、ここではその代表として、法然が出家した際の母へのことばを示す。ただし、原文そのものでは分かりにくいので、前節の『儒仏問答』の場合と同じく、「母儀《ぼぎ》に登山《とうざん》の許《ゆるし》を乞ふ御詞《おことば》」（『法然上人全集』、宗粋社、明治三十九年）に基づきつつ、現代人に理解しやすい形に手を加えた（濁点を加えたり書き下し文にするなど）ので、必要なときは原典に当たられたい。この話は、法然が出家し比叡山《ひえいざん》に登るとなったことを母が聞いたところから始まる。

「菩提寺《ぼだいじ》に住《す》みつるさえ、猶遠《なおとお》しと思《おも》うなり。況《いわ》んや登山《とうざん》せんをや。思いよらざることなり」と言《い》えば、小童《しょうどう》（法然）「昔《むかし》、本師《ほんし》の釈迦尊《しゃかそん》は、御年《おんとし》十九にして、父《ちち》の大王《だいおう》に忍《しの》び密《ひそ》かに王宮《おうきゅう》を出て、終《つい》に成仏《じょうぶつ》して、無量《むりょう》の衆生《しゅじょう》を済度《さいど》し給《たま》うなり。今《いま》、自《おのれ》は生年《せいねん》十三（十五歳説などもある）、暇《いとま》を悲母《ひぼ》（慈母）に申《もう》し、法山《ほうざん》（比叡山）に登《のぼ》り、出家修学《しゅっけしゅうがく》して、父母《ふぼ》の深恩《じんおん》を報《ほう》じ、皆《みな》仏道《ぶつどう》に引導《いんどう》し、我《われ》も人《ひと》も悟《さと》りを開《ひら》き奉《たてまつ》らん。返《かえ》すがえすも歎《なげ》き給うことなかれ。努《ゆ》めゆめ恨《うら》み給わざれ」と申《もう》せば、母《はは》の曰《いわ》く、云々《うんぬん》、と。小童「又伝聞《またでんぶん》すらく、参河守《みかわのかみ》の大江定基《おおえさだもと》と云《い》いし人は、出家学道《がくどう》し、老母《ろうぼ》の許《ゆる》しを蒙《こうむ》りて大唐《だいとう》に渡《わた》り、彼《か》の国《くに》にして円通大《えんつうだい》師《し》の号《ごう》を得《え》、本朝《ほんちょう》の名を上《あ》げたり。それ仏《ほとけ》も、〔まだ悟りをえないで、輪廻転《りんねてん》生《しょう》していた〕流転《るてん》の三界《さんがい》〔過去・現在・未来〕中〔のとき〕は、恩愛《おんあい》断《た》つ能《あた》わず。〔その後〕恩を棄《す》てて無為《むい》に入り、〔そうしてはじめて〕真実《しんじつ》に恩に報《むく》いし者《もの》なりと説《と》き給う。自《おのれ》も早《はや》く四明《しめい》〔山《さん》。天台・比叡山の雅称〕に登り、速《すみ》やかに一《いち》乗《じょう》〔人々を仏の教えすなわち譬《たと》うれば車で運んで生死を超えさせる〕を学《まな》びて二親《にしん》〔両親〕の菩提《ぼだい》を訪《おと》なわば、豈真実《あにしんじつ》の報恩《ほうおん》に非《あら》ざらんや」と、条々《じょうじょう》に〔筋道たてて〕理《ことわり》を尽くして申しければ、母も理《り》に屈《くつ》して、泣《な》く泣く暇《いとま》を許《ゆる》しけり。

8　孝とキリスト教と

文化的、宗教的、死生観的に、儒教とキリスト教とは、すくなくとも古代においては、関係はない。しかし、キリスト教の教勢が増すにつれ、キリスト教が東北アジアにも流入してくる。

けれども、仏教の場合と同じく、祖先祭祀を第一とする儒教とは、対立することとなる。しかし、中国人にとって祖先祭祀を捨ててキリスト教に入信するのは、並大抵のことではできない。また、キリスト教にとっても、祖先第一の信仰では、唯一最高絶対神のエホバ（ヤーベ）への信仰の絶対化ができないので、祖先祭祀を最高とすることは認めがたい。

この大問題は今日に至っている。東北アジアにおいて、キリスト教が今もってどのようにしても広がらないのは、祖先祭祀が最大の壁だからである。

さて、日本で言えば、明治以後、現代になってくるとキリスト教徒もかなり柔軟になっている。かつての中世のころまでのような、欧米における精神面での絶対的指導者としての地位を、近代以降、失っていったこととも関わりなしとしない。

だから、こちこちの原理主義者は別として、明治六年（一八七三）のキリスト教禁制の高札を取り除いて以降、日本において布教活動を続けようと思えば、儒教的文化への一定の妥協もまた必要であった。かつてのインド仏教の立場と同じである。

その妥協点として出てきたのが、家族への愛情、特に両親への愛情である。これは、祖先祭祀・子の親への愛・子孫一族の繁栄という三者を含む孝（生命の連続の自覚）という儒教的内容とは異なるのではあるが、親への感情という点では、共通性がある。そして、キリスト教徒としてその神を信ずるままに、たとえば諫言することによって両親の魂を救えるとする。それはちょうど、仏教が孝を手がかりとして、出家によって、広い意味で親を救える、あるいは悪業の両親を救済することができるという形での妥協点を探っていったのと同じである。

　キリスト者ではなかったが、広池千九郎の前引書（二三四ページ）は、中近東からヨーロッパにかけての、古代社会における祖先祭祀を、古代ギリシアを例として〈孝〉の資料を引用して説明している。それと似た形でキリスト教者自身からの発言が見られるようになった。

　たとえば、松田明三郎『孝道と基督教《キリストきょう》』（土肥書店、昭和十年）はこう述べる（同書はしがき）。読みやすくするため手を加えている。

　徳川時代を通じて、孝経が日本精神に深い感銘を与えて来たことは確かに否定することのできない事実である。しかしわれわれ基督教徒は、その聖典のうちに、『孝経』に匹敵する、否《いな》、それに優る国民精神指導の教訓をもつていないのであろうか。この質問に答えるのが、本書の主要なる目的である。新教伝来以後久しい間、基督教《キリストきょう》の聖書は、孝道に背くことを教えているかの如く誤解せられて来た。しかし事実はそれに反している。基督教はその精神に於《お》いて孝道に背かないばかりか、斯《こ》の教こそ孝道を完成する動力的宗教である。

同書は体系的に論じており、キリスト者の孝道について論述した文献として一級であるので、『旧約聖書』『新約聖書』それぞれの関連部分を紹介したい。

① **孝道に関する旧約の律法**（同書七七―八一ページ）

孝道に関する律法の積極的な表現は、モーセの十誡《じっかい》のうち第五誡に見出される。

「汝《なんじ》の父母《ふぼ》を敬《うやま》え。是《これ》は汝《なんじ》の神エホバの汝にたまう所の地に、汝の生命の長からんためなり」（出埃及記《しゅつエジプトき》二十の十二、申命記五の十六、レビ記十九の三参照）

それは教訓の形式ではあるが、律法として取り扱わるべきもので、日本に於《お》ける律法学の権威、穂積陳重《ほづみのぶしげ》博士も、十誡は「実に世界立法史中の白眉」であると推称し、第五誡は「社会の構成分子たる家族の中心に対する求心力を強めんがため」の誡令《かいれい》であると断じている。

父母に対する敬愛の念はある程度まで本能的である。故に律法の存在しない文化最低級の人類と雖《いえど》も、通常の時には本能的に両親は子を愛し、子は両親を敬愛するであろう。然《しか》しもし、飢饉《ききん》戦争等の非常時相続き両親がその子を愛せず、子が両親を侮蔑《ぶべつ》するならば、その種族は数代を出でずして滅亡するであろう。故に種族保存の上より観るも、孝道を重んずる種族は人口も蕃殖《はんしょく》し、団結も鞏固《きょうこ》に、末永く繁栄するのである。これ孝道が社会に於ける根本的道徳である所以《ゆえん》で、古えの立法家が、つとに着目した点である。孔子が『孝経』の巻頭で、「先王有㆓至徳要道㆒。以順㆓天下㆒」（先王 至徳要道《しとくようどう》有《あ》りて以《もっ》て天下を順《したが》う）と云《い》ったのは孝道に依る治徳主義の政治が理想的であることを意味したに外ならぬ。第五誡の「汝の父母を敬え」の直後に「是れは汝の神エホバの汝にたまう所の地に、汝の生命の長からんためなり」と着け加えられてあるのは、単に個人の寿命が長くせられると云う意味ではなく、その民族の末長き繁栄を約束したものである。カルビンも『基督教綱要』に於いて明らかに云っている。

「父母を敬え。これ将来我が汝に対する恩寵《おんちょう》の証《あかし》たるべき土地の所有を、長き生涯の期間に亘《わた》って、汝が享受し得んが為であると云うのである」

旧約の立法家はこの誡令《かいれい》を極めて重要視し、父若《も》しくは母を罵《ののし》った者の殺さるべきことを令《れい》し、その反逆者たる子に対しては死の極刑を命じている。

「その父あるいは母を撃つものは必ず殺さるべし」（出埃及記二十一の十五）

「その父あるいは母を罵るものは殺さるべし」（同二十一の十七）

（引用中略）

「人にもし放肆《わがまま》にして背《そむき》悖《もと》る子あり、その父の言葉にも母の言葉にも順わず、父母これを責むるも聴くことをせざる時は、その父母これを執《と》えてその処《ところ》の門にいたり、邑《むら》の長老等に就《つ》き、邑の長老たちに言うべし。我らの此の子は、放肆にして背悖る者、我らの言葉にしたがわざる者、放蕩《ほうとう》にして酒に耽《ふけ》る者なりと。然る時は、邑の人みな石をもてこれを撃殺すべし。汝《なんじ》かく汝らの中より悪事を除き去るべし。然《し》かせば、イスラエルみな聞て懼《おそ》れん」（申命記《しんめいき》二十一の十八―二十一）

この律法で注目すべきことは、父は彼自身彼の子を殺してはならないことである。彼はその子の処刑を公の律法的過程に依って遂行せなければならないのである。

（中略）

われわれはこの律法の主張している孝道の重要性を認め得れば足りるのである。孔子も『孝経』に於て、

五刑之属三千、而罪莫レ大ニ於不孝一（五刑の属三千、而して罪不孝より大なるはなし）と云った。

② **孝道に関する主イエスの教訓**（同書一五三―一六二ページ）

主イエスは旧約の「律法また預言を毀《こぼ》つために来《きた》らず。成就せんために来た」と云われた如く（マタイ五の十七）、孝道もこれを破壊するのではなく完成せられたのである。

先《ま》ず彼はモーセの十誡の孝に関する誡令を「神の言」としてその儘《まま》受け入れられた。而《しか》して彼の時代の宗教的指導者たちが、口伝《くちづて》に依《よ》って、他の宗教的儀式をもって、孝道よりも重要なるものの如く考えていた誤謬《ごびゅう》を摘発して、鋭く攻撃せ

られた。

「モーセはなんじの父、なんじの母を敬えといい、父また母を罵《ののし》る者は、必ず殺さるべしといえり。然《しか》るに汝らは、人もし父また母にむかい、我が汝に対して負《お》う所のものは、コルバン即ち供物なりと言わば可《よ》しと言いて、そののち人をして、父また母に事《つか》うること勿《なか》らしむ。かく汝らの伝えたる言伝《ことづて》によりて、神の言を空《むな》しうし、又おおくこの類の事をなしおるなり」（マルコ七の十―十三）

かく主イエスは、孝道は、他の宗教上の儀式的義務を尽くすよりも、一層重要なることを教えられた。

また主イエス御自身如何《いか》に孝道の実行者であられたかは、十字架上に於て、彼が、その愛弟子の一人に母を依頼せられて「これなんじの母なり」（ヨハネ十九の二十七）と云われたことに依っても明らかである。

更に主イエスが神を呼ぶに、真理とか実在とか永遠者とか云った風の抽象的な言葉を用いられず、「父」と云う称号を使用せられた事実の深い意義を見逃してはならない。神を父と見做《みな》す思想は、旧約聖書にも発見せられたることは既に述べたところである。しかし旧約に於いては、概してそれが国民的な意味に使用せられたのであるが、主イエスは個人的な意味に用いられ、旧約に於ける如く、比喩としてではなく、日常不断に親しく神に呼びかける称号として使用せられた。而《しか》してこれは確かに彼の宗教の、独創性の一つであった。而してこう云った彼の神観が、孝道を前提としていることは、彼の神観の分析に依って明かである。

主イエスにとって、父性はもはや神の多くの属性のうちの一つではなく、その他全ての属性に色彩を与えるところの中心的属性である。神の愛を説くに当たって彼がこの父性から出発して、しばしばそこから彼の宗教思想を演繹せられるのは彼の教の特徴であった。

「汝らのうち、誰かその子パンを求めんに石を与え、魚を求めんに蛇を与えんや。然らば汝ら悪しき者ながら、善き賜物《たまもの》をその子らに与うるを知る。まして天にいます汝らの父は、求むる者に善き物を賜わざらんや」（マタイ七の九—十一）

（引用中略）

神の中心的属性を父性愛と見做した彼にとって、幼児の信頼の態度こそ神に奉仕するの最も肝要なる道であった。

「その時イエス答えて言いたまう。天地の主なる父よ、われ感謝す。此等のことを智《かしこ》き者、慧《さと》き者にかくして、嬰児《えいじ》に顕《あらわ》し給えり。父よ、然《しか》り。斯《かく》の如きは御意《ぎょい》に適《かな》えるなり」（マタイ十一の二十五―二十六、マルコ九の三十六―三十七、十の十四）

「されど之を受けし者、即ちその名を信ぜし者は、神の子となる権をあたえ給えり」（ヨハネ一の十二）

神に対する反逆は、両親に対する不孝の子に例えられる。ルカ伝十五章の放蕩《ほうとう》息子の例えばなしは、新約に於いて、最も深い宗教の真理を穿《うが》っているものであるが、この例えばなしが、孝道に関連していると云う事実は実に深い意義である。

然《しか》らば孝道の完成者である主イエスの言動のうちに、一見、孝道に矛盾するかの如きものあるは何故であるか。その一つの場合は、彼の教敵が押し寄せて来て、彼を罵言《ばげん》し、讒誣《ざんぶ》を逞《たくまし》うし、彼を迫害せんとした時、彼の母と兄弟等が、彼を救わんため戸の外まで彼を訪ねて来て、説教をしていた彼にこのことを告げた時で、その時彼はかく云われた。

「わが母わが兄弟は誰ぞや。斯《か》くて側に座する人々を視《み》まわして言いけるは、わが母わが兄弟を見よ、夫《そ》れ神の旨に従う者はこれわが兄弟、わが姉妹、わが母なり」（マルコ三の三十三―三十四、マタイ十二の四十八―五十）

更に次の如き言葉は如何に弁解すべきであろうか。

「それ我が来れる人をその父より、娘をその母より、嫁をその姑嫜《こ》（「嫜」は妻の意なので、「舅《きゅう》」〈しゅうと〉すなわち「夫の父」の誤りではなかろうか）より分たん為なり。人の仇《あだ》は、その家の者なるべし。我よりも父または母を愛する者は、我に相応《ふさわ》しからず。我よりも息子または娘を愛する者は、我に相応しからず。又おのが十字架をとりて我に従わぬ者は、我に相応しからず……」（マタイ十の三十五―三十八、その他ヨハネ二の四、ルカ二の四十八―参照）

これらの主イエスの言動は、久しい間、基督教の孝道なるものに或る誤解を投じ、また今日に於いても、尚《なお》多くの人々の躓《つまず》きとなっている。しかしこれらの言葉こそ、彼が、孝道を破壊せられたのでなく、却ってこれを完成せられた有力なる証拠とも云わるべきものである。何故なら孝道は、絶対の真理たる父なる神の意志への孝順に依《よ》って、又家族各人の、広く云えば全人類の魂の救いに依って完

成せらるべきものであるからである。仏教の経典に於いても、

「若し三尊（仏・法・僧）の主を以て其の親を化すること能わざる者は、孝養を為すと雖も不孝とす」

と教えているではないか。而してこの理想実現のためには、様々な過程的波瀾《はらん》をさえも予想せしめられる。例えば弘法大師《こうぼうだいし》が仏教に帰依《きえ》した時には、儒教の親戚の人達が、仏教に趨《はし》るのは、忠孝に背くものであると云って大反対をしたということである。大師は二十四歳の時、『三教指帰《さんごうしいき》』という弁明書を著している。彼は云う、

「ここに一多の親識あり。我を縛るに五常の縄を以てし、我を断るに忠孝に乖《そむ》くと云うを以てす。若《も》し一の羅《あみ》に入りなば、何ぞ忠孝に乖かん」

彼は、絶対の真理を体験する宗教生活は決して忠孝に乖くものではないと主張するのである。而して、其の実例を、古《いにしえ》の聖者に求めて云った。

「泰伯《たいはく》（周王朝建設期の賢人）は髪を剃って永く夷俗《いぞく》に入り、薩陀《さった》（すぐれた仏教者）は衣を脱いで長く虎《とら》の食と為《な》る。そのために父母は地に倒るるの痛みを致し、親戚は天に呼ぶの歎きあり。もし儒家道者の言うが如くならば、此れに優る

不孝はあるまじ。然《しか》も泰伯は至徳《しとく》の号を得、薩陀は大覚《だいかく》の尊と称せらる。苟《いやしく》も、其道に合わば何んぞ近局に拘《こだ》わらん」

これらの文字ほど、主イエスの難解な言葉に対する適切な釈明はないと思うのである。

孔子も『孝経』の諫争《かんそう》の章に於て、（中略）不義に当るときは則ち子もって父に争わずんばあるべからず。……故に不義に当れば即ち之れと争う。父の命に従うのみならば、又安《いずく》んぞ孝たることを得んや。

と云っている。

主イエスの場合は父母に必ずしも誤ちがある場合でなくとも、そこに理想の相違が生じた時に生ずる一つの積極的な意味の「諫争」であろう。而して子はやがて両親の魂をも救いに導き得るのである。親の魂を救うことを得ずば、孝養をなすと雖も、安んぞ至孝たることを得んや、である。

四　孝と日本人と

『孝経』が作られ、孝を根本とする儒教が国家理念となって、皇帝を頂上とする中央集権的国家体制が中国において二千年続いた。儒教官僚はその体現者であり、『孝経』ならびに孝に関する撰述がさまざまになされる。のみならず、小説、演劇、初等教科書等を通じて、広く一般人にも教育がなされていった。

しかし、いくらそのようなことが整備されたとしても、孝が実践されなかったとすれば、机上の空論に終わる。つまり、最終的には、孝がどれほど、そしてどのように実践されたのかという現実問題がある。それは、中国・朝鮮半島・日本等の東北アジア地域すなわち儒教文化圏に共通する問題であった。

ただし、東北アジア全体では、あまりにも範囲が広く過重となるので、ここでは日本に限って、それも若干の分野に限って例を挙げることとする。

1　孝子について

親孝行を実践した者が孝子である。孝子は東北アジアの一般社会においては最高の道徳実践者である。この孝子問題について、最も詳細かつ精密に研究した大著三巻がある。すなわち、徳田《とくだ》進《すすむ》『孝子説話集の研究――二十四孝を中心に』（井上書房、昭和三十八年。ただし洋綴本背表紙は「孝子説話集の研究　中世篇」）、『孝子説話集の研究（近世篇）――二十四孝を中心に』（井上書房、昭和三十八年）、『孝子説話集の研究　近代篇（明治期）――二十四孝を中心に』（井上書房、昭和三十九年）である。総計一六五八頁に及び、石川謙は「その業績は、いわゆる孝道に関する先人の研究を、はるかにふみ越えた力作であるように思う。この研究のため三十年間にわたる血みどろな努力を重ね、千百部を越える貴重な文献の集収《ママ》に成功して、それを科学的に整理され、一つの学問体系にまで高められたのである」と後序（第三巻）に述べる。

その評価のとおりである。同書を通じて言えることは、まず厖大《ぼうだい》な文献の紹介と引用とである。ただし、書名の副題が示すように『二十四孝』を柱として、それと関わる孝子伝、孝子譚《たん》、孝行録すなわち孝子説話集を収集することに目的があるので、『孝経』そのもの、あるいはそれに関連するものについての収集は目的外となっている。

その収集に際して、日本におけるものに関しては圧巻であるのみならず、中国に関しても、おそらく最も豊富であろう。しかも、書誌学的にも十分な記述と配慮があり、研究上、非常に価値がある。

ここでは、同書のすぐれた業績に沿いながら、同書三巻の中から、日本人の生活における孝子説話をいくつかの面から紹介することにする。以下、引用の際、⑮以外は振りがななど、読みやすくするため、適宜手を加えている。

なお、専門書ではあるが、たとえば幼学の会編『孝子伝注解《こうしでんちゆうかい》』（汲古書院、平成十五年）がある。精細に校勘され、注が付せられている。また『孝子伝』に関連する画象（像）石の図なども豊富である。

①　**室町時代の連歌から**（第一巻三四八ページ。孝子説話として絵入りの本が出てくるようになるが、それを踏んで、徳田はこう述べる）

孝子説話を明瞭に詠みこんだものは、延文《えんぶん》三年七月の『撃蒙抄《げきもうしょう》』に見る次の詠首である。（中略）

たづさはる杖《つえ》こそ老の力なれ
　おもへばとてや子をばうつらん

右については、二条良基《にじょうよしもと》自身も「伯瑜《はくゆ》が杖にかなしむ心」なりと註している。また一条兼良《いちじょうかねら》（良基の孫）は、筆のすさびで、

おやのいたみや子にあたるらん
　狩人の矢さきの鹿のはらごもり
うつ杖もよはるばかりに身の老て

と詠んで「これは伯瑜が杖に泣《なく》故事也、伯瑜というもの母に打れて泣きけり、痛さに泣くかと思いたれば、申様《もうすよう》、もと打《うた》れし時は強くあたりしが、近比《ちかごろ》となりて、痛くもなきは、母の年寄りて、力のよわれる故《ゆえ》也。母の年寄りたることを思えば、悲しさに泣くといえり、孝行の心ざし也」と結んでいる。

② 連歌論の『慈元抄《じげんしょう》』（群書類従巻第四百七十八　雑部）から（第一巻三五三ペー

ジ。問答の「答」の中の説話は『二十四孝』にある）

本書の孝道観は第一に孝道果報論で始まる。善孝善果のある所、もって他の道にもよく通ずるものがある。とし、中世的な歌論を展開している。すなわち、

夫《それ》孝道は、大古〔もて〕難を遁《のが》れ、望《のぞみ》を遂《とげ》て幸《さいわい》に逢《あい》、位に進むとなり。世間の業《わざ》多き中に和歌の道こそ内外の孝経の心に叶《かな》いたる物なれ。

とある。思うにこれは、人心の純情の発露である和歌は、性情を高度に発揮するもの故、孝経の説く内容と通ずると見たためであろう。

（中略）

分りやすく進めるために、問いと答えの形で行ない、答えは孝子譚を以て大部を占めている。次にこの要点をとりだしてみると、左の通りである。

問　孝は難を遁るる道なりと云《いえ》り。孝行故に難をのがれたる人ありや。

答には、張礼《ちょうれい》母を養うと、張礼弟に代らんとす、の二話を掲げている。また孔子と二人の小児の石遊び、一人は身体髪膚を重んじて遊ばず。の話を附加している。

問　孝は望《のぞみ》を遂《とぐ》る道也といえるは、孝行故《ゆえ》に望を遂《とげ》たる人ありや。

答として、燕《えん》の太子丹《たん》 頭白くなりて老母の許《もと》に帰り、途中水に落ち入るも溺れず、亀にのせられて彼岸に渡る。の話を掲げている。

問 孝は 幸《さいわい》にあう道也と云《いえ》るは、孝行故に幸に逢たる人ありや。

答として、郭巨《かくきょ》の説話を掲げている。

問 孝は位を進む道也と云るは、孝行故に位をすすみたる人ありや。

答として、重華《じゅうか》 火焼をのがる。井戸埋めをのがる。歴山に耕す。父瞽瞍《こそう》を恵む。の話を掲げている。

ここに挙げられた張礼、燕の太子丹、郭巨は、『蒙求』や『説苑《ぜいえん》』の類から得たものと思われるが、その語りぶりは、唐に郭巨という者有《あり》き。家貧にして老母を養う。其妻一子を生む。三才に成《なる》ころ、老母常に食事を分ち此《この》孫に与う。郭巨 妻に語《つげ》て曰《いわ》く、貧くして事不レ足《ことたらず》。此子をば埋《うず》むべし。子は二度有《ある》べし。母は二度得べからずと云《いう》。妻もさらばとて、終に穴を掘事《ほること》三尺余にして、忽《たちまち》に黄金の釜《かま》をほり出す。釜の上に曰く、天より孝子郭巨に給わる。臣も奪う事を不得《えず》。人も取事不レ能《とることあたわず》とかや。是《これ》孝行故に幸に逢《あえ》るなり。のような手ごろの記述ぶりである。従来張礼、郭巨の説話は、お伽草子《とぎぞうし》の二十四孝を除いては、和文でよめるようになってはいなかったのであるから、これは児孫に読ませるのに適したものであった。

③ **幼少児の庶民教育**（第一巻三六四ページ）

同じ孝行物の『七草草子《ななくさぞうし》』や『蛤草子《はまぐりぞうし》』が、『二十四孝《にじゆうしこう》』と並んで今日まで伝わり、本朝物の孝子譚『唐糸草子《からいとぞうし》』がやはり同様である所を見ると、成人向きの物語類は子供には不適として考えられ、孝行物が室町時代から愛読されて、ここに二十四孝も児童の読物《よみもの》として学齢期に当《あた》る年配の子供らに供せられたのであろう。

ことに『二十四孝』中の孝子の年令を調べてみると、所謂《いわゆる》始学期の年令が出て来るので、これと対応して七、八才の子供に与えられたり、読み聞かせられたりしたのは、いわば教材中の児童年令と学習者の年令が同類のもので、児童にとっては親近感の持てた点である。すなわち、

孝　子　　『全相二十四孝詩選』の文　　同　詩

黄香《こうこう》　　九歳而失母　　児童知子職

朱寿昌《しゆじゆしよう》　生七歳父出其母
呉猛《ごもう》　年八歳有孝行
陸績《りくせき》　年六歳　人間六才児

とあって、六歳から九歳という年令が出ている。なおほかに、老莱子《ろうらいし》は嬰児《えいじ》の戯れをなして親の老齢を忘れさせた。また小児の泣きまねをして親を楽しませた。唐夫人の孝行を姑《しゆうとめ》が褒めた時には、長幼をみな集めたの類にも幼少の姿が出ている。これらによると、児童の読み始めに同年配の孝子が出、これが模範人物となっているのであるから、驚き、感服したことであろう。もちろん中には疑った者もあろう。しかしこの疑いはそれだけ説話が刺戟《しげき》を与えたことを証している。こうして教材中の人物の年令と学習者の年令が近かったり、同じであったりした所にも庶民版『孝経』読物の意味が深く認められる。

④　**為政者側も庶民も孝道を重視**（第二巻六六―六七ページ）

『二十四孝』に対しては、賛否両論が見られるようになったのだが、それにもかかわらず、大勢《たいせい》は、近世をして『二十四孝』の全盛期たらしめた。一体これは何に基づくものであったろうか。下にあっては庶民の求めた孝道と、上にあっては下部組織に対する孝道政策が、合致したのによると言わざるを得ない。ここに対立論は、現実の情勢に圧され、帰趨としては、論ずること自体が、『二十四孝』の流行を証明する結果とさえなったのである。

いま庶民に迄《まで》発達して来た孝道思想を省顧するのに、孝が武士階級においては、孝のみに止らず、忠と結合すること自体に、すでに武士に即した孝のあり方があった。溯《さかのぼ》れば平安時代『経国集《けいこくしゅう》』における主金蘭《しゅきんらん》の対白文《たいはくぶん》には、孝道を忠に通ずる道と断じていたが、これが実際の成果を見せたのは、観念に生きた、公卿階級に俟《ま》ったのではなく、主従の共同の運命を賭けた、鎌倉時代の武士によってであった。近世においては、さらにこれが理論としても形成され、庶民階級の範ともなった。

しかし上意下達《じょういかたつ》の行き方に、種々の空隙が取り残されたのみでなく、武士階級自身にも上下の差と時代の推移とに応じて、間隙が生まれたのである。だが皮肉にも、というよりは、自然でまた必然の成行きで、家職を愛し、自分たちの天地を開こうとした町人階級も、その家観念においては、伝統の持つ性格に蔽《おお》われてしまい、生活観においては彼等らしいものを取ったにせよ、孝道重視を埒外《らちがい》におくことは出来なかった。ここに孝道精神による生活理念の統合は、上より示されたものとして固定した位置を保ったが、一面下部組織に至るほど、孝道を必要とするか、もしくは下部組織なりの実践上の要度があって、その向きのものを発達させ、もって統合の線に添って行ったのである。

いま『大日本野史』によって、近世初頭からの孝子七十人を求め、且つこのうち官によって表彰されたもの、二十五人を掲げてみると、次の通りで、階級の違いと、その孝道の尽くし方が、いかに彼らなりの方途を持ったものであるかを、具体的に示している。

孝の内容	武士	町人	農民	僧	不明	計	表彰
至孝至順孝感として適ったもの		七	十六		五	二十八	七
看養あるいは病親に誠を尽くしたもの		二	六		二	十	八
帰省して親に尽くしたもの		一		一	二	四	
父の復仇をしたもの	一	一				二	
父母の祭祀、家礼を厚くしたもの		一	一			二	一
親を探索追慕したもの		一	一			二	
姑舅によく仕えたもの		一	一			二	二
兄弟譲りあったもの、その他孝悌のもの			二			二	二
冥福供養を尽くしたもの		一			一	二	一
墓側で慰霊したもの			二			二	
あるいは妻を去りあるいは娶らないで孝を尽くしたもの			二			二	
父母の悪癖を直したもの			一			一	
孝貞を尽くしたもの		一				一	一
自ら親の墓を作ったもの		一				一	一
辛苦艱難をして仕えたもの			一			一	一
恭敬和親		一				一	一
祈って親の疾を直したもの		一				一	
遺体を傷つけて泣いたもの					一	一	
親を慰めたもの	一					一	
父を扶けたもの			一			一	
その他			二		一	三	
計	二	十九	三十六	一	十二	七十	二十五

⑤『**孝経列伝**』（第二巻一三八—一三九ページ。『孝経』を元にして、その内容にふさわしい人物の孝行物語を集めたもの、すなわち列伝で、その覆製本〈覆製者、刊年、刊行所等は未詳〉の骨格について次のように述べている）

原本は伝わらぬが、家蔵覆製本『孝経列伝』の編纂の形態は、十二部門七十八章題を設け、これらに配する百十五の孝子譚は、次の通りである。（内容は省略）

巻一　第一章　発明孝行伝　総論
　　　第二章　天子公伝
　　　第三章　王公孝伝　十二話
　　　第四章　諸侯孝伝　七話
巻二　第五章　卿大夫孝伝　六話
　　　第六章　士庶人孝伝　二十四話
巻三　第七章　幼年孝伝　十八話
巻四　第八章　老年孝伝　五話
　　　第九章　婦女孝伝　十二話

巻五　第十章　遇難《ぐうなん》孝伝　八話
第十一章　廬墓《ろぼ》孝伝　十一話
第十二章　感祥《かんしょう》孝伝　十二話

⑥　**孝子説話の人物の身分**（第二巻三〇二ページ）

階級身分＼書名	本朝二十四孝	和朝二十四孝略伝記	日本二十四孝子伝	倭二十四孝	皇朝二十四孝	総計
天子后妃	四	三	一	二	四	十四
公卿	六	六	三	五	七	二十七
武士	二	五	九	四	七	二十七
僧侶	一				二	三
庶民	十一	九	十一	十三	四	四十八

各書の引いた孝子は、これを階級と身分に当てはめると、天子、后妃《こうひ》、貴族とその周辺、武士、僧侶、庶民となっている。各書について、この分類上に立った人物の数を求めてみると、表の通りである。

右のうち、平重盛《たいらのしげもり》、北条泰時《ほうじょうやすとき》、徳川光圀《とくがわみつくに》はこれを武士に入れた（公卿《くぎょう》の扱いをした書もある）。総体において、庶民階級に求めた孝子が多く、公卿と武士に求めたものがこれに次ぐ。右の点は実社会において庶民の数が多いのにもよろうが、編者は庶民の児童読物であるのに鑑《かんが》みて、これを庶民に求めたものであろう。というのは、『倭《やまと》二十四孝』と『皇朝二十四孝』を比較してみると分かることであるが、『倭二十四孝』のように天保《てんぽう》期の合巻風《ごうかんふう》にならったものでは、庶民向きを標準として庶民の孝子を増しているのに反し、『皇朝二十四孝』は武士の手によって撰ばれ、かつ武士の子に読ませるのを目的としていたため、庶民の孝子よりも武士のそれを多く取っていたのである。

以上によっても分かるように扶養、承順、看護、慰霊を重んじているが、これは大体庶民に向く孝道理念であるのと同時に、庶民の実情を反映したものであった。天子における譲位の如きや武士における復讐《ふくしゆう》、さては父の遺命を守っての忠烈等はここにはない。

⑦ 孝子の貧窮の程度（第二巻三〇五ページ）

大別して食事に現われた貧窮状態、衣服調度類に現われた貧窮状態、親の死後葬礼の儀を全うし得ない貧窮状態、買物の出来ぬ貧窮状態とすることが出来る。

以上の内訳を見ると、次の通りである。

貧窮状態	全相二十四孝詩選	後作の二十四孝	元代までの他の孝子譚
食事に現われたもの			
食物供給の思うに任せぬもの	郭巨		
客に供うるものなきもの	曾子		
下等の食物を摂っているもの	蔡順	仲由(日記故事巻一および孝念類) 王氏(女二十四孝)	仲由(太平御覧巻四百十二)
甘旨貧しきもの		茅容(後孝行録)	
肉を買い得ぬもの		欧陽守道(日記故事孝行録二十四孝)	李篤(同　四百十四)
飢えを忍ぶもの		顔烏(後孝行録)	
衣服調度類に現われたもの			
帷帳なきもの	呉猛		
絮なきもの			朱百年(同　四百十三)
衣服を交替で着るもの			
裸跣でいるもの		江革(日故巻一および孝行類二十四孝)	
親の死後葬礼を全うし得ないもの	董永	顔烏(日記故事孝感類) 郭平(同)	韓霊(同　四百十一)
市に買い得ぬもの			郗詵(同　四百十二)

一般に衣食住のうち、食事と衣服類に関したものが多く、最低は無の状態から、やや良くてもどうやら一時しのぎの程度で、『御覧《ぎょらん》』にある黄香の家貧而無奴僕（家《いえ》貧しくして奴僕《ぬぼく》無し）などは、まだ良い方である。衣食に次いでは、親の歿後《ぼつご》その礼を尽くし得ないものが多く、ここに埋葬や墳墓構築に関して、各種の話が生まれたわけである。

⑧ **川柳**（第二巻四七〇ページ。『二十四孝』や赤穂四十七義士や仏教の三千世界など数字が詠みこまれている）

詠まれ方や扱われ方については注意すべき点が二つある。その一は二人物を一句中に詠みこんだものについてである。ここでは二説話に対する市民感情を短《みじ》かい形に閃《ひらめ》かせつつ、しかも二説話の特色を明映している点がある。他は忠臣蔵と比較し、あるいは結合して、日本の国粋的伝統説話に対する感懐を露出したり、支那の特有説話に対する感情を表わしたりしている点がある。前の特色は技術上から見ての特色であり、後の特色は、詠出上の特色はもちろんのこと、国民的感情を表現し、自国意識に覚醒していることの特色である。

孝よりも忠義は二十三多し

二十四の孝より四十七の忠

においては、数でも優る優越感を高らかに詠んでいる。しかしこの態度が、茶目化に走ると、

日本は三千でざんす孝の数

のように、吉原《よしわら》の遊女を孝女の身売りの果てと見立てて、享楽《きようらく》の巷《ちまた》と蕩児《とうじ》を皮肉ることにもなる。

この逆は、固く、真正面から取りあげることになるが、

唐倭《からやまと》七十一字忠と孝

では、和漢の長所を併合して讃称している。しかし忠（四十七）と孝（二十四）を併せてくるところ、やはり東洋道徳の感情で凝視していることがうなずける。

⑨　**狂歌**（第二巻四七四ページ）

西沢一鳳軒《にしざわいっぽうけん》……彼は狂言師ではあっても、純粋の狂歌師ではなかった。しかし余技としての狂歌を嗜《たしな》み反古庵白猿《ほごあんはくえん》と称した彼の作に「子といふもの」を詠んだ

のがある。ここではまず子宝思想に一矢を向け、
子というものなくて有りたき暑さ哉《かな》
と実感を漏らし、また、
子宝《こだから》の多きに末はいざしらずまづ当分はかかる貧乏
と、経済生活の均衡が保てないことを告白している。しかし子弟の育成について
は、「人の聖人の道を学ぶを第一とす」と見て、
忠々《ちゆうちゆう》と雀がなけば孝々《こうこう》と烏《からす》がふれて廻《まわ》る毎朝
と、児童にも興味が持てるよう、語の面白みと烏の比喩《ひゆ》から喩《たと》えている。

⑩ **子守歌**（第二巻四八一—四八二ページ）

子守歌の二十四孝は、二十四孝が元来児童読物であるだけに、自然と子守歌や毬《まり》つき歌に結びついて現われたのである。北原白秋の『日本伝承童謡集成』第一巻子守歌篇によって調査してみるのに、現在伝承して現われている子守歌は総計三千四百四十八である。このうち親と子の諸関係や諸相に取材しているものは六百七十五首あって、全体の約五分の一に当たっている。

端的に親の恩を歌っただけのものについてみると、次の十数例を見出す。

親に孝行　銭《ぜに》かねいらん　少し言葉で　たんの（堪能《たんのう》。十分に足りる）させ

　搗《つ》いた餅《もち》のり　言葉餅（奈良）

親に孝行の　蛍の虫は　われとわが身で　火をともす　夜毎夜毎《よごとよごと》に　灯《ひ》をと

もす（〃）

深いめぐみに　育つたわたし　いつか返えさりょ　親の恩　親の恩（〃）

寺へ三年　針屋へ四年　忘れられんよ　親の恩（和歌山）

親の意見と　茄子《なすび》の花は　千に一つの　あだがない（〃）

朝は早よから　起きようお前　親と金とは　使はう（使おう）まい（〃）

奉公してみて　ひとせき（一節季《ひとせつき》）をふんで　親をいただく　有難さ（〃）

物を云うまい　物ゆたばかり（物を言ったばかりに）　父は長柄《ながら》の　人ばし

　ら（難工事完成のために神に捧げた犠牲の人柱《ひとばしら》）（兵庫）

可愛い千松《せんまつ》や　八汐《やしお》が殺す　こたえられまい　政岡《まさおか》が（〃）

⑪ **演劇**（第二巻四九四ページ）

〔『二十四孝』は〕「忠臣蔵増補柱礎《ちゅうしんぐらねつきのいしずえ》」の勘平《かんぺい》切腹、早野七太夫の場と明治初期の河竹黙阿弥の作「孝子善吉」終幕に見事に用いられている。「忠臣蔵増補柱礎」（勘平切腹、早野七太夫）では、しばらくぶりに帰国した勘平を、七太夫は菊にめあわせようとするが、吉良上野介討滅の大望を抱く勘平は亡母の追善を祈るとて、墓の側に小屋をかけ忌明けまで顔を見せぬ。しかしついに亡母の遺言と言う立て前に迫られて結婚に追いやられる。彼は自殺して果てる。この過程に、出入りの者が七太夫に服装のことを尋ねると、七太夫が得意になって勘平の孝心を紹介するところがある。すると三人が感服する。その対話のやりとりの中に、

三人　思ひ入れあって

茂平　へイへイ、それで謂《いわ》れがらりと知れました。

次郎　親孝行は勘平さま、二十四孝の数が増えて、二十四孝の光がさすような出来《でき》　立身出世は今の事、それを承って、もう暇致《いとま》しましょう。

七太　もう帰らっしゃるか。

茂作　ハイハイ、お菊さま、おめでとうございます。

三人　旦那さま、おさらばでございます。
茂作　サアサア、ござれ〳〵

と唄になり、三人捨てぜりふあって下座《げざ》へ入る、がある。ここにおいては勘平の孝が最高なものであるという称讃を、二十四孝に一孝を加えるという比較によって表わしている。これを無知な農民に言わせているのは、作者の趣向立てであるが同時に庶民らしい孝の見方と表現にもなっている。

⑫ 落語（第二巻五九六ページ）

二十四孝

あるところに親泣《おやなか》せのむすこが御座りまして、世間中のにくまれものになって居りますゆえ、伯父がにがにがしく思いまして、或日《あるひ》しんみりと物の道理をきかせまして、昔し唐土に二十四孝というがあって、親の云いつけなら寒中に筍《たけのこ》を掘り我体《わがからだ》で氷をといて（融《と》いて）鯉をとったためしもあると意見をいたしますと、息子も、心得ましたありがとう御座りますと家へ帰りまして、アノお父さんもお母さんも筍か鯉かたべたくはないか。イ、ヤそれより甘酒がのみたい。それはいけねえ。何故。なぜだって二十四孝に甘酒はない。

（明治三十七年転載落語の大帳一分線香第一号）

落語二十四孝

八「何を云やァがるんだ、箆棒《べらぼう》めえ、今日から心を改めて、今夜から親孝行に取りかゝるんだ、江戸ッ子だ、愚図愚図《ぐずぐず》しちゃあ居られねぇ、どうだい阿母《おか》ァ雷は嫌えか。」

母「妾《わたし》は若い時から癪《しゃく》という病があるから、雷様が鳴ると胸が透いて好い気持ちになる。」

八「嫌な婆ァだな此の婆ァは、雷の女形みてえな面をして居る癖《くせ》に……どうだい阿母ァ病はねえかい。」

母「誰が病む奴があるものか。」

八「鯉は食いてえかね。」

母「川魚は泥臭くって大嫌いだ。」

八「勝手にしゃあがれ、此の婆ァ、さっきから親孝行を順に運んで居りゃァ、どれも是も親孝行が嫌いだといやァがる。手前みてえな張合《はりあ》ぇのねえ婆ァはねぇ、何でも構わねぇから今夜親孝行をしちまうんだから表の戸を締めちめえ。」

⑬ 江戸時代の二十四孝及び童子教の流布状況（第二巻六三五ページ）

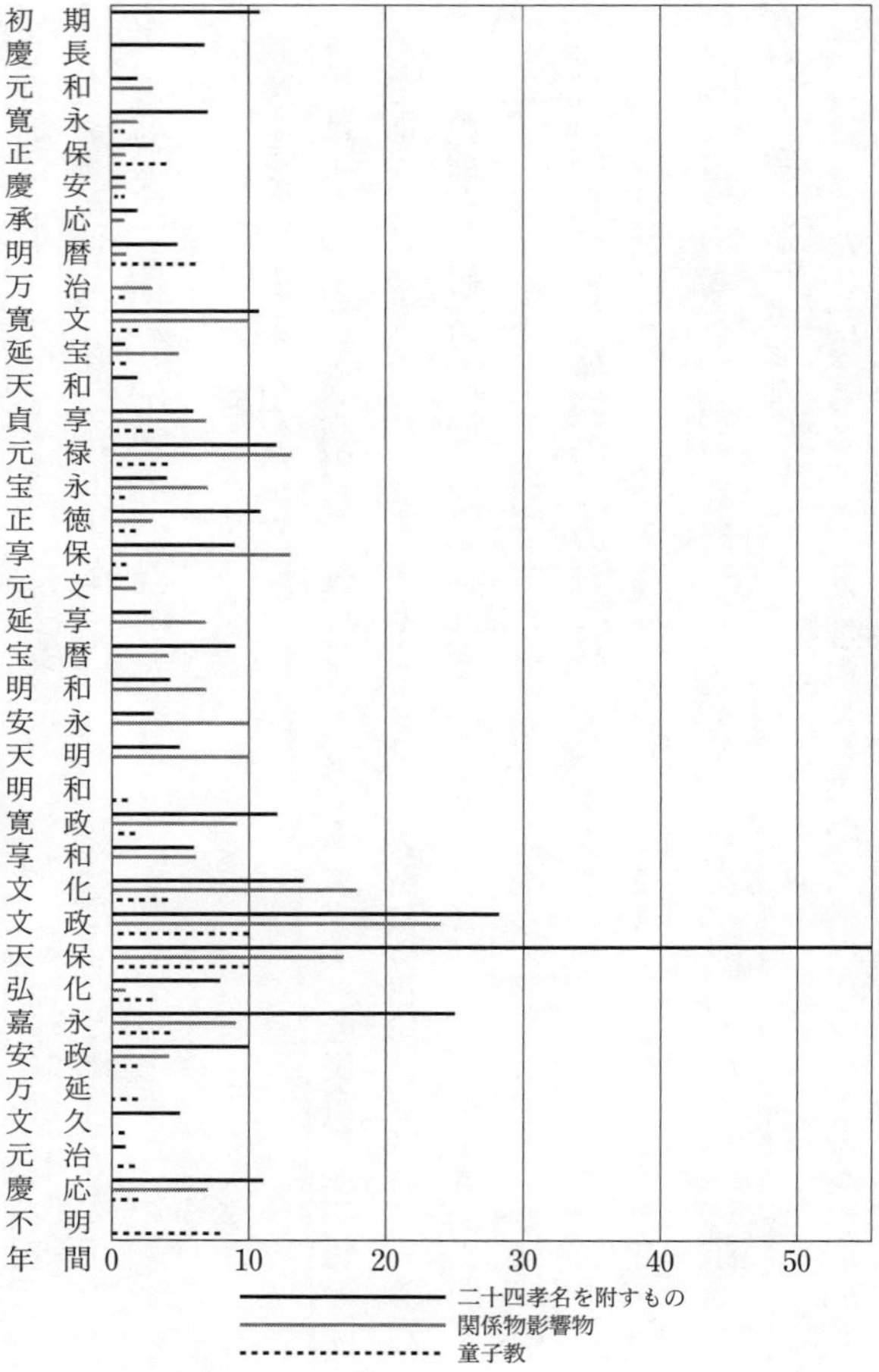

〔加地注〕徳田同書が調査した『童子教《どうじきょう》』もまたよく読まれた初級教科書である。なお、前図年号中、「明和」が二回出てくるので誤りがある。また、「元文」の次の「寛保」、「延享」の次の「寛延」が脱落している。

⑭ **親隠しの間《ま》**（第二巻六六八―六七六ページ）

庶民は現実の生活で探り出し、表現したものの中に、案外庶民自ら孝子譚の憧《しょう》憬《けい》者であったことを語っているのである。この代表例に今日珍重視《ちんちょうし》されている新潟県佐渡郡羽茂村大字小泊の岡崎兵九郎氏宅（通称富家）と、同金子健治氏旧宅がある。挿入図（次ページの図）でわかる通り、親隠しの間を持っているのである。言い伝えによれば、昔領主のお触れで老人を養うことを許さなかった。これに忍びないで老いた親を養い、探索の役人が来れば親隠しの間に入れ、そこから別棟《べつむね》へ（富家の場合）、納戸《なんど》外へ（金子氏の場合）と逃げて貰い、役人の眼をのがれて危難を避けさせたのだという。

食糧乏しいため口べらしで老人を敵視したのか、迷信からか、あるいは流罪《るざい》囚《しゅう》の逃亡厳視のためか、役人の探索と監視の真因は分からぬが、かりに右様《みぎよう》の事

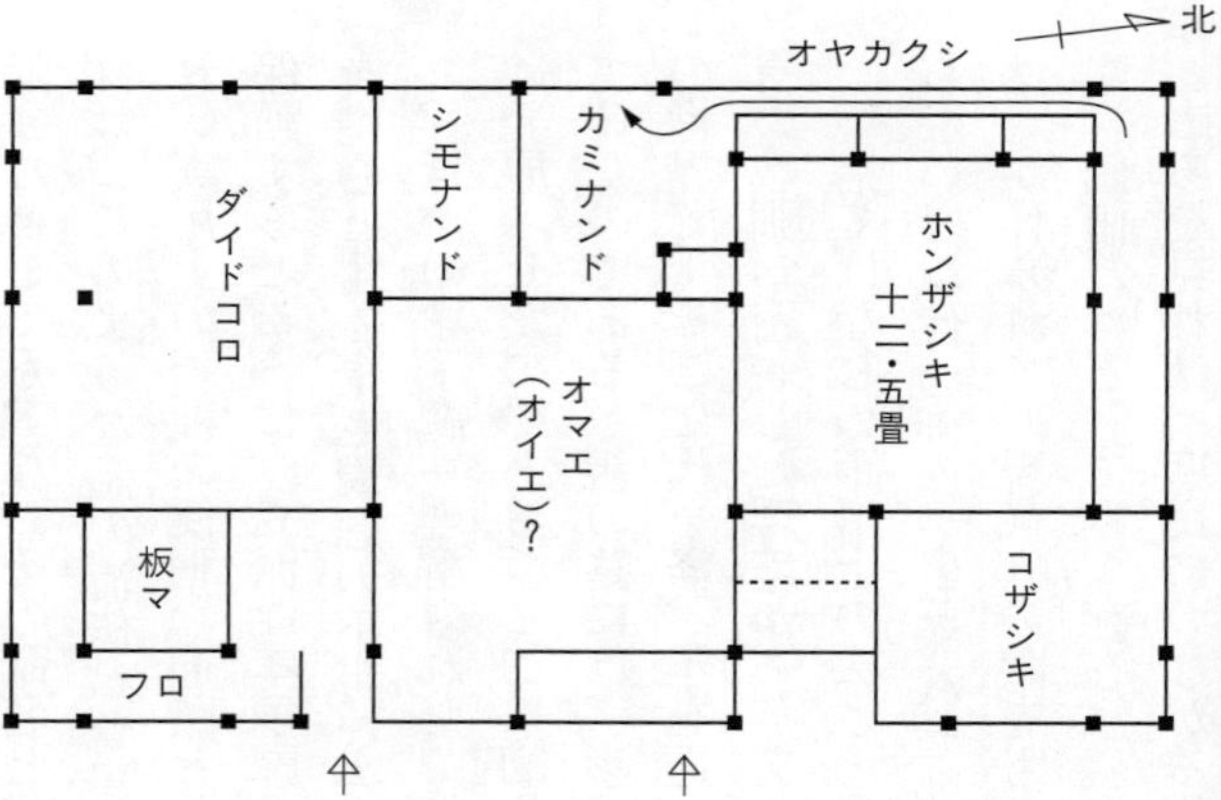

○現在旧宅の前（東側）に住居を新築し旧宅はナヤとして使用中、近く解体
○親隠し本座敷の横側から入り床の裏側を経て納戸に出て外に出る
○女性月経時は板の間で暮らす

金子健治氏旧宅　佐渡郡羽茂村大字小泊

実があり、親隠しの間が実際に使われたとすれば、これこそは姨捨《うばすて》伝説の逆を行く……ものと言えよう。

今日残る親隠しの間は、幅一尺余の窮屈な通路で、入るのには床の間のわきか（岡崎氏宅）、押入れか（金子氏宅）を使うのであったから、非常用のものであったことだけはたしかである（前橋市立工業短期大学教授工学博士松崎茂氏）。

（中略）

昔話同様親隠しの間が牽強《けんきょう》

附会《ふかい》だとしても、なおその命名と言い伝えに民意の反映を見出すのである。詮《せん》ずれば、このような話の流伝《るでん》が背景となって、右の建築物に造形的に取り入れられ、実用上の一種の便利な通路として用いられたに違いない。それにしても親を保護するところに、立派な孝子譚の基根は形成され、これあればこそ、親すて山を中心とする棄老《きろう》観念の不可なることも納得され、次第に孝子譚の拡充があって、ほかの孝子譚も理解されたであろう。庶民は身をもって孝子譚を描き、大きく発展させたのである。ここに廟《びょう》や祠《ほこら》や墓石以上に孝子譚的世界が生きて密着していたのである。親の墓には、孝子譚を刻みつけなくとも、家そのものが孝子譚の世界で、そこに代を経、年を送って暮してきたのである。いわば住む者へは無言の教訓が密着した環境から与えられて、これが下部意識に固定したのである。

親捨てばなしの距離上の広さと長さ、年暦上の長さと多様さはこれだけに止《とど》まらない。現代の創作でも深沢七郎氏に「楢山節考《ならやまぶしこう》」が生まれ、井上靖氏に「姨《うば》捨《すて》」が作られて、現代人の眼をもって解釈しているところを見れば、解釈以前に素材価値だけとしても、存在意義のあること、及び読者が両作を名作として推すところを見れば、庶民につながる親子の愛情とこの周辺の問題が、説話として表現物に連なって行く経路には、なお庶民の説示と伝承の一変形を見出すのである。

⑮　**唱歌「孝の道」**（嘉永六年に心学者《しんがくしゃ》の手に成る。第三巻一〇二ページ。この児童用の唱歌は『父母恩重経』〈引用は徳田の訳と思われる〉に拠るところが多いとして徳田は次のように示す〈二二七・二八七ページ参照〉）

又尿屎《ししばば》に　けがれもの　取あつかひに　十《とお》のゆび
十の爪には　こと〱く　不浄のけがれ　去《さり》やらず
これをなめても　いとひなく　唯《ただ》いとをしみ　たまひにき

味よきものゝ　ある時も　先子《まず》にあたへ　よろこぶを
見てたのしみと　し給ひぬ　子の泣声を　聞時《きくとき》は
胸打《むねうち》さはぎ　とるものも　取あへずして　乳をふくむ
成長《ひととなる》をば　たのしみに　其《その》苦労をも　かへりみず

二《ふた》とせ三《み》とせ　するうちに　母《いろは》の花の　かほばせも
うつりにけりな　いたづらに　我身《わがみ》世にふる　ことぞとも
思はで児《ちご》の　這ふよりも　早立《はよたつ》やうに　あれかしな
さま〴〵なりし　御《おん》めぐみ　皆打《うち》わすれ　利《り》口顔《こうがお》
よからぬ遊び　夜をふかし　大酒このみ　立《たち》くるひ
父母の気を　いためさせ　教《おしえ》意見も　聞《きき》いれず
只《ただ》我ひとり　目もあいて　口きくやうに　なりしぞと
思ふが故に　父母を　ふみつけにする　やからあり　（原文通り）

父母恩重経

慈母の児を養ふや闌車《らんしゃ》を去離すれば、十指の甲の中に子の不浄を食す。我が児の家中に啼哭《ていこく》して我を憶《おも》はんと、母即ち心驚《しんきょう》して両《りょう》の乳流れ出で、即ち我が児の家中に我を憶ふと知りて即ち走りて家に還る（中略）。母は其の子の為に身を曲げて下り就《つ》き、長く両手を舒《の》べて塵土《じんど》を払拭《ふっしょく》し、其の口を鳴和《めいわ》して懐を開いて乳を出し、乳を以て之に与ふ。母は児を見て歓び、児は母を見て喜ぶ。生るる日に当りて母の盛なる華《はな》の顔は、子を養ふこと二三すれば、形容憔悴《しょうすい》す。未だ乳哺《にゅうほ》を知らず、思議すべきこと難《かた》し。長大し成人しては声を抗《あ》げ気を怒らし、父の言をば受けず、母の語に瞋《いかり》を含む。

⑯　**捨て子**（第三巻四三七―四三九ページ）

嬰児から児童に至るまでの年齢のものを、巷に捨てる悪風も多かった。江戸幕府及び諸藩は、禁令を発しては禁止に努めたが、なま易しいことでは止《や》まなかった。布告の趣旨貫徹のためには、五人組組織を使ったのである（後述）。いま『徳川禁令考後聚《こうしゅう》』に拠ってこれを求めてみると、次の主な御触書《おふれがき》と判例を見出す。（以下、徳田は十一例を示す）

これらに拠ると、捨て子の処置には当局も困ったらしく、一時名主あずけ、一時五人組組長あずけ（元禄三・十、享保十一・一・三十一）、少々の添え金とども非人へ渡す（元禄三・十）、養子希望者へ下げ渡し（享保十一・一・三十一）、十歳以上の棄て子も必ず届け出る（天明六・二・六）、金子《きんす》付きの棄て子を貰《もら》いまたこれを棄てた者の厳罰（寛保一、寛保二）、わが町内の棄て子を隣町へ又捨《またず》てした者の処罰（享保十五・十二・二十六、寛保二・二・二十九）、棄て子の金子だけ取って、また捨てをした者の厳罰（元文二・十一・十二、文政二）、棄て子の金子を取ってこれを殺し他へ捨てた者の厳罰（元禄十五・二・二十一）、棄て子を貰《もら》ったが育てかね金子だけ取ってなぐり殺した者の厳罰（文政三）、棄て子を貰い養子としたが、実子が生まれ、棄て子を惨酷に扱った者の厳罰（寛政九）等多種多様の扱いをしている。

このような厳罰主義だけでなく、下部への滲透策を図ったことは、各地の五人組法規に明らかである。いま捨て子を禁止した条記を盛った法規を尋《ただ》してみると、次の通りである。（以下、徳田は穂積陳重編『五人組法規集正篇』から三十三規を示す）

2　不孝者について

儒教文献において、不孝のことは、非常に早くから出ている。その最も有名なものは、『孟子《もうし》』離婁《りろう》上篇の「不孝に三有り。後《あと》無きを大なりとなす」である。祖先の祭祀の承継者がいないことが最大の不孝という意味である。

もっとも、孟子は三種あると言いながら、この一種しか挙げていないので、残りの二つについて、さまざまな意見がある。そのうち、代表的解釈となったのが、『孟子』の趙岐《ちょうき》（後漢時代）の注ならびにそれを広めた朱子《しゅし》である（『孟子集注《しっちゅう》』）。

そこではこう述べている。①他人に阿《おも》ね諂《へつ》らい、親を不義（正しくないありかた）に陥《おとしい》れること、②家が貧しく親も年老いているのに、働かないでいること、③結婚せず子がなく、祖先の祭祀を絶つこと。

しかし、『礼記《らいき》』祭統《さいとう》篇に「孝子の親に事《つか》うるや、三道有り」とあり、「〔親が〕生《い》くれば則ち養い、没すれば則ち喪《とむら》い、喪《も》終われば則ち祭る」とその内容を示している。この『礼記』の三道に背くようなことが不孝であったと考えられるので、趙岐の解釈の①は、古代的なものであるのかどうか、疑問が残る。

私は、前述したように（二〇九ページ）、祖先祭祀（過去）―親への敬愛（現在、「養」を含む）―子孫一族の繁栄（未来）の三者を併せて孝と考えている。生命の連続の自覚である。

もっとも、三者どころか、親を養うこと一つでもなかなか難しかったのが現実であっただろう。興味深いことに、『孟子』離婁下篇において一般人における五不孝を挙げている。すなわち、次のごとくである（八〇ページ注〈4〉参照）。

(1) 其《そ》の四支《しし》（手足）を惰《おこた》り（働くのを嫌って）、父母の養《やしな》いを顧《かえり》みざるは、一の不孝なり。
(2) 博奕《ばくえき》（博打《ばくち》）し飲酒を好み、父母の養いを顧みざるは、二の不孝なり。
(3) 貨財（金銭・財産）を好み、妻子《さいし》に私《わたくし》し（妻子だけを大事にし）、父母の養いを顧みざるは、三の不孝なり。
(4) 耳目の欲を従《ほしい》まま（放縦《ほうじゅう》）にし（欲望のままに日を送り）、以《もっ》て父母の戮《りく》（恥辱《ちじょく》）を為《な》す（父母の恥辱になることをする）は、四の不孝なり。
(5) 勇を好み闘狠《とうこん》（喧嘩《けんか》口論）し、以て父母を危うくするは、五の不孝なり。

どうしようもない不孝者の姿であるが、おそらく、実態として五不孝のようなものがあったのだろう。だからこそ、その逆の孝子物語が庶民道徳の物語として好まれたのであろう。

同じ『孟子』中の、三不孝であり五不孝なのであるから、三不孝のうちで述べられていない残りの二不孝の内容は、五不孝のどれかに当たるのではあるまいか。

この五不孝の内容は、およそ考えられる親不孝の具体例であるだけに、たとえば『父母恩重経』中の不孝者の行状を描くときに、中国人民衆を説得するため、『孟子』の五不孝が、あるいはその作者の念頭にあったかもしれない。

こうした不孝以外、親に対しての暴行や殺人もまたあった。それに対する法的処罰については、前引の桑原の書（二三五ページ）に詳しい。

さて、江戸時代、西鶴《さいかく》が『本朝二十不孝《ほんちょうにじゅうふこう》』を刊行した（貞享《じょうきょう》三年、一六八六年）。そのころ、孝子伝がよく読まれていたことは、前引の徳田の書（三二六ページ）第二巻の示すところである。この『本朝二十不孝』は、不孝者を描くことによって、孝子とは何かということを、より鮮明にする手法ともなっている。また、おそらくは、実録というか、モデルというか、そういうものを下に敷いていたであろうから、ノンフィクション物のような興味や関心を当時の人は持ったことであろう。

西鶴は、当時の人々の物欲に視点をすえて、金銭や財物をめぐっての盛衰を冷徹に描いた大作家である。不孝物語においてもそれは生きている。

同書については、暉峻康隆《てるおかやすたか》の訳・注（『現代語訳西鶴全集(八)　本朝二十不孝』小学館、昭和五十一年）があるので、それに沿って、巻二「親子五人仍《よっ》て書置件《かきおきくだん》の如《ごと》し　駿河《するが》に金持風《かねもちかぜ》ふかす虎屋《とらや》」を紹介したい。

人はみな一度は死んで、煙となってしまう。むかし煙をはいていた富士の山から、はげしい風が吹きおろして風邪がはやり、人々が難儀している駿河《するが》の府中《ふちゅう》では、医者が暇《ひま》なくかけ回り、また死人が出た家では菩提寺《ぼだいじ》の門をたたいている。人はいつ死ぬかもわからない。おりからの寒空《さむぞら》でも、経帷子《きょうかたびら》一枚があの世への旅《たび》衣《ごろも》なのだ。

府中の呉服町《ごふくまち》二丁目に、虎屋《とらや》善左衛門という国中《くにじゅう》で評判の金持が住んでいた。

この善左衛門には四人の男児がおり、それぞれ生計を営んでいたが、善左衛門が病気となる。子たちはよく見舞に来ていたが、いよいよ最期ということになったので、四人を枕元に呼び、こう述べた。

わしはこれが最期だから、いい残しておくことはほかでもない。兄善右衛門を親代りにして、わしに従ったように、何事によらずすこしも背《そむ》いてはならん。さて世間というものをつくづく考えてみると、人の家《うち》に見かけよりないものは金《かね》だ。我が家は久しく栄えて、外から見た目には五万両（原注　約二十四億円）も有るように見えることだろう。お前たちをはじめとして頼もしく思っているだろうが、他人には聞かせられないこと、実は案外の身上《しんしょう》なのだ。内蔵《うちぐら》の鍵《かぎ》を渡すから、諸道具を調べてみなさい。わしの屋号をつがせるのだから、この家屋敷は万事そっくり善右衛門にやる。現金は甲乙なしに四つに分けて譲ることにしよう。それにつけて秘密の相談がある。世間というものは、資産のある人には大分の金も融通し、それにまた縁組にも都合がよく、何かと勝手のよいことが多いものだ。そこでわしが工夫して、世間への外聞だけで、ありもしない金を書置《かきお》きしておくことにする。必ず貰《もら》ったものとして、心のうちですましなさい。実はやっとのことで小判二千両（約九千六百万円）よりほかには、浅間《せんげん》神社に誓って何もないのだ。これを八千両ということにして、一人に二千両ずつ譲ると書置きしておく。つまらない見栄《みえ》のようだが、人間は外聞が大切だ。

このこと、全員が承知したので善左衛門は安心し、

その通りに遺言状をしたため、それから四、五日すぎて、めでたく往生したのを人々は悲しみ、葬式には蓮華《れんげ》の紙花《はなびら》をまき散らし、死光《しにびか》りという言葉の通り、提灯《ちょうちん》で道をかがやかし、その盛大な葬式までを人々はうらやむのであった。あの世へ行くにも、銭《ぜに》が物をいう世の中である。

四十九日までの弔いに、大勢の僧侶《そうりょ》の読経《どきょう》の声が絶えず、人々は皆これを殊勝なことだと思っていたところが、次男の善助は七日（初七日）もたたないうちによくない料簡《りょうけん》をおこし、親仁《おやじ》の位牌《いはい》へ香花《こうげ》も供えず、算盤《そろばん》を枕に思案して、弟の

善吉と善八を呼び、全部で二千両ということはない、八千両はあるだろう、だから遺言書（書置）どおり、われわれ三人はそれぞれ二千両ずつもらおう、と言いだした。みなも同意し、長男にそのように要求した。長男は驚き、いろいろと説得したが、聞き入れる様子がない。証文が物をいう世の中なので、何ともいたし方のない始末であった。「無益な外聞をお考えになっての遺産相続が、たちまち難儀《なんぎ》となり、自分一人が迷惑することになった。あいつらも承知の上でこの通りにきめておきながら、嘘《うそ》いつわりのないこのおれを疑うとは、とんでもないやつらだ。天罰をのがれられるはずがない。考えてみればひとかたならぬ不運だ。生きのびたところで嬉《うれ》しくもない」と善右衛門は覚悟し、「事情を表沙汰《おもてざた》にして親の名を恥ずかしめるのは、後の世までの不孝だから、いっそ死んでしまおう」と、夜ふけて家を忍び出し、親たちの墓に参り、一部始終をうったえた上で、墓石の水槽《すいそう》に腰かけ、四十二歳の十一月五日の明け方に、腹を搔《か》っ切って死んでしまった。

寺ではびっくりして報らせに来た。長男の女房は歎き悲しんだが、弟三人は、気が変になって死んだと言いふらして始末し、そんなことよりもと、蔵の中を調べまくったが、二千両以外に金《かね》はなかった。弟三人はたいへん疲れて蔵の中で寝こんでしまった。

この夜、長男の亡霊がその女房の夢枕に立ち、事の次第を語った。女房は目覚めて敵討ちを決心し、蔵の中で眠っていた弟三人を斬り倒した。それから、自分の二歳になる息子（善太郎）を、

乳母《うば》が乳をのませている懐《ふところ》から取り出し、自害した夫の脇差《わきざし》を持ち添えて、「今ここで親の敵を討つんだよ」といって、三人ともに止《とど》めを刺した。

女房はこの事を乳母に話しておいて、自分も胸を刺し通して死んだ。露のようにはかないこの世の、またその朝《あした》に消える霜のように、これほどはかない事はない。世間では事情を聞きつたえて、弟三人の大悪を憎み、兄の苦衷を察して、逢《あ》ったことのない人までも涙ぐむのであった。

虎屋《とらや》の跡は二つになる善太郎に継がせたという。家が栄え、家が滅びるのも、みんな人の孝と不孝によるのである。

3　十種の「孝」字の教え

江戸時代、孝について庶民はさまざまな工夫をして通俗的教化を試みた。前引の徳田著が示すとおりである。そのようなものの中に「親子十体教」というものがある（前引〈二三一ページ〉の沢柳著下篇一五一ページ）。「体」とは、書体のことで、「孝」字を二つに分け、上部の「耂」を親、下部の「子」を子として、この両者をいろいろと組み換えて新字体の十種を作り、その字体について、それぞれの下部に親・子の姿や関係などを和歌調で説明している。

ここでは分かりやすいようにナンバーを付した。①は、もちろん正体字である。②の「左まへ」とは、家業が傾くこと。⑤の「かひさまな」とは、「さかさまな」の意。⑨の「うたてき」は、いやだと思うこと。

① 親と子は、ただ一体の孝行と、書くこそ人のまことなりけれ。

② 親はよしや左まへなることありと〔も〕、ただ孝行をするが子のみち。

③ 敬ありて愛なき人の礼義だて（立て）、親子のなかのへだてなりけり。

④ 愛と敬と行儀作法もなき人は、親やら子やら猫やら犬やら。

⑤ かひさまな親を見まねの親と子は、親によう似た鬼子とやいふ。

⑥ ついちよつとこちらへむけばまつすぐになると思ふが親《おや》の慈悲心《じひしん》。

⑦ どこひとつ取《と》り所なしと人はいへど、ないよりましとおもふ子の親。

⑧ 親よりもものしり顔《がほ》にかたひぢを、はるはまことに手にあまりもの。

⑨ 親は尻《しり》にしかれながらも、もぢもぢと子に手をさげて居《お》るぞうたてき。

⑩ 尻《しり》にしくとは思《おも》はねど、老《おい》の身の日《ひ》に日にうすき冬《ふゆ》の日のかげ。

4　孝子の表彰

庶民道徳の筆頭である〈孝行〉は、世間の評判に終わるだけではなかった。それを為政者が表彰することになる。

人間社会の規範を破る者に対しては、一定の制裁を加える。これは生物の社会においては当然のことである。この制裁が公的になり、刑法が成立する。東北アジアにおける〈律〉がそれである。

しかし、〈律〉によって行政が成り立つわけではない。そういう法律第一、刑法第一とすると、法を犯しさえしなければ正しいということになり、単なる法令順守（コンプライアンス）の徹底という、法令順守原理主義となってしまう。この形、一見すると最も良い状態に見えるが、必ずしもそうではない。法網に引っかからないならば何をしてもいいということとなり、道徳を無視する、一種の虚無主義に陥る。

そのことを、すでに『論語』はこう喝破している。「之《これ》（人々）を道《みちび》（導）くに政《まつりごと》（法制）を以《もつ》てし、之を斉《ととの》うる（秩序化する）に刑《けい》（刑罰）を以てすれば、民《たみ》〔はそれに引っかからないようにと〕免《まぬか》れて（逃《のが》れて）〔なんでも行い〕恥無《はじな》し」（為政篇）と。

そうではなくて、法の強制に拠るのではなくて、己の心の良心、道徳性に拠って行動すべきなのである。その結果として法を犯すことが少なくなってゆく、無くなってゆくべきだと、孔子はこう続けて述べる。「之（人々）を道《みちび》くに徳《とく》を以てし、之を斉《ととの》うるに礼（規範）を以てすれば、恥有《あ》りて且《か》つ格《ただ》（正）し」と。

すると、儒教官僚からすれば、法秩序を乱した者に対しては、それに相当する刑罰を与える一方、道徳規範を進んで実行した者に対しては、それに相当する表彰を行うということになる。刑罰のみでなくて、表彰をもというのが、儒教的教養に基づく行政であった。

このことは、中国においてもちろん行われていた。本書二四八ページに引用の租税免除などはその一例である。

日本の江戸時代においても同様である。前引の徳田著が記載する多くの孝子録にそれを見ることができる。徳田には及ばぬものの、私もそうした類の文献を若干集めてきた。その中で、徳田が集めた庶民側の孝子物語とは別に、〈孝子表彰〉という角度もまた重要であると思った。行政側の表彰と言うと、ある種の人々はすぐさまに、民衆からの搾取をごまかすためのものというような否定的批判を加えることであろう。それは、イデオロギーからしかものを見ることのできない浅薄な観点によるものであるので、論ずるに足らない。

近代日本における行政側の表彰をする中心は、知事である。明治時代は前期皇室ということもあった。その表彰は、孝行者ばかりではない。節婦（婚家における女性の道徳実践者）をはじめ、さまざまなすぐれた人々、それも無名の一般人を対象としている。そして、その褒賞も与えている。たとえば朝野昇編『明治孝節（これは「孝子節婦」の意）録』（発売・岩井万文堂、大正五年）から以下にさまざまな例を抜き書きするが、全国にわたっている。読みやすくするため私が手を加えている。

①　矢沢角太郎「行状……ついに県庁に聞えて、その篤孝、郷閭《きょうりょ》（その地方）の亀鑑《きかん》（手本）たるをもって、大蔵省へ具陳《ぐちん》（申請）におよべりとぞ」

②　岡本嘉蔵「県庁　褒金《ほうきん》そこばくを賜いて旌表《あらわ》（表彰）せしとぞ」

③　いち女「〔但馬の国の……〕もとの領主　その孝貞を感じ、しばしば金穀《きんこく》を与

えて賞与し、いちが死後に至って碑《いしぶみ》を建て、旌表《せいひょう》せり」

④ ます女「県庁もいたく感じて小学校の、女子の助教となせりとぞ」

⑤ 木場長平次「県庁その実行《おこない》を点検し、部内の模範にもなるべき者なりとて、大蔵省に注進し、賞賜《しょうし》を乞《こ》えり」

⑥ 利右衛門・とめ女（姉弟）「〔筑後の三池郡飯田村の……〕領主より、米二石、銀四十両を賜いて、褒賞あり。それより後は、その二石の米を、歳ごとに賜いて、孝養の資《たすけ》となさしめ……行実《こうじつ》を石に彫《え》りて、その閭《りょ》（村里）に表せられにけり」

⑦ やす女「一村の者　感歎せざるはなく、県庁に申し出《い》づるに至れり」

⑧ 高島玄俊「〔豊後の国……〕府内藩より扶持米下し置かれしに、辛未《かのとひつじ》（明治四年）九月（廃藩置県は同年七月）廃止になれども……はやくより朝廷の御趣旨に遵《したが》い奉《たてまつ》りて、終始渝《かわ》らざるによれるゆえなればとて、金千匹賜いて褒賞し賜えり」

⑨ 兵計左《ひょうけいさ》「ついに天聴（朝廷）に達して、いたく賞賜ありけりとぞ」

⑩ きせ女「もとの府内の知事も、いたく感じて、金穀たびたび与え、文政七年

⑪（一八二四）より始めて、賞賜七たびに及びしとぞ」

⑫森利右衛門「県庁よりいたくこれを賞して、米二俵《ひょう》を下し賜えりとぞ」

⑬小泉甚兵衛「もとの豊橋藩より、米三俵賜わり、こたびまた県庁より、金五円を下されけり」

⑭みよ女「参事林《はやし》某　回村《むらめぐり》のついでに、金一円二十五銭つかわして賞美せりとぞ」

⑮源太「〔六歳の源太が乞食をして両親と妹とを養っていたが、ある夜、〕街上において、官員の過ぐるに袖乞《そでご》いし……〔官員がそのわけを問うと〕貧苦の形状《さ》を幼少ながら縷々《るる》（こまごま）語れり。……聞く者涙を払《はら》うにたえず。これに因《ま》りて、官員　銭若干《そこばく》を与え、翌朝、授産養育（就職や生活保護）の事に注意すべき旨を、戸長（行政事務吏員）に諭《さと》したりしとぞ」

⑮星野弥兵衛「朝廷いたく褒美し賜いて、代価二十円の時計一個を賜えり」

⑯とめ女「〔十歳で両親のために働いていたが、母が誤って堀に落ちた。救おうととめ女が飛びこんだが、力尽きて亡くなった。そのことに対して〕父の又次に、祭祀料若干《そこばく》を賜えり」

これらを見ると、旧藩と新県とにわたって、表彰を継続しているのが見られる。明治維新を迎えても、廃藩置県の前までの藩知事はほぼ旧藩主であるから、表彰を継続して当然であった。

だが、廃藩置県後の行政担当者も〈民を導く為政者〉という儒教的立場であったから、孝子節婦の表彰は当然という意識であっただろう。周知のように、地方長官会議すなわち府県知事会議から、学校における道徳教育の要請が中央政府に建議され、それが大きな動因となって、明治二十三年（一八九〇）の「教育勅語」成立となっていったのである。府県知事たちは、行政に実際に携《たずさ》わっていたからこそ、法令順守の前に、道徳教育振興の必要性を実感していたのであろう。

前引の『明治孝節録』は、元田永孚《もとだながざね》（「教育勅語」の文案作成上の重要人物）の序によれば、皇后が新聞紙上の孝子節婦そして品行のりっぱな者について女官に記録をさせておられたが、明治六年、皇居に火災があり、その原稿を焼失。そこで、福羽美静《ふくばびせい》らに再録させ、近藤芳樹に整理させて完成したという。明治十年の刊行で、宮内省蔵版（紙型《しけい》を所有）すなわち発行権を有している。同書には、女性の例が比較的多いのも、皇后の関心とに関わりがあるだろう。

「孝子並《ならびに》奇特ノ者取調書　三重県」なる、罫紙《けいし》五枚袋綴《ふくろとじ》（版心に「三重県」。加地蔵）の写本は、原本なのか写しなのか、また期日未詳（地租改正のことが文中に出ているので、明治六年以後）のものではあるが、内容的には明治初期のころのもの。そのうちの一例を示す。読みやすく改め、振りがなを付している。

志摩国英虞《あご》郡波切村
平民七十郎長男
岡本藤六
三十四年三ケ月

右ノ者、父ハ常ニ病ニ臥《ふ》シ、母ハ十七ケ年前ヨリ盲目トナリ自用ヲ弁ズルコト能《あた》ワズ。然《しか》ルニ、藤六孝養懈《おこ》タラズ。家業ノ暇《いとま》ハ、必ズ其《そ》ノ膝下《しっか》ニ侍シ、世上《せじょう》ノ事故（できごと）ヲ語リ、或《あるい》ハ書物ヲ読ミ聞カセ、只管《ひたすら》両親ノ病鬱《びょううつ》ヲ慰サムルコトニ注意シ、其ノ愛親ノ厚キ、衆人ノ称揚（賞讃）スル所ナリ。

このような調査報告書（取調書）を基にして、県知事の表彰となったのであろう。そしてそれが資料ともなった。と言うのは、文部省編纂『孝子徳行録』（内閣印刷局、昭和五年、加地蔵）の「凡例」（文部大臣官房秘書課）にこう述べているからである。この編は「教育勅語」渙発《かんぱつ》（公布）四十年（昭和五年）の記念事業を行ったうちの一つとして、文部大臣が表彰した孝子順孫の徳行を輯録《しゅうろく》したものであるが、「其の記事は地方長官の上申書より徳行調書の部分を摘記したるものなり」とある。その表彰者の年齢は、最年長者が文久三年生まれ（当時六十八歳）、最年少者が大正七年生まれ（当時十三歳）であり、道府県からおのおの二ないし一名ずつ計八十七名が表彰されている。明治初年以来、知事によって表彰が続いていたのである。

日本の官僚制は、中国の科挙制度から直接ではなくて、近代フランスの行政官僚制などから学び、文官高等試験（普通試験も）を行い、その合格者を幹部としてきた。いわゆる高文合格者である。しかし、そうした日本の近代官僚といえども、一般的には儒教的素養の持主が多く、感覚的にもそういう意識であっただろう。近代フランスの行政官僚は、その啓蒙時代に中国の科挙制をモデルの基礎の一つとしたといわれる。つまり、日本の近代官僚は、形式的には試験合格をし、近代フランスの行政官僚を範としつつも、思想的感覚的には科挙官僚の〈民を指導する為政者〉という儒教官僚の心構えであった。その第一線にある者が内務官僚であり、知事はその代表であった。知事としては、自分の行政区域から、孝子順孫や節婦が出ることは、善政によるからであるという儒教的な科挙官僚的意識があったのではないかと思う。

すると、孝子らの表彰は、知事の行政手腕における評価点の一端とも言えるのではなかろうか。

前引の文部省『孝子徳行録』は、知事の上申書の「記述最も其の真を伝う」として原文のままであることを強調しているので、その趣旨を生かして、常用漢字を使い、若干の振りがなは付したが、一例を原文のまま引用しておく（同書九ページ）。文面から推して、昭和二年から昭和四年ぐらいにかけての知事表彰である。

京都府相楽《そうらく》郡当尾村
農業　池田幸優
明治三十三年十一月七日生

幸優は尋常《じんじょう》小学校卒業後、父に従ひ家業に勉励しつつありしが、大正八年九月父死亡し、涙ながらに其後《その«のち»》母と二人にて農業の傍《かたわ》ら日傭稼《ひやといかせぎ》を成しつつありしも、家計不如意《かけいふにょい》勝《が》ちの為《た》め一家を売払ひ、大正十年十月本村に転住し、母と共に農業及日傭稼をなし一家を立て居《お》りたり。昭和二年三月突然母中風病《ちゅうぶうやまい》に罹《かか》り手足自由ならず、病床に伏する身となれり、貧困なる家庭なるに、母は病気となり看護に手を要するも日傭稼を為さざれば一家の生計を立つる能はず、一時は途方《とほう》に暮れしが孝行心深き幸優は意を決して病母の看護及《および》三度の食事の世話、大小便の仕末《しまつ》衣服の洗濯迄《まで》一人にて為《な》し、他人の世話を受けず、又常に病母の慰安に力《つと》め、発病後一回の不満をも与へたることなく、己れは必要品さへ買求めざる様《よう》節約に心掛け、貧困と戦ひつつあるも、病母の欲する物品は直《ただ》ちに買求め之れを与へ、母の喜ぶを見て楽む等其の看護振りは到底《とうてい》他の企及し能はざる所にして近隣皆賞讃せざるものなし。

こうした知事の表彰とともに、民間においても孝子物語は江戸時代に続いて依然としてよく読まれた。もちろん、忠についてもよく読まれた。物集高見《もずめたかみ》『忠孝譜』

（酒井雄文堂、大正十四年）は有名な忠孝物語をほとんど網羅していると言ってよい大冊（五三六ページ）であるが、惜しむらくは、その出拠を示していないことだ。もっとも、読者対象を一般向けとしているためと言えばそれまでであるが。通俗教育普及会編『古今孝子録』（同会刊、代表は日向甲）に至っては、八〇〇ページの大冊であるが、全編が小説調であり、（伊藤博文の場合を除き）もちろん出拠などは記されていない。森鷗外はその序文に、この本は「蔵書家に買はせる書ではない」「容易《たやす》く読むことの出来る口語体……」と弁護しているが、その小説調が受けたのであろう、部数は分からないが、大正三年五月の初刷であるが、大正十三年四月で百三十六刷となっている。平均すれば、十年間、毎月刷っていたことになる。それは、やはり庶民の通俗道徳への熱い想いが、かつては生きていたことの現われである。

この『古今孝子録』に、『武士道』を撰した新渡戸《にとべ》稲造《いなぞう》が序文を寄せている。それを（常用漢字にし、若干の振りがなは付したが）原文のまま記して本書の末尾に置きたい。

近頃《ちかごろ》西洋の文明思想が、大層わが国に行はれてゐるが、その文明、その思想の中にも、親孝行のことを論じても居《お》るし、また実際、西洋の生活を観ると日本と遜色《そんしよく》のない親孝行の者もある。しかし、さういふ事は考へずに、欧羅巴《ヨーロッパ》の思想文明には、孝道を説かぬと思つて、日本の欧化の勢に伴つて進歩せんには、やはり親孝行などは、なくてもよいやうに思ふ者がある。しかし恐らく孝道の思想がなかつたならば、西洋といはず東洋といはず、いづくの国でも、滅亡の端緒につくこと疑《うたがい》がないといつても、決して過言ではない、我輩《わがはい》は近頃、西洋のいはゆる近代文学とやら称する軽薄なるものが、日本の思想を大《おお》いに乱してゐることを悲しむものである。今日《こんにち》の如くに、親を軽んずる如《ごと》き思想が青年の間に歓迎されるやうでは、国民の前途が、実にあやぶまれざるを得ない。ここに於《おい》て、旧式的に聞えるけれども、吾輩は孝道を新に主張することを望む。孝道は何処《いずこ》の国にもある。ただ社会が進むにつれて、その現はれ方が幾らか変つてゐるまでである。義理であるから不得止《やむをえず》として孝道を尽すやうな、いはば不実な孝道は吾輩の望む所でない。義務として尽す孝道も、亦我輩の理想とする所でない。已《や》むを得ざるが故《ゆえ》に親に尽すなどは、まだまだ孝の真髄《しんずい》を穿《うが》つたものではない。愛すまいと思つても、愛せざるを得ない、心の深き底より起ればこそ本当の孝である。しかるに、動《やや》もすれば道徳的教訓は誠意を欠き、単に形式に流れ易い。孝行に就《つ》いても同じく、年寄つた親を養つて居《い》さへすれば、義務を尽したやうな考《かんがえ》を持つのは、孝道の何物かを知らぬものである。寒い時に着物を着せ、腹のすいた時に食はせるのが孝道の全部ではない。一体《いったい》孝なる文字には和訓がない。これは支那人から借りた語である。ある人は、西洋に孝なる文字がないといつて非難したが、わが国にも、従来はこの語がないのである。しからば語がなければ、その実もないかといふと、西洋にも、その名なくしてその実のあるが如く、わが国にも、その実がある。何処の国にも、親子相互間情愛なき所はない。而《しこう》してわが国では、まことといふ一言の中に、すべての徳が含まれてゐる。このまことが、主に対して現はれれば忠といひ、友に対しては信といひ、親に対しては即ち孝といふのである。さればまことは根抵で、忠孝はまことの現はれる方法である。方法に重きを置けば、兎《と》角《かく》形式にのみ流れるおそれがある。吾《ご》人《じん》の望む所は、形にあらずして実質である。しかるに今日は、形もくづれ、而してその実質も薄らぐおそれがある。この時に当つて、「古今孝子録」の如き書のあらはれて、世を警戒することは、誠に時の得たものである。この中に収められたものの中には、今日の人が見て以て、或は孝としないものがあるかも知れぬ。しかし大体の精神に於ては、大に翫味《がんみ》すべきものが多い。故に我輩は、この書の刊行を喜んで、世間の人と共に歓迎したいと思ふ。

大正三年四月

＊　　＊　　＊

過去において、常に道徳教育が叫ばれ、実行されてきた。いつの時代もそうであった。まして道徳的混乱にある現代日本においては、当然徳育・道徳教育の必要がある。学校・家庭においてそれを本格的に推進すべきである。

一方、上掲の孝子録等が示すように、道徳的にりっぱな行いをした者に対して、都道府県知事らによる表彰を十分に行うべきであろう。前掲の昭和四年の表彰以後、知事表彰は消えてしまったのであろうか。敗戦後のこの六十年、官選知事でなくて民選知事となった今日、議論はあるであろうが、復活すべきである。

今日の人々の意識は、他者に対する批判ばかりが多すぎ、他者の美点を率直に認め、高く評価することが乏しい。それは、自己主張をひたすら良しとする現代の風潮の〈心の貧しさ〉を現わしていることにほかならない。

附編　『孝経』関係テキストの図版

『孝経』関係のテキストは大量にあるので、そのすべてを紹介することは、本書ではできない。そこで限定して九点を紹介することにする。以下のテキスト見出し番号は、後掲の図版の番号を指している。

①・② 唐写本残巻

一九六八年に、交河《こうが》（新疆《しんきょう》省吐魯番《トルファン》の西）の故城から出土した写本。唐《とう》代にこの地（交河郡交河県）に安西都護府を置いた。①がその実物の前半で、②はそれを復元したもの。内容は、『孝経』諸侯章末尾の『詩経』の引用から、卿大夫《けいたいふ》章・士《し》章の末尾までの文の残巻である。柳《りゅう》洪亮《こうりょう》『新出吐魯番文書及其研究』（新疆人民出版社、一九九七年）一一八、四七〇ページ所載。荒川正晴氏から御教示を得た。『孝経』の写本は、古くは北魏時代（四―六世紀）のもの（唐豊国写。敦煌《とんこう》本）に始まり、敦煌本の唐写本はかなりあるが、この唐写本を選んだのは、次のテキスト③・④と時代が近く、中国の新出であるが、比較的には知られていないものという理由からである。

③・④　日本における断簡

宮城県の多賀城《たがじょう》遺跡からの出土で、『古文孝経』の断簡。③はその実物の摸写で、④はそれを照合復元したもの。内容は、庶人《しょじん》章末尾の注から、三才《さんさい》章の前半まで。宮城県文化財調査報告書第一七〇集『山王遺跡Ⅲ　仙塩道路建設関係遺跡発掘調査報告書　多賀前地区遺物編』（宮城県教育委員会、平成八年）所載。平川南氏の業績により同地の遺構は十世紀前半代と推定され、報告書第一七一集『山王遺跡Ⅳ』（平成八年）において「この断簡の書写年代の上限は書風から八世紀半ばといえる。下限は貞観《じょうがん》二年に『古文孝経孔氏伝』の立場が『御注孝経』にとって代わられ、それ以後には書写の意義を見出せないので貞観二年以前と考えられる」と述べられている。貞観二年は、西暦八六〇年。

また、岩手県胆沢城《いさわじょう》（延暦《えんりゃく》二十年〈八〇二〉造営）遺跡からも『孝経』の断簡が出土している。

これらは漆紙《しっし》文書《もんじょ》と言われ、平川南『漆紙文書の研究』（吉川弘文館、平成元年、再刊十一年）に詳述されている。当時、漆甕《うるしがめ》の蓋《ふた》に、紙が使われており、不要となった紙がその蓋紙《ふたがみ》として使われて残ったものを漆紙文書と言う。だから、出土のとき、円形に変形している。以上、平川南氏から御教示を得た。

昭和十二年、大阪府立図書館において孝経展覧会が開かれ、『孝経』の由緒ある諸本が多数展示された。その記念の意味があって、その写真集を『孝経善本集影』と題する大型の線装本で同年に大阪府立図書館が刊行した。同書には、貴重な諸写本・刊本百二十五点が載せられている。以下、⑤—⑪は同書からの引用である。その説明（年代・形態・所蔵者）は、ほぼ同書に基づいている。

⑤　古文孝経　孔安国伝

⑥　紙背　空海の書

巻子本《かんすぼん》の断簡一葉で、⑤は奈良時代の写本（『孝経』五刑章）である。⑥はその紙背で、もとは手鑑《てかがみ》の一例としてこの空海《くうかい》の書が収められていた。武田鋭太郎氏蔵（当時）。

⑦　**古文孝経　単経本**

慶長四年（一五九九）勅版の銅活字本。左が序で、右はその見反《みかえ》しにある刊記。これは、孔安国の序を収めているものの、孔安国の注（伝）はなく、『孝経』本文だけの単経本。東洋文庫蔵。

⑧　**古文孝経　孔安国伝**

慶長《けいちょう》勅版。東洋文庫蔵。

⑨　**古文孝経　孔安国伝**

慶長七年（一六〇二）の活字本。高野山宝寿院蔵。

⑩　**石台孝経**

唐の天宝《てんぽう》四年（七四五）の石刻の拓本。この石刻の『孝経』本文ならびに序・注が本書の訳注の底本となる『御注孝経《ぎょちゅうこうきょう》』である。

この『御注孝経』に基づいて、さらにその本文・注両者に対して注解した、宋代の邢昺《けいへい》ら撰『孝経正義』（いわゆる『孝経注疏』）について、清朝の阮元《げんげん》が撰した『孝経注疏挍勘記』は二種の唐代石刻本を使っている。その一種が「唐石台孝経四軸」本で、この拓本がそれである。『挍勘記』は顧炎武《こえんぶ》の『金石文字記』を引き、第二行目に「御製序幷注及書」、その下に小字で「皇大《ママ》子臣亨奉　勅題額」、また末尾に「天寶四載（年）九月一日……」とあると記す。『孝経注疏』序文に注が再度にわたって撰せられ、天宝二年に完成し、それを石刻したと記すところからであろう、『孝経善本集影』は「唐天宝二年重注」と解題している。しかし、これでは分かりにくいので、天宝四年刻としておく。

なお、前引『金石文字記』は「西安儒学に在り」、『四庫全書総目提要』は「陳振孫が『（直斎）書録解題』、亦《また》「家に此の刻有り。四大軸と為す」と。蓋し天宝四載九月　御注を以て石を太学に刻せり。之を石台孝経と謂い、今尚《なお》西安府学中に在り。碑を為すこと凡そ四。故に拓本　四巻と称するのみ」と記している。この写真拓本によって、保存されて現存する石台孝経の一端を見ることができる。田結荘金治氏蔵（当時）の四軸のうちの第一軸で、紙幅上、それも上部右端に限って示している。第二行目の「御」字以下を見られたい。

⑪　古文孝経抄

天正《てんしょう》九年（一五八一）の清原宣賢《きよはらのぶかた》撰・自筆本（伏見宣幸手沢本）。漢文による注解と異なり、和文による古典の注解で、抄物《しょうもの》と称せられ、室町時代にいろいろと多く作られた。これは博士家における講義録に基づくものと思われる。京都大学蔵。

⑫　孝経啓蒙

中江《なかえ》藤樹《とうじゅ》（一六〇八―一六四八）の注解書で、最終稿と推定される。本文は今古両文に基づきつつ、藤樹が独自に定めている。日本人の『孝経』注解書の稿本で残っているものは少ない。加地伸行蔵。この写真図版を本書のカバーに使っている。

〔参考〕本書訳注の底本『御注孝経』（今文系）について。

㈠ 寛政六年（一七九四）、尾張の岡田挺之が唐代の魏徴《ぎちょう》撰『羣書治要』から『孝経鄭注《ていちゅう》』（今文『孝経』の鄭玄《じょうげん》の注）を収集し、不完全なところは『御注孝経』に基づく『孝経注疏』で、補って刊行。清朝の飽廷博《ほうていはく》編『知不足斎叢書』第二十一集に収められた。『羣書治要』は中国では散佚《さんいつ》し日本に残存した。なお、太宰《だざい》純《じゅん》も足利学校本に基づいて『孝経古文孔氏伝』を享保十七年（一七三二）に刊行し、上記『叢書』第一集に収められた。

㈡ 明治三十三年（一九〇〇）、敦煌《とんこう》（中国の甘粛省）において大量の蔵書を発見、敦煌文書と称され、大英博物館・パリ国立図書館等が蔵有。その『孝経』関係について陳鉄凡《ちんてつはん》『敦煌本孝経類纂』（燕京文化事業股份有限公司、台湾、一九七七年。写真図版つきだが大半は不鮮明）によれば、『孝経疏』一点を除き、他の二十八点の本文はすべて今文系で、①本文のみ十二点、②鄭玄系の注つき十一点、③序だけ一点、④『御注孝経、』二点（一点は撰人未詳の「集義」つき）、⑤撰人未詳の注つき二点。辺境の敦煌を含め、民間に今文系『孝経鄭注』が相当に流布していたであろう。

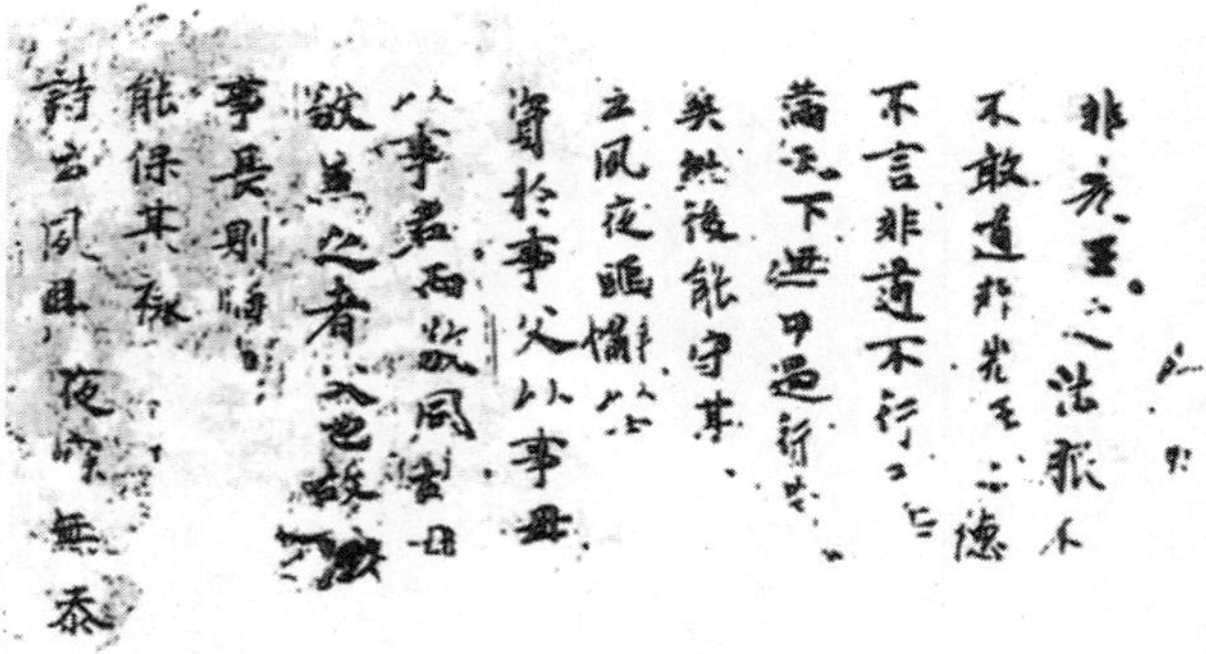

① 唐写本残巻

1 □□如□
2 非先王之法服不□
3 不敢道非先王之德□
4 不言非道不行口無□
5 滿天下無口過行滿□
6 矣然後能守其□
7 云夙夜匪懈以事□
8 資於事父以事母□
9 以事君而敬同故母□
10 敬兼之者父也故□
11 事長則順□
12 能保其祿□
13 詩云夙興夜寐無忝□

② 上図①を復元したもの

③ 日本における『古文孝経』の断簡
円形となっていた感じが残る

└┘□(忠。)為□(子。)┌┐
└┘善不得為孝□章┌┐
└┘□(之。)咎以
曾□日甚才┌┐
└┘高行
└┘□(子。)□　└┘焉行者□(過。)┌┐
└┘者兼┌┐　└┘□(之。)為甚大┌┐
┌┐└┘誼宜┌┐
└┘之誼也┌┐　└┘
夫天有常節┌┐　└┘宜人┌┐
└┘変□謂三┌┐└┘孝其本矣兼□統之□人君之道┌┐
└┘□(之。)則人□□事也君□其道無以有其国臣失其□(道。)□
└┘上之喜下不□　□(是是。)□□
天地之経而□(民。)是則之
└┘上不虚孝之致也┌┐
└┘安百姓人言之則訓護家事父母之則□□(諫。)┌┐
└┘力□養□(子。)婦之則人□(君。)不易其則故□(百姓。)□┌┐
└┘故家事修焉臣下不易其則故主□(無。)┌┐
└┘親養具焉斯皆□天地之常道也┌┐

④　前ページ③を復元したもの

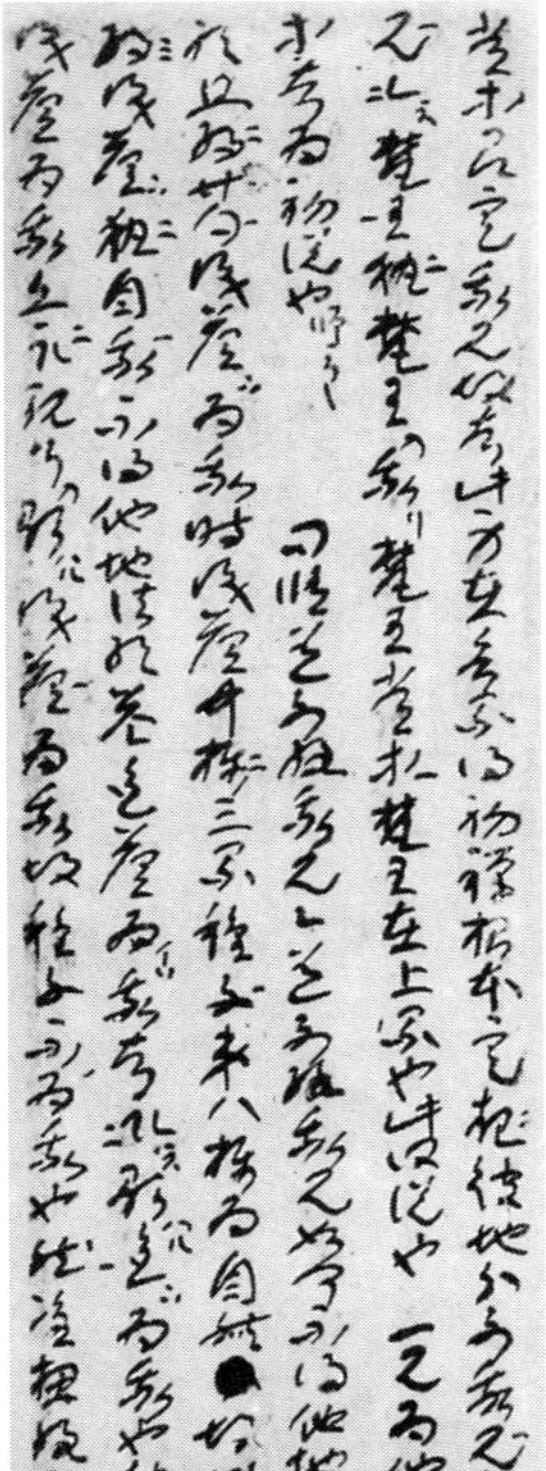

⑥ 紙背 空海の書

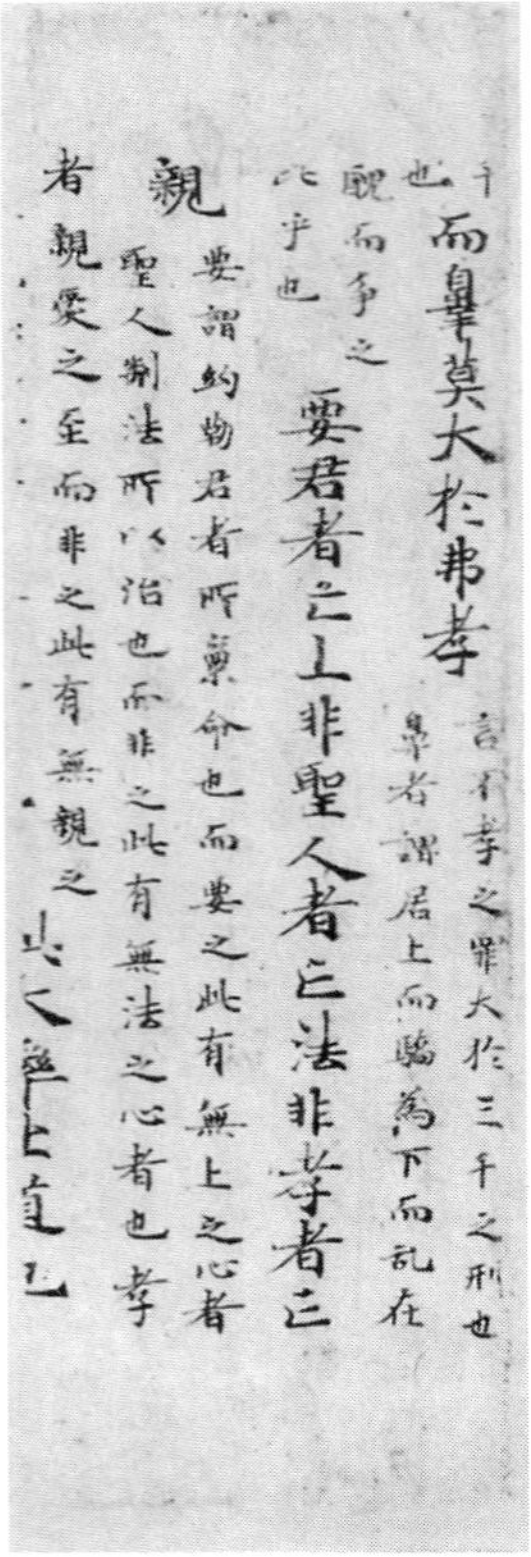

⑤ 古文孝経 孔安国伝

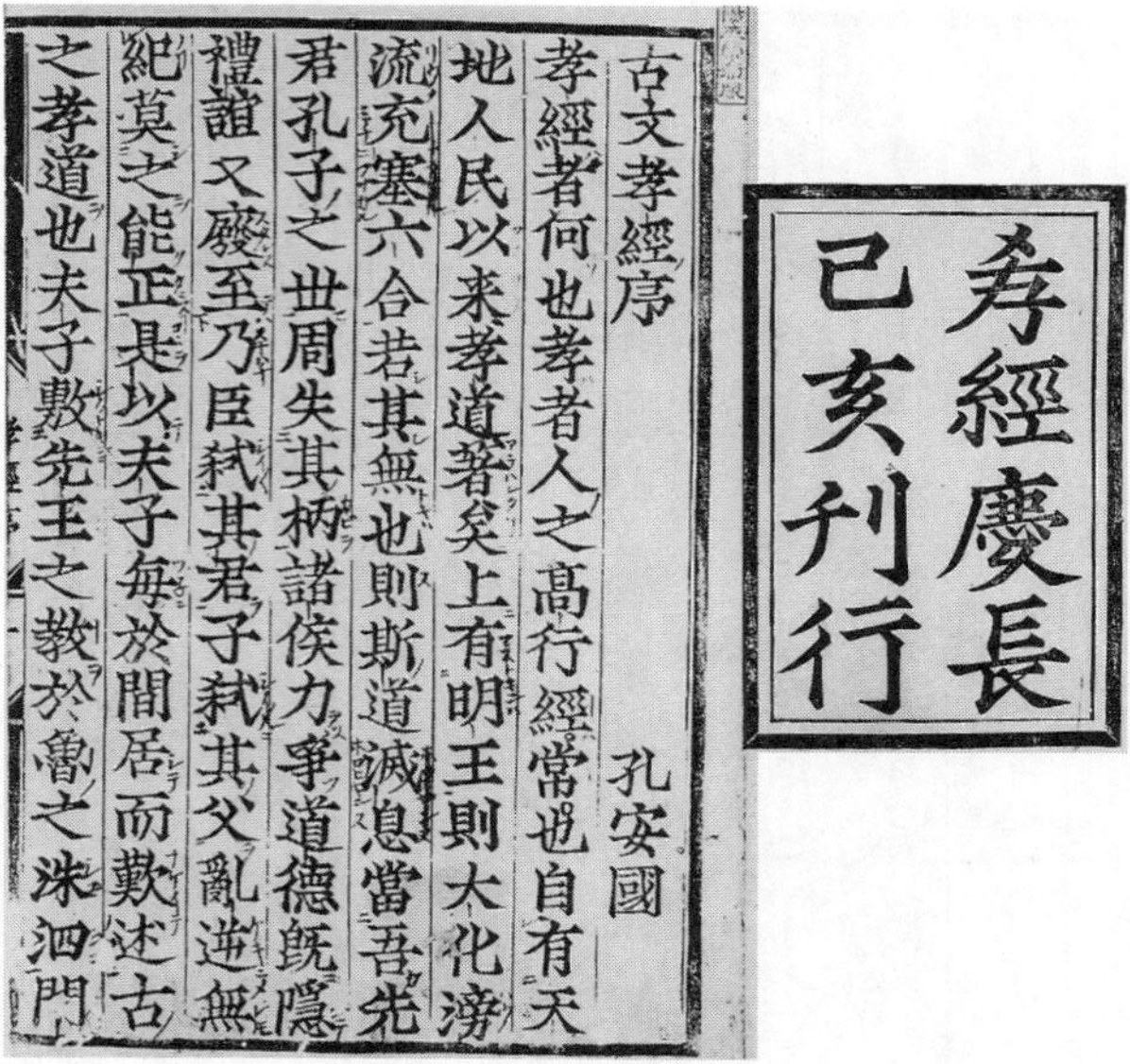

孝經慶長
己亥刊行

古文孝經序
孔安國
孝經者何也孝者人之高行經常也自有天
地人民以来孝道著矣上有明王則大化滂
流充塞六合若其無也則斯道滅息當吾先
君孔子之世周失其柄諸侯力爭道德既隱
禮誼又廢至乃臣弑其君子弑其父亂逆無
紀莫之能正是以夫子每於閒居而歎述古
之孝道也夫子敷先王之教於魯之洙泗門

⑦ 古文孝経　勅版単経銅活字本

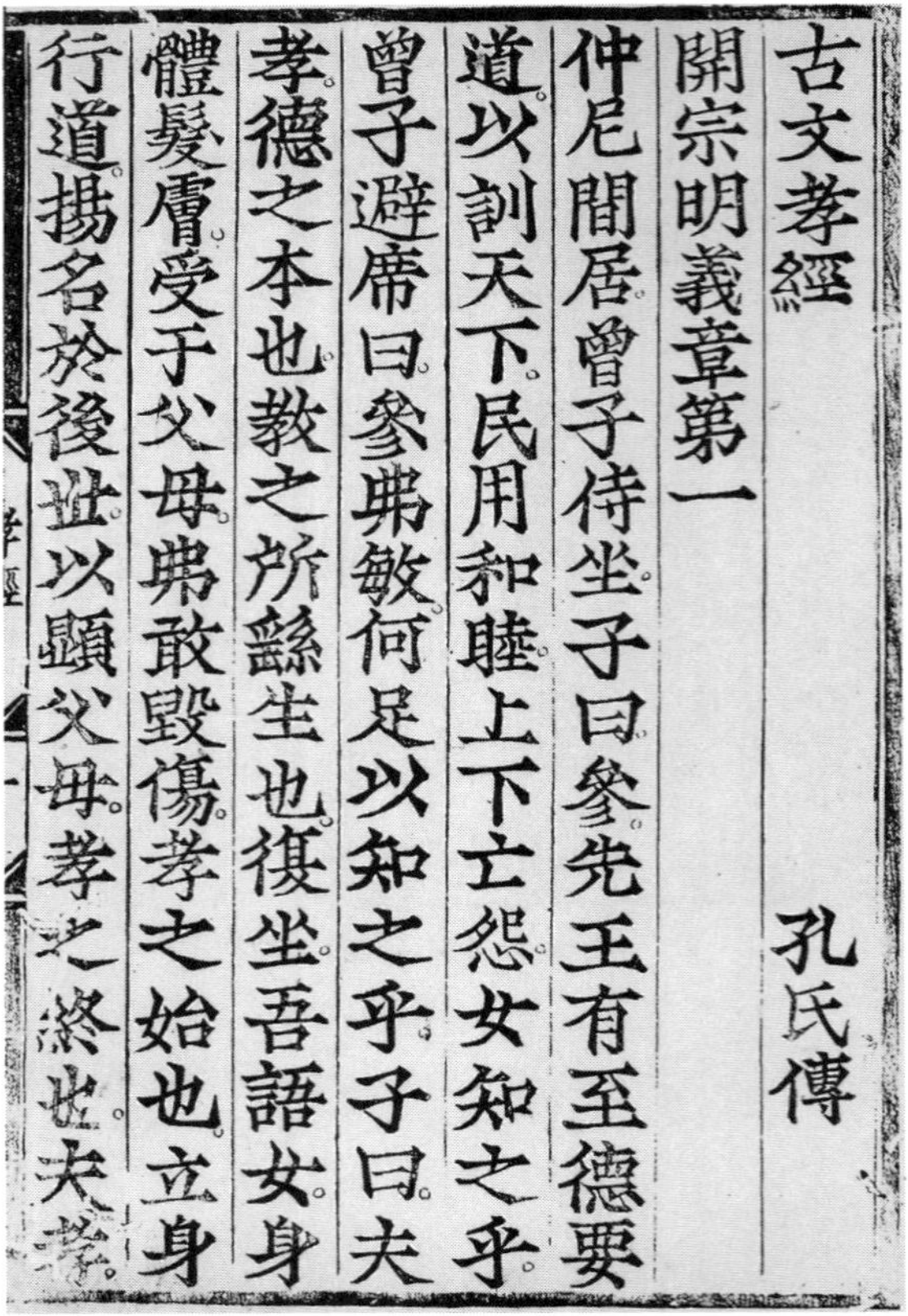

古文孝經　　　孔氏傳

開宗明義章第一

仲尼閒居曾子侍坐子曰參先王有至德要
道以訓天下民用和睦上下亡怨女知之乎
曾子避席曰參弗敏何足以知之乎子曰夫
孝德之本也教之所繇生也復坐吾語女身
體髮膚受于父母弗敢毀傷孝之始也立身
行道揚名於後世以顯父母孝之終也夫孝

孝經　一

⑧ 古文孝経 孔安国伝　勅版

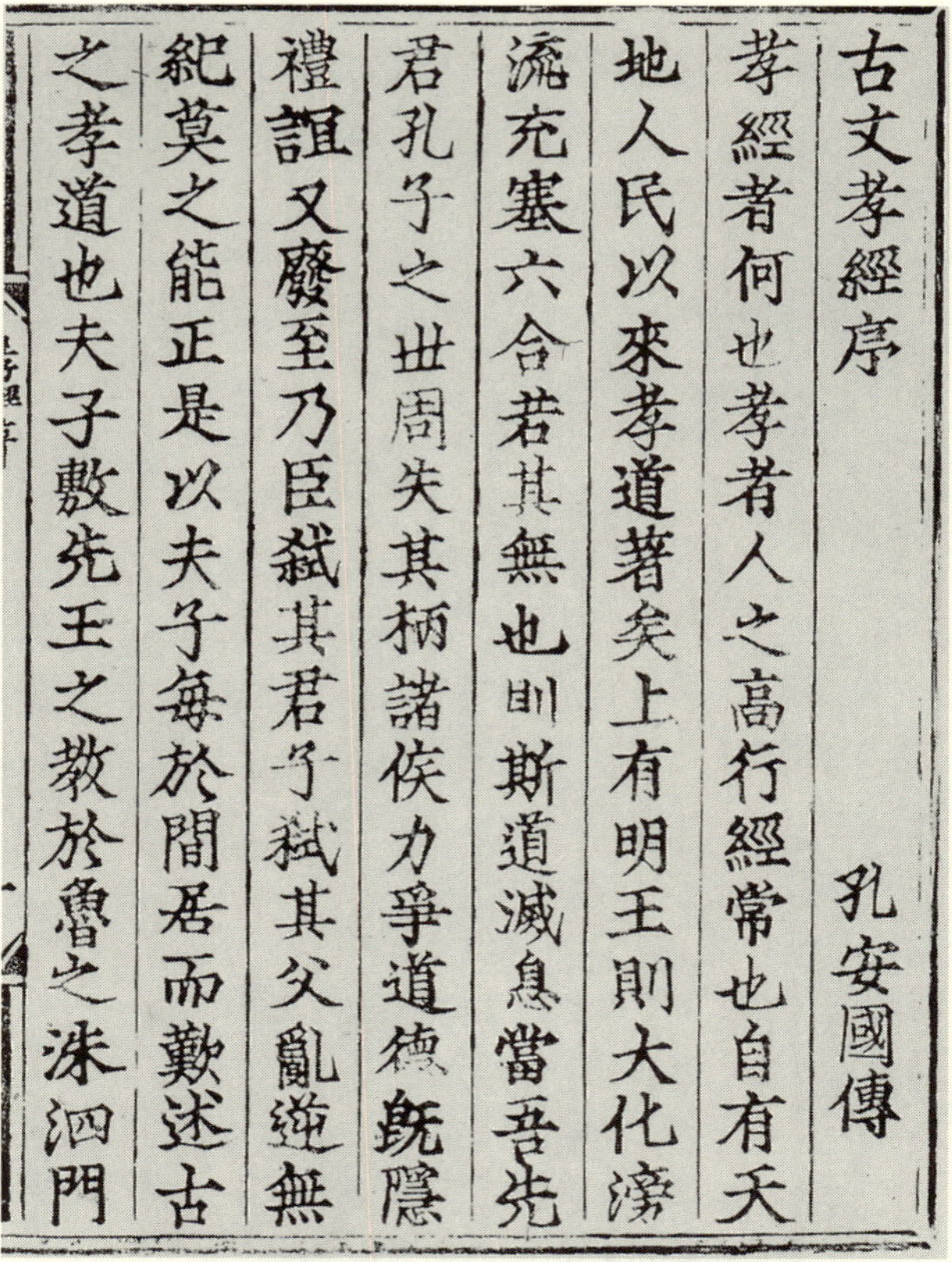

古文孝經序　孔安國傳

孝經者何也孝者人之高行經常也自有天地人民以來孝道著矣上有明王則大化滂流充塞六合若其無也則斯道滅息當吾先君孔子之世周失其柄諸侯力爭道德既隱禮誼又廢至乃臣弑其君子弑其父亂逆無紀莫之能正是以夫子每於間居而歎述古之孝道也夫子敷先王之教於魯之洙泗門

⑨ 古文孝経　孔安国伝　勅版活字本

孝經序

御製序并注及書　皇太子臣亨奉　勅題額

朕聞上古其風朴略雖因心之孝已萌而資敬之禮
以順移忠之道昭矣立身揚名之義彰矣子曰吾志
而況於公侯伯子男乎朕嘗三復斯言景行先哲雖
秦得之者皆煨燼之末濫觴於漢傳之者皆糟粕之
是至於跡相祖述殆且百家業擅專門猶將十室希
以必當為主至當歸一精義無二安得不翦其繁蕪
之注在理或當何必求人今故特舉六家之異同會
志取垂訓雖五孝之用則別而百行之源不殊是以
孝經　開宗明義章第一
仲尼居（仲尼孔子字　居謂閒居）曾子侍（曾子孔子弟子　侍謂侍坐）子曰先王有至德要

⑩ 石台孝経

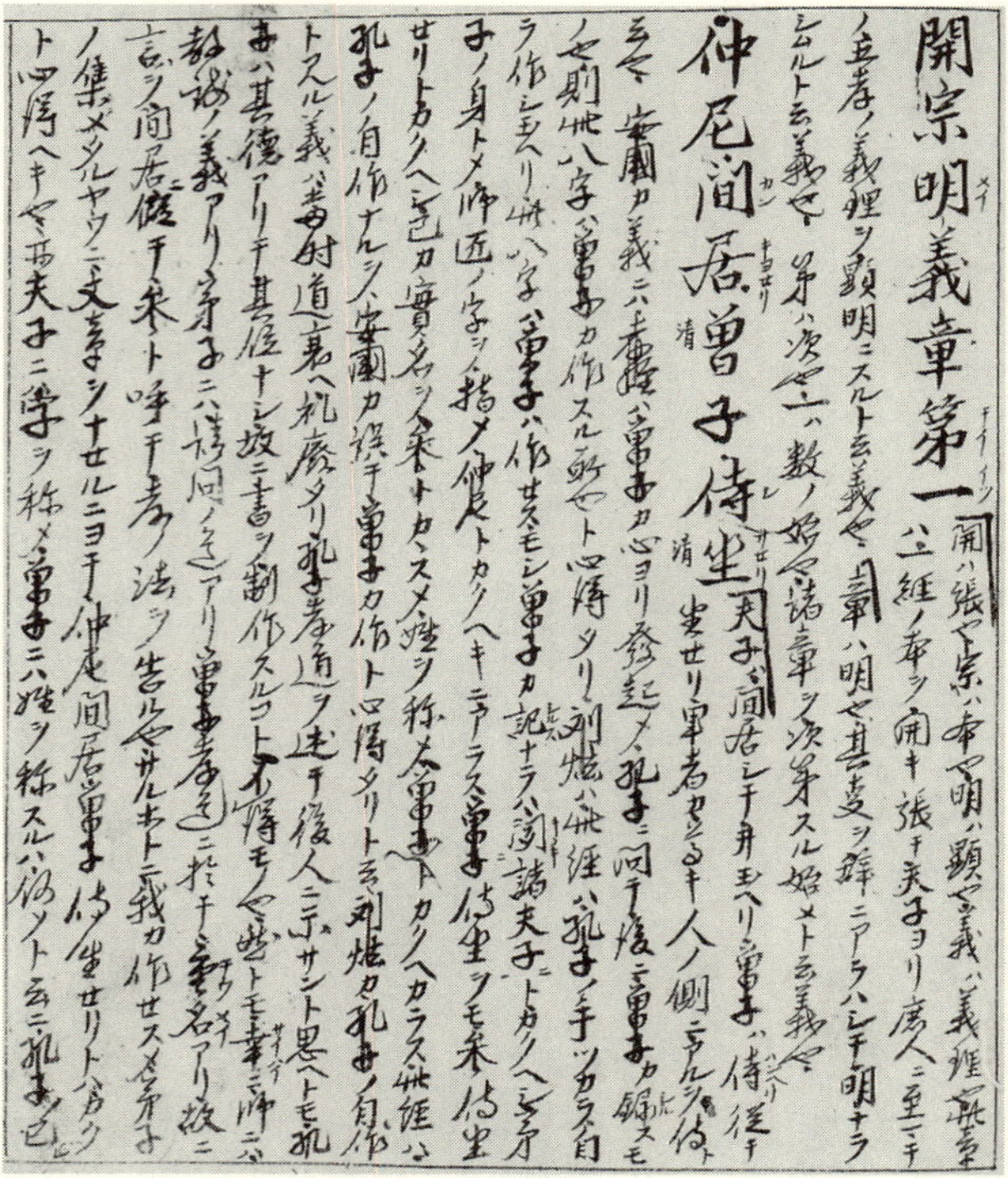

⑪　古文孝経抄

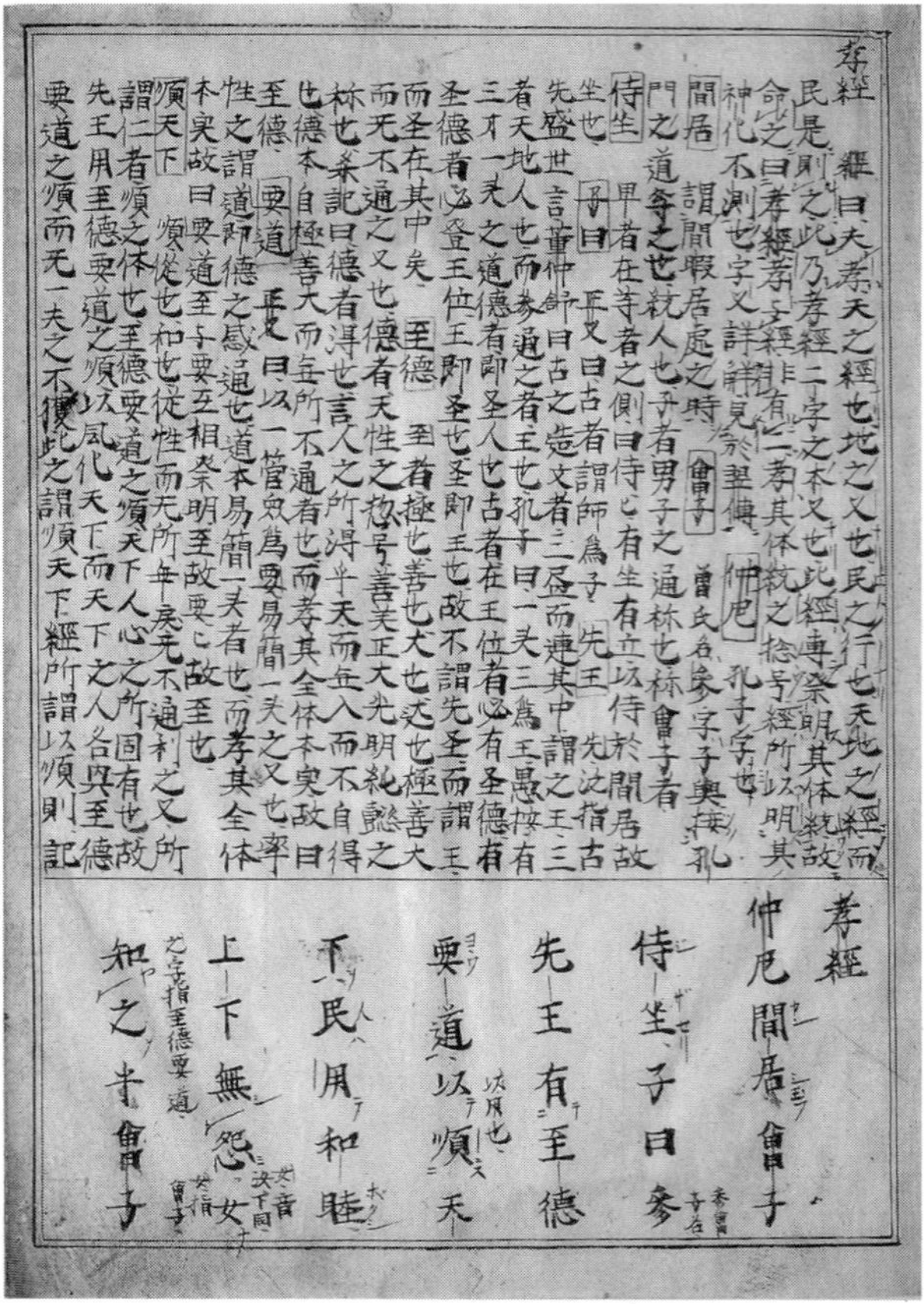

孝經　經曰夫孝天之經也地之義也民之行也天地之經而
民是則之此乃孝經之文也此經專發明其体統故
命之曰孝經孝子經非有二孝其体統之總号經所以明其
神化不測也字義詳於翼傳　仲尼　孔子字也
閒居　謂閒暇居處之時　曾子　曾氏名參字子輿接孔
門之道尊之也統人也子者男子之通称也称曾子者
侍坐　卑者在尊者之側曰侍々有坐有立以侍於閒居故
坐也　子曰　邢疏曰古者謂師為子　先王　先儒指古
先盛世言董仲舒曰古之造文者三畫而連其中謂之王三
者天地人也而参通之者王也孔子曰一貫三為王愚按有
三才一貫之道德者即聖人也古者在王位者必有聖德有
聖德者必登王位王即聖也聖即王也故不謂先聖而謂王
而聖在其中矣　至德　至者極也善也大也盛也極善大
而无不通之義也德者天性之總号善美正大光明純懿之
称也楽記曰德者得也言人之所得乎天而無入而不自得
也德本自極善大而無所不通者也而孝其全体本実故曰
至德　要道　邢疏曰以一管衆為要易簡一貫之義也率
性之謂道即德之感通也道本易簡一貫者也而孝其全体
本実故曰要道至々要至相発明至故要々故至也
順天下　順從也和也從性而无所悖戻无不通利之義所
謂仁者順之体也至德要道之順天下人心之所固有也故
先王用至德要道之順以風化天下而天下之人各與至德
要道之順而无一夫之不復此之謂順天下經所謂以順則記

孝經
仲尼閒居曾子
侍坐子曰參　參曾子名
先王有至德
要《ヨウ》道以順天　以用也
下民用和睦
上下無怨女　女音汝下同
知之乎曾子　女指曾子　之字指至德要道

⑫ 孝経啓蒙

加地伸行（かじ　のぶゆき）

1936年，大阪生まれ。京都大学文学部卒業。専攻は中国哲学史。大阪大学名誉教授。文学博士。著書に『孝研究—儒教基礎論』『中国論理学史研究』『「論語」を読む』『中国思想からみた日本思想史研究』『儒教とは何か』『孔子』『孔子画伝』『沈黙の宗教—儒教』『家族の思想』『現代中国学』『ビギナーズクラシックス論語』，『論語』『漢文法基礎』（講談社学術文庫）などがある。

講談社学術文庫

孝経《こうきょう》〈全訳註《ぜんやくちゅう》〉

加地《かじ》伸行《のぶゆき》

2007年6月10日　第1刷発行
2023年8月21日　第9刷発行

発行者　鈴木章一
発行所　株式会社講談社
　　　　東京都文京区音羽2-12-21 〒112-8001
　　　　電話　編集（03）5395-3512
　　　　　　　販売（03）5395-4415
　　　　　　　業務（03）5395-3615
装　幀　蟹江征治／守先正
印　刷　株式会社広済堂ネクスト
製　本　株式会社国宝社

ISBN978-4-06-159824-9

「講談社学術文庫」の刊行に当たって

これは、学術をポケットに入れることをモットーとして生まれた文庫である。学術は少年の心を養い、成年の心を満たす。その学術がポケットにはいる形で、万人のものになることは、生涯教育をうたう現代の理想である。

こうした考え方は、学術を巨大な城のように見る世間の常識に反するかもしれない。また、一部の人たちからは、学術の権威をおとすものと非難されるかもしれない。しかし、それはいずれも学術の新しい在り方を解しないものといわざるをえない。

学術は、まず魔術への挑戦から始まった。やがて、いわゆる常識をつぎつぎに改めていった。学術の権威は、幾百年、幾千年にわたる、苦しい戦いの成果である。こうしてきずきあげられた城が、一見して近づきがたいものにうつるのは、そのためである。しかし、学術の権威を、その形の上だけで判断してはならない。その生成のあとをかえりみれば、その根は常に人々の生活の中にあった。学術が大きな力たりうるのはそのためであって、生活をはなれた学術は、どこにもない。

開かれた社会といわれる現代にとって、これはまったく自明である。生活と学術との間に、もし距離があるとすれば、何をおいてもこれを埋めねばならない。もしこの距離が形の上の迷信からきているとすれば、その迷信をうち破らねばならぬ。

学術文庫は、内外の迷信を打破し、学術のために新しい天地をひらく意図をもって生まれた。文庫という小さい形と、学術という壮大な城とが、完全に両立するためには、なおいくらかの時を必要とするであろう。しかし、学術をポケットにした社会が、人間の生活にとってより豊かな社会であることは、たしかである。そうした社会の実現のために、文庫の世界に新しいジャンルを加えることができれば幸いである。

一九七六年六月

野間省一

哲学・思想

諸橋轍次著
孔子・老子・釈迦「三聖会談」
孔子・老子・釈迦の三聖が一堂に会し、自らの哲学を語り合うという奇想天外な空想鼎談。三聖の世界観や人間観、また根本思想や実際行動が、比較対照的に鮮やかに語られる。東洋思想のユニークな入門書。

574

宇野哲人全訳注（解説・宇野精一）
大学
修己治人、すなわち自己を修練してはじめてよく人を治め得る、とする儒教の政治目的を最もよく組織的に論述した経典。修身・斉家・治国・平天下は真の学問の修得を志す者の熟読玩味すべき哲理である。

594

宇野哲人全訳注（解説・宇野精一）
中庸《ちゅうよう》
人間の本性は天が授けたもので、それを〝誠〟で表し、「誠とは天の道なり、これを誠にするのは人の道なり」という倫理道徳の主眼を、首尾一貫、渾然たる哲学体系にまで高め得た、儒教第一の経典の注釈書。

595

宮本武蔵著／鎌田茂雄全訳注
五輪書
一切の甘えを切り捨て、ひたすら剣に生きた二天一流の達人宮本武蔵。彼の遺した『五輪書』は、時代を超えて我々に真の生き方を教える。絶対不敗の武芸者武蔵の兵法の奥儀と人生観を原文をもとに平易に解説。

735

洪自誠《こうじせい》著／中村璋八・石川力山訳注
菜根譚《さいこんたん》
儒仏道の三教を修めた洪自誠の人生指南の書。菜根とは粗末な食事のこと。そういう逆境に耐えてこそこの世を生きぬく真の意味がある。人生の円熟した境地、老獪極まりない処世の極意などを縦横に説く。

742

今道友信《いまみちとものぶ》著
西洋哲学史
西洋思想の流れを人物中心に描いた哲学通史。古代ギリシアに始まり、中世・近世・近代・現代に至る西洋の哲人たちは、人間の魂の世話の仕方をいかに主張したか。初心者のために書き下ろした興味深い入門書。

787

哲学・思想・心理

中沢新一著
バルセロナ、秘数3
秘数3と秘数4の対立が西欧である。3は、結婚とエロティシズムの数であり、運動を生み出し、世界を作る。4は3が作り出した世界に、正義と真理、均衡を与える。3と4の闘争に調和を取り戻す幸福の旅行記。

2223

小泉義之著
デカルト哲学
デカルトは、彼以前なら「魂」と言われ、以後なら「主観」と言われるところを「私」と語ることによって画期的な哲学を切りひらいた。あらゆる世俗の思想を根こそぎにし、「賢者の倫理」に至ろうとした思索の全貌。

2231

木田　元著
わたしの哲学入門
古代ギリシア以来の西洋哲学の根本問題「存在とは何か」。中世〜近代に通底する「作られてあり現前する」という伝統的存在概念は、ニーチェ、ハイデガーにより見直されることになる。西洋形而上学の流れを概観。

2232

池田知久訳注
荘子（上）（下）全訳注
「胡蝶の夢」「朝三暮四」「知魚楽」「万物斉同」「庖丁解牛」「無用の用」……。宇宙論、政治哲学、人生哲学まで、森羅万象を説く、深遠なる知恵の泉である。達意の訳文と丁寧な解説で読解・熟読玩味する決定版！

2237・2238

高田珠樹著
ハイデガー　存在の歴史
現代の思想を決定づけた『存在と時間』はどこへ向けて構想されたか。存在論の歴史を解体・破壊し、根源的な存在の経験を取り戻すべく、「在る」ことを探究したハイデガー。その思想の生成過程と精髄に迫る。

2261

ヴィクトール・E・フランクル著／中村友太郎訳（解説・諸富祥彦）
生きがい喪失の悩み
どの時代にもそれなりの神経症があり、またそれなりの精神療法を必要としている——。世界的ベストセラー『夜と霧』で知られる精神科医が看破した現代人の病理。底知れない無意味感＝実存的真空の正体とは？

2262